公司治理视角下CEO自主权对企业R&D投入的操纵效应研究

张长征 著

中国财经出版传媒集团
经济科学出版社
Economic Science Press

图书在版编目（CIP）数据

公司治理视角下 CEO 自主权对企业 R&D 投入的操纵效应研究/张长征著．—北京：经济科学出版社，2017.4

ISBN 978-7-5141-7935-4

Ⅰ.①公…　Ⅱ.①张…　Ⅲ.①企业管理-技术开发-研究　Ⅳ.①F273.1

中国版本图书馆 CIP 数据核字（2017）第 079675 号

责任编辑：刘　莎
责任校对：郑淑艳
责任印制：邱　天

公司治理视角下 CEO 自主权对企业 R&D 投入的操纵效应研究

张长征　著

经济科学出版社出版、发行　新华书店经销

社址：北京市海淀区阜成路甲 28 号　邮编：100142

总编部电话：010-88191217　发行部电话：010-88191522

网址：www.esp.com.cn

电子邮件：esp@esp.com.cn

天猫网店：经济科学出版社旗舰店

网址：http://jjkxcbs.tmall.com

固安华明印业有限公司印装

710×1000　16 开　18.75 印张　320000 字

2017 年 4 月第 1 版　2017 年 4 月第 1 次印刷

ISBN 978-7-5141-7935-4　定价：66.00 元

（图书出现印装问题，本社负责调换。电话：010-88191510）

前　言

根据2014年中国科技经费投入公报披露，我国2014年度全社会R&D（Research and Development，研发）支出为13 400亿元，比2013年增长约1 500亿元；R&D支出占GDP比重达2.1%，比2013年提高0.2个百分点。与此同时，企业R&D支出占全社会R&D支出比重达76%，为新常态下中国社会经济稳步发展与创新做出了积极贡献。可见，中国能否成功实施创新驱动发展战略、构建创新型国家，并最终实现从“中国制造”转型为“中国智造”乃至“中国创造”的梦想，在很大程度上取决于企业的创新能力。企业虽已成为中国技术创新投入的主体，但其投入水平和投入意愿与国际水平相比，仍有巨大差距。没有足够数量的技术创新投入，足够质量的技术创新成果就是奢望。事实上，虽然中国已涌现出一批有国际竞争力的创新型企业，但总体上看，企业创新能力依然薄弱，许多关键领域缺乏具有自主知识产权的核心技术。中国企业尚未真正承担起引领技术创新的历史使命，投入意愿缺乏仍然是企业创新之痛。

围绕企业R&D投入的决定机理，既有文献从多个角度进行了大量探索。高管个体特征、组织治理特征、外部行业及制度特征等三个层面的影响因素被深入挖掘和探讨，推动该领域涌现出大量卓有成效的研究成果。然而，CEO（Chief Executive Officer，首席执行官）自主权理论被引入该领域研究之前，企业R&D投入的能动性微观决定机理基本处于“黑箱”状态，且国内外实证文献中对其方差变异的解释力均不能令人满意。推敲其原因，早期研究多孤立地、静态地关注某个层面的变量，缺乏综合性视角以同时涵盖和联通高管个体特征、组织治理特征、外部行业及制度特征等三个层面的因素，并据以全面且深入地探讨企业 R&D 投入的决定机理。CEO 自主权是连接公司治理与企业管理的中枢，既取决于 CEO 个体特征，又根植于公司治理机制，还受到行业特征和宏观制度的制约与引导，是高管个体特征、组织治理特征和外部行业及制度特征等诸多因素在博弈过程中形成的 CEO 在公司各项事务上的动态决策空间，CEO 自主权能够融会中国与西方、连接宏观制度环境和微观企业实践，是企业实践中最具综合性和潜在影响力的变量，对企业中各种关键组织现象具有举足轻重的决定性作用。有鉴于此，从 CEO 自主权理论视角探讨企业 R&D 投入决定机制的文献越来越多，并日益成为该领域研究的主流。

CEO 自主权，亦可称为经理自主权，是指 CEO 对公司经营决策的实际影响程度，是经理综合法定权力、契约权力及非契约影响力等多种可能的权力或影响力的结果，是 CEO 自主行为的决策空间。CEO 自主权优化配置是公司治理研究的一个前瞻性问题，同时也是战略管理理论的传统问题。与此同时，随着外部竞争环境日趋激烈，加之消费者需求变化加速，企业 R&D 投入决策的质量成为在微观上成为企业长期竞争力与生存能力的关键因素，在宏观上决定了行业或地区技术创新的质量与数量。此时，企业 R&D 投入决策不仅是公司治理研究的一个传统问题，也是联结公司治理和战略管理的一条纽带。因此，基于经理自主权理论的企业 R&D 投入研究能够兼具前瞻性与继承性特征，是现代公司治理理论与实践正在深入探究的领域。该问题的深入研究对于丰富和发展我国经理自主权理论和技术创新理论，提高我国公司治理水平与技术创新投入水平，具有深远的理论价值与现实意义。

CEO 自主权研究历经经理主义理论、战略管理理论、感知自主权理论与公司治理理论四个阶段。CEO 自主权理论应用于企业 R&D 投入决定机制研究，恰逢基于公司治理理论的 CEO 自主权研究兴起之时。具体而言，从公司治理视角下探讨 CEO 自主权对企业 R&D 投入的影响研究，肇始于 20 世纪 90 年代，发展于 21 世纪初，近五年则属于该研究的集中爆发期，几近成熟。目前，CEO 自主权理论已从新兴的 R&D 投入决定机制研究视角，日渐发展成为主流研究视角，为公司治理、战略管理和技术创新管理领域的理论研究与企业实践提供了深刻见解和卓越贡献。迄今，既有研究采用了不同的样本数据，应用了差异化的实证分析方法，设计了不同的变量度量指标体系，基于高层梯队理论、战略管理理论、技术创新理论以及公司治理理论等不同理论的视角，在时间、空间与行业维度上探讨了 CEO 自主权与企业 R&D 投入的关系，已经取得丰硕成果，丰富并推动了 CEO 自主权、技术创新领域的研究进展，为企业 R&D 投入决策与 CEO 自主权配置实践提供了有效的理论洞察。但是到目前为止，CEO 自主权与企业 R&D 投入关系并未达成共识，而且存在以下研究不足之处：①现有研究局限于探讨 CEO 自主权对企业 R&D 投入的直接影响效应，多忽略二者之间更可能存在的权变关系，尤其缺乏对其他各种治理机制与 CEO 自主权的交互效应或者匹配效应对 R&D 投入的影响，这是当前研究最关键的不足之处；②现有研究缺乏专门针对 CEO 自主权各维度（乃至各维度具体衡量指标）与企业 R&D 投入关系的深入考察，尤其是对 CEO 自主权各维度与企业 R&D 投入关系的差异比较处于缺位状态。CEO 自主权是一个多维度的概念，企业 R&D 投入决策实践中，整体自主权水平相当，但是在自主权各维度呈现不同水平的 CEO 对企业 R&D 投入将呈现不同的偏好与态度。因此，深入考察并比较 CEO 自主权各维度与企业 R&D 投入关系能丰富现有研究；③现有研究缺乏对 CEO 自主权与企业 R&D 投入关系的行业比较。不同的行业中，R&D 活动的必要性、风险性与收益性有显著差异，CEO 对 R&D 投入的认知与态度千差万别，因而各行业中 CEO 自主权与企业 R&D 投入关系必然有所不同。因此，系统考察并比较多个行业之间 CEO 自主权与企业 R&D 投入关系能够将现有研究推向纵深。

基于以上论述，本书将以 CEO 自主权与企业 R&D 投入关系机理为核心研究内容，以 2010 年以来中国沪、深两市制造业 A 股上市公司最新数据为样本，基于权变理论视角，系统考察股权集中度、独立董事、监事会、CEO 任期等不同公司治理机制安排对 CEO 自主权与企业 R&D 投入关系的调节效应，探讨不同公司机制与 CEO 自主权的交互效应/匹配程度对企业 R&D 投入的作用机理（第 1 ~4 章）；基于高层梯队理论，尝试深入 CEO 自主权具体维度，探究并比较各维度对企业 R&D 投入的不同影响效应（第 5 章）；基于产业创新理论，涵盖尽可能多的行业类型，系统考察并比较各行业之间 CEO 自主权与企业 R&D 投入关系，并尝试从 CEO 自主权运作的视角回答行业内企业 R&D 投入趋同现象的内在机理（第 6、7 章）；基于比较研究视角，借鉴事件研究的基本范式，考察新会计准则的出台对 CEO 自主权与企业 R&D 投入关系的影响，试图解释 CEO 自主权与企业 R&D 投入关系从显著负相关演进至显著正相关的内在机理，并刻画与描述新会计准则在促进企业 R&D 投入方面的有效性程度（第 8 章）（见下图）。

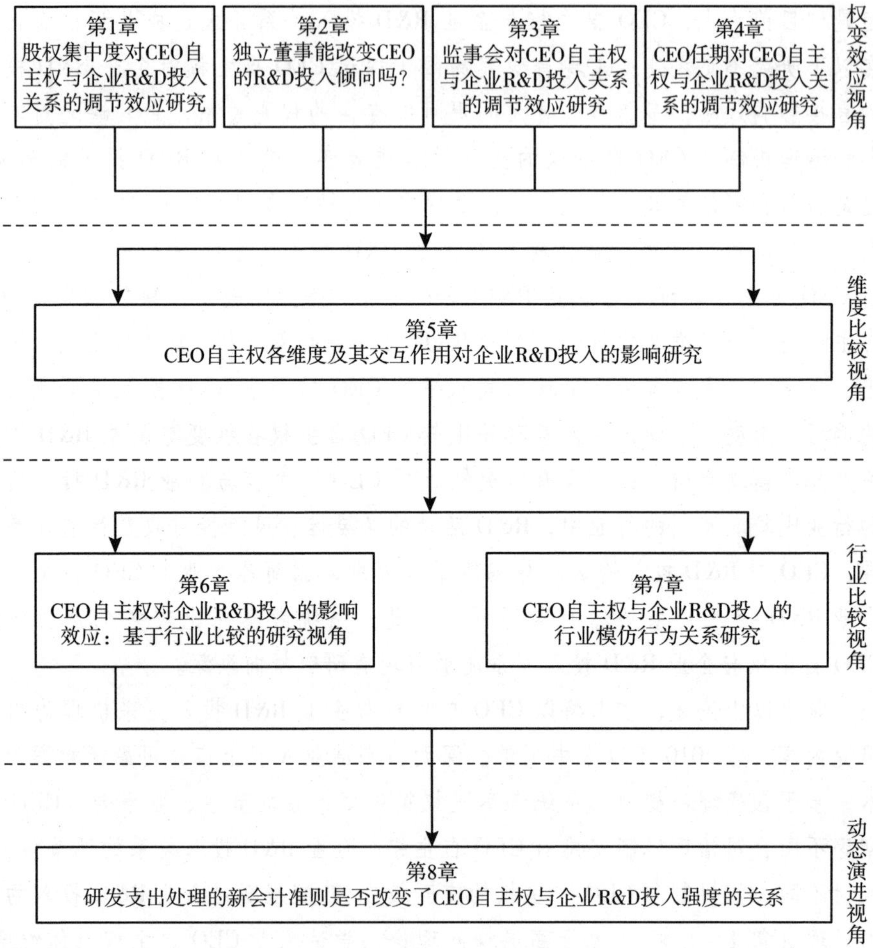

本书研究思路与章节内容安排

本书共 8 章内容。一方面，各章之间有内在联系，共同组成一个有机整体，从各个角度深入、全面、系统地剖析了 CEO 自主权配置与企业 R&D 投入决策的内在关联机制；另一方面，各章又相对独立，每章都有自己独特的理论视角，采用不同的分析方法与手段，关注不同的时间、维度与行业背景下，CEO 自主权与企业 R&D 投入关系所呈现的不同特质。具体而言，本书的理论贡献如下：

第 1 章：公司治理实践中，CEO 自主权直接决定以 CEO 为首的高管团队对研发投入的态度，而股权集中度则体现了大股东的研发投入倾向，二者在实质上共同作用于企业研发投入决策。因此，有必要突破已有研究仅孤立地关注 CEO 自主权或股权集中度各自对研发投入影响的现状，将二者纳入同一研究框架中更全面地探讨企业研发投入的决定机制。有鉴于此，本章将 CEO 自主权和股权集中度纳入同一研究框架，探讨二者的交互与匹配效应对企业研发投入的决定机制。理论分析与实证数据表明：随着会计政策、产品市场、资本市场和经理人市场等外部宏观环境因素日益成熟，CEO 对研发投入的态度已发生根本性转变，以职位权、薪酬权、所有权、声望权和运作权综合度量的 CEO 自主权与研发投入显著正相关，而股权集中度对研发投入的直接影响并不显著，但能够负向调节 CEO 自主权与研发投入的关系。研究结论解释并调和了已有文献中关于股权集中度与研发投入关系存在的诸多争议，打开了 CEO 自主权与股权集中度共同决定研发投入的作用机理“黑箱”，为基于公司治理视角的研发投入决定机制研究提供了新的理论见解。

第 2 章：基于直接效应观点的独立董事与企业 R&D 投入关系研究，尚未能证实独立董事制度在促进企业 R&D 投入方面的有效性，这与很多学者对独立董事制度有效性的预期判断结果不符。为厘清独立董事作用于企业技术创新活动的内在作用机理，本研究采用权变效应视角，视独立董事比率为调节变量，以 2010 ~2015 年深、沪两市中国制造业所有 A 股上市公司 3 774 条数据为样本，采用跨层次回归分析、多元回归分析和分组回归比较分析等数据分析方法，探讨独立董事、CEO 自主权与企业 R&D 投入之间的关系。实证数据表明，独立董事对企业 R&D 投入确实无稳定的直接影响效应，但是对 CEO 自主权与企业 R&D 投入关系有显著的正向调节效应。研究结论丰富了独立董事有效性研究文献，解释了独立董事与企业 R&D 投入关系的理论预期与实证结果之间存在显著差异性的根本原因，并且丰富了 CEO 自主权理论视角下 R&D 投入的决定机理，更进一步揭示了 CEO 自主权与企业 R&D 投入关系的权变性本质。在实践上，本研究结论有助于指导企业，通过优化各自的独立董事的选拔任命与考评奖惩机制，促进企业在技术创新投入与技术创新产出方面的表现。

第3章：鉴于既有研究结论普遍认同中国上市公司监事会在监督效能上的低效性甚至是无效性，近年来关于监事会的有效性的研究日渐减少。至于监事会对企业R&D投入决策的影响研究，国内至今未见任何实证文献报道。本章研究视CEO自主权为企业R&D投入的直接解释变量，视监事会规模为CEO自主权和企业R&D投入关系的调节变量，尝试探讨CEO自主权、监事会规模与企业R&D投入之间的关系，以期更为深入地打开CEO自主权与企业R&D投入之间的关系机理"黑箱"。理论分析与实证数据结果表明，监事会对企业R&D投入具有微弱且并不稳定的直接负向作用，而却对CEO自主权与企业R&D投入关系具有显著且稳定的负向调节效应。该结论为解释我国企业R&D投入整体水平持续偏低提供了新的理论视角，并且丰富了对监事会的影响效应研究。根据研究结论，监事会规模或者监事会比例，均能够显著负向调节CEO自主权与企业R&D投入的关系。这表明监事会目前的运行状态不仅没能够有效地促进企业内部监督效能，亦未能提升企业短期业绩，而且对企业长期竞争力和生存能力更是有显著的负向作用。因此，针对监事会在公司治理的角色，研究结论揭示了一个令人惊异的结论：监事会的存在不仅是没有起到制度设计预期的正向作用，反而阻碍企业的创新绩效的提升。针对以上结论，本章提出了相应治理对策。

第4章：在经典的企业R&D投入决策模型中同时引入CEO自主权和CEO任期，研究不同任期CEO在企业R&D投入决策过程中的自主权运作动机与行为模式。模型分析表明，在R&D投入决策事宜上，CEO自主权对企业R&D投入的倾向将因CEO任期不同而发生根本性转变，新任CEO与资深CEO在自主权运作动机上迥然有异：前者更符合管家理论和自我效能理论的预期，呈现出更强的利企性动机，具体表现为新任CEO自主权与企业R&D投入强度显著正相关；后者则更符合委托代理理论和管理短视理论的预期，呈现出更强的利己性动机，具体表现为资深CEO自主权与企业R&D投入强度显著负相关。模型结论在理论上有效地解释了现有文献中日益突出的关于CEO自主权与企业R&D投入关系的学术争议，论证了新任CEO的利企性动机，为企业R&D投入的决定机制研究提供了新的理论见解，在实践上为构建基于不同CEO任期的CEO自主权配置机制和监督机制提供了理论指导。

第5章：本章研究以2010~2015年中国制造业上市公司为样本，深入至CEO自主权各子维度，探讨并比较自主权各子维度对企业R&D投入强度的影响效应与作用机理。结果表明，各子维度对及其交互效应能够对企业R&D投入强度产生不同程度以及不同性质的影响效应。具体结果如下：①从单维度的影响效应来看，结构职位权和薪酬回报权对企业R&D投入强度有微弱但显著的负向影响，资源运作权和专家声望权对企业R&D投入强度有较强的显著正向影响，而股份所有权则对企业R&D投入强度有不稳定的微弱正向影响；②从两维度交互的影响效应来看，资源运作权与专家声望权的交互，对企业R&D投入强度有稳定且显著的正向影响效应，结构职位权与薪酬回报权的交互，对企业R&D投入强度有稳定但较弱的负向影响效应，结构职位权与资源运作权的交互、结构职位权与专家声望权的交互，以及资源运作权与股份所有权的交互对企业R&D投入强度具有不稳定正向影响效应，结构职位权与股份所有权的交互对企业R&D投入强度具有不稳定的负向影响效应，而其他四个交互项则对企业R&D投入强度无显著影响；③从三维度交互效应来看，结构职位权、资源运作权与专家声望权的交互，以及结构职位权、专家声望权与股份所有权的交互，对企业R&D投入强度有显著正影响；结构职位权、资源运作权与薪酬回报权的交互，对企业R&D投入强度有显著负影响；结构职位权、专家声望权和薪酬回报权的交互，以及股份所有权、薪酬回报权和专家声望权对企业R&D投入强度有不稳定的负影响；资源运作权、股份所有权和薪酬回报权的交互，则对企业R&D投入强度有不稳定的正影响。本研究深化了CEO自主权与企业R&D投入关系研究，丰富了CEO自主权理论与企业R&D投入的决定机制理论，为以促进企业技术创新能力与意愿为目标的CEO自主权配置策略，提供了更具有针对性的理论依据。

第6章：本研究详细探讨了制造业中15个细分行业中，CEO自主权与企业R&D投入的关系，考察并比较了不同行业之间，CEO在企业R&D投入决策方面的态度差异。结果发现，各行业之间CEO自主权与企业R&D投入的关系有显著差异，行业特征对CEO的R&D投入倾向有显著影响。具体而言，15个行业中，平均R&D投入最高的前三行业是：计算机、通信和其他电子设备制造业、电气机械和器材制造业、通用设备制造业，其 R&D 投入强度分别为 3.75%、2.93% 和 2.71%；平均 R&D 投入最低的三个行业是，黑色金属冶炼和压延加工业、农副食品加工业、石油加工、炼焦和核燃料加工业，分别是 1.36%、1.48%、1.53%。CEO 自主权与企业 R&D 投入的正相关性最强的三个行业是酒、饮料和精制茶制造业、通用设备制造业、电气机械和器材制造业，而 CEO 自主权与企业 R&D 投入的负相关性最强的三个行业是石油加工、炼焦和核燃料加工业、有色金属冶炼和压延加工业、金属制品业。根据研究结果，市场化程度越高的行业和消费者需求变化越快的行业，其 CEO 的 R&D 投入倾向越高，对技术创新活动越持有积极正向的态度；反之，垄断程度越高的行业或者消费者讨价还价能力不足的行业，则其 CEO 的 R&D 投入倾向越弱，对技术创新活动越是持有消极负面的态度。CEO 自主权安排等公司治理机制，应与行业特点相匹配，以发挥其对创新投入的促进作用。研究结论是对产业经济学和技术经济学理论在企业微观层面的应用和拓展，也为中国产业升级和经济转型提供了一些政策参考。

第 7 章：在已有的组织间模仿行为研究与 CEO 自主权研究的基础上，综合运用组织学习理论、资源基础观和新制度理论视角，将现有研究向 CEO 自主权与企业 R&D 投入的行业模仿行为关系研究进行拓展。以中国上市公司符合本章研究要求的 2010 ~2015 年 3 822 条来自制造业的面板数据为样本，以基于 OLS 的多元线性回归分析和逻辑回归分析为数据分析方法，本研究发现，CEO 自主权与不同的 R&D 投入模仿行为具有不同程度、不同性质的相关性。具体而言，CEO 自主权与基于行业平均水平的 R&D 投入模仿行为、基于行业最高业绩企业的 R&D 投入模仿行为，以及基于行业最高投入水平的 R&D 投入模仿行为有显著正相关关系，而与基于行业最大规模企业的 R&D 投入模仿行为负相关。其中，CEO 自主权与基于行业平均水平的 R&D 投入模仿行为的正相关性最强，表示 CEO 最青睐的行业模仿方式是以行业内大多数企业采用的 R&D 投入策略为模仿对象，在一定程度上从更微观的层面为 R&D 投入活动制度化过程中的趋同现象提供了新的证据。与此同时，本研究还发现，独立董事比率对 CEO 自主权与各种企业 R&D 投入的行业模仿行为之间的关系有不同的调节效应。研究结论推进了 CEO 自主权影响效应研究、R&D 投入决定机制研究以及组织间模仿行为研究等多个研究领域的进展，填补了从CEO自主权视角剖析企业R&D投入的行业模仿行为的文献空白，丰富了现有研究对CEO进行R&D投入决策的心理与动力机制的认知，进一步揭示了技术创新投入中的行业趋同现象的微观决定机理。

第8章：为推动“中国制造”向“中国智造”转型，我国2006年颁布新会计准则，改变研发支出会计处理方式，意图促进高管对研发投入的偏好。但目前学界尚未见专门针对该政策有效性的实证研究。鉴于CEO自主权直接决定企业研发投入倾向，基于中国2004～2006年旧会计准则下337家A股制造业上市公司数据和2010～2012年新会计准则下1 005家A股制造业上市公司数据的实证分析，比较了CEO自主权与研发投入强度在新旧会计准则下的关系，试图刻画会计准则改变前后CEO的研发投入偏好的变化。实证结果发现旧会计准则下CEO自主权与研发投入呈现统计上不显著的微弱负相关性，而新会计准则下二者则呈显著的正相关性。该结论表明，新会计准则确实改变了CEO对研发投入的态度，证实了新会计准则的有效性，但在程度上并未达到政策设计之初的预期效果。为提升新会计准则的政策效果，在实证数据分析结论的基础上，进一步剖析了新会计准则及其监督机制的缺陷并提出了相应的改进建议。

本研究受教育部人文社科规划基金项目“知识型企业新—老CEO自主权的薪酬操纵效应比较研究（14YJA630089）”资助，特此致谢！本书顺利完成之际，首先，要向我的两位恩师，西安交通大学管理学院李怀祖教授和赵西萍教授，致以真诚的感谢，他们的谆谆教诲与殷切督促使得本书得以顺利成稿并出版。时值李怀祖教授85岁生日即将到来之际，仅以本书祝恩师身体健康、平安喜乐；其次，本人要向我的研究生由越、母欣、吕悦凡、张姣、郭倩、高灼琴表示感谢，在本书成稿过程中，他们承担了数据收集、文献整理与文字校对等大量烦琐的工作，并为具体的研究过程提供了许多有价值的建议和意见；最后，还要借此机会感谢我的家人，尤其是我的爱人王磅和我的儿子张一弛。正是有他们在背后默默的支持，本书才能得以顺利完成，我的生活因为他们才有意义，在此向他们表示深深的感谢！

[illegible]CEO[illegible]ESG[illegible]

[illegible]ESG[illegible]

第8章[illegible]2006年[illegible]2004—2008年[illegible]397家A[illegible]2010—2016年[illegible]1005[illegible]CEO[illegible]

[illegible]CEO[illegible]

目 录
CONTENTS

第1章　股权集中度对CEO自主权与企业R&D投入关系的调节效应研究
——来自中国制造业上市公司的经验证据

1.1 引　　言

企业层面的研发投入影响因素很多，但主要是由研发投入能力和投入倾向共同决定的（柴俊武、万迪昉，2003）[1]。一方面，研发投入能力取决于人员结构、企业规模、资金充裕程度、盈利状况等组织特征要素。在组织特征要素方面，与国际先进企业相比，中国企业在研发投入能力上的差距日益缩小（孙耀吾等，2016）[2]；另一方面，研发投入倾向取决于股东和 CEO 等技术创新决策主体对研发投入的态度与动机。中国企业研发投入倾向整体上持久偏低，与日益高涨的技术创新需求极不适应（张铭慎、王保林，2013）[3]。因此，要提升中国企业的国际竞争力，强化企业的研发投入倾向是当务之急（苏文兵等，2011）[4]。鉴于在公司治理结构中，CEO 自主权直接决定 CEO 的研发投入倾向，而股权集中度则决定了大股东的研发投入倾向，因此，二者与企业研发投入的关系，均为学术界关注的焦点。

就 CEO 自主权与企业研发投入关系而言，研究结论是多元的，包括负相关（Czarnitzki & Kraft，2003）[5]、不相关（Tribo，Berrone & Surroca，2007）[6]、曲线相关（Jolien Huybrechts et al.，2013）[7]和正相关（胡明霞，2015）[8]等；就股权集中度与企业研发投入关系而言，现有文献亦未达成共识，呈现多种研究结论，包括负相关（张会荣、张玉明，2014）[9]、不相关（Ramirez & Tylecote，2006）[10]、曲线相关（廖中举，2011）[11]和正相关（杨勇、达庆利、周勤，2007）[12]等。可见，现有研究对二者与研发投入的关系存在诸多争议，理论界对 CEO 和股东的研发投入倾向并未达成共识，有必要对其进行更深入的研究，以求进一步厘清企业 R&D 投入决策机理。

有鉴于此，本章研究突破以往文献多孤立地研究 CEO 自主权或者股权集中度与企业 R&D 投入关系的局限，将二者纳入同一研究框架中，系统地考察 CEO 与股东在企业研发投入决策中呈现的差异性态度与动机。本章研究认为，公司治理实践中，股权集中度虽在一定程度上，决定大股东的研发投入倾向，但创新决策的直接主体其实是以 CEO 为首的高管团队，而大股东在此过程中只是间接起到引导、监督和制约的作用。因此，可合理假定，CEO 自主权是以直接影响企业研发投入强度的方式体现其研发投入倾向，而股权集中度则是通过调节二者关系而间接影响企业研发投入强度的方式，体现其研发投入倾向。

具体而言，在假设股权集中度是影响 CEO 自主权与研发投入关系的调节变量的基础上，本章其余各部分内容拟安排如下：第二部分，在文献综述的基础上，探讨股权集中度、CEO 自主权与企业研发投入的关系，提出研究假设；第三部分，选择 2010 ~ 2014 年符合研究要求 3 474 条沪深两市制造业上市公司数据为样本，实证检验研实假设；第四部分，根据实证结果讨论三者关系，剖析股权集中度和 CEO 自主权对企业研发投入的共同作用机理；最后，是本章的研究结论与启示。

1.2 文献背景与研究假设

1.2.1 CEO 自主权：基本概念及其研究的历史沿革

CEO 自主权（CEO discretion），亦称经理自主权，具体是指以 CEO 为首的高管团队对公司经营决策活动的实际影响程度，是 CEO 综合法定权力、契约权力及非契约影响力等三种可能权力或影响力的结果，最终反映为 CEO 的自主行为空间（卢锐、魏明海、黎文靖，2008）[13]。随着现代企业规模不断向大型化、巨型化方向发展，股权高度分散，所有权和经营权日趋分离，所有者不得不将经营权委托给更加善于经营的 CEO，而董事会和股东则聚焦于制定发展战略，并监督和控制 CEO 的行为与绩效。然而，由于多数董事和股东代表并不擅长经营管理，再加上天然处于信息劣势，最终往往出现 CEO 实质上控制公司的现象。面对实际权力空间越来越大的 CEO，股东必须权衡，CEO 应该拥有多大的自主权，以便既能促使 CEO 有足够的自主性激励投入工作，又不至于产生过高的代理成本。这就产生了如何合理安排 CEO 自主权的问题（张长征、李怀祖，2008；Zhang Changzheng，2016）[14][15]。现有研究文献主要从以下四种理论视角研究并界定 CEO 自主权，分别为经理主义理论、战略管理理论、经理感知理论以及公司治理理论。

首先，经理主义理论认为，CEO 自主权是 CEO 以个人效用最大化为目标，控制或消费企业资源及其自身人力资本的能力（Williamson，1964）[16]。该理论对 CEO 自主权的研究，起源于拥有股份所有权的股东和掌握控制权的 CEO 之间的目标差异，其主要贡献在于发现了有限理性对 CEO 决策行为的影响，并用它合理解释了 CEO 自主权问题产生的根源。遗憾的是，经理主义理论并没有将 CEO 自主权本身作为独立变量进行研究，而更多的是把 CEO 自主权归结为行业竞争状况。而且该理论过多强调了 CEO 的自利动机，从而过于强调 CEO 自主权对组织不利的一面，而忽视其对组织的潜在贡献。

其次，战略管理理论认为，CEO 自主权是 CEO 与利益集团之间，就其行为的合理性进行动态博弈的复合过程中形成的自主行为空间（Finkelstein & Brian K. Boyd，1998）[17]。该理论对 CEO 自主权研究的最大贡献是，首次从战略的角度明确地提出了 CEO 自主权的概念、CEO 自主权的影响因素以及 CEO 自主权的测量，通过 CEO 自主权概念将战略选择理论和组织生态理论，调和了 CEO 对企业绩效影响效应的争论，并基本建立了 CEO 自主权的研究框架。后续研究基本上都是在战略管理理论体系上逐渐发展并完善的。但该理论更注重行业层面，甚至宏观经济与社会环境因素的影响，绝大多数研究都是仅立足于行业层次，却忽视了对 CEO 决策本身的研究。

再次，经理感知理论认为，CEO 自主权准确而言，应称为感知 CEO 自主权，它被定义为 CEO 感知到的授权行为空间（Carpenter & Golden，1997）[18]。经理感知理论对 CEO 自主权研究的最大贡献是，首次通过 CEO 自我感知的角度来直接地认识、理解和测量 CEO 自主权。该方法主要形式是，向 CEO 发放并回收包含虚拟的组织问题与管理困境的问卷，然后研究者通过问卷分析得到 CEO 对其自身自主权的认识，从而该方法可以获得更为准确、直观的结论。但该方法的使用明显容易受研究对象的影响，而且单纯地通过感知角度而忽视行业、组织背景，可能会得到不切实际的结论。

最后，公司治理理论认为，在公司治理中，CEO 处于企业全部契约集合的中心，并且可以将 CEO 自主权看作是 CEO 与其他契约人（董事会、债权人、客户、供应商、政府，以及社会公众等）进行权力分享的结果。而具体权力的大小，则取决于各方利益集团的相互博弈。在此前提下，董事会可以通过制定科学的经营管理机制，来不断修正和约束 CEO 行为，使 CEO 同所有者的利润最大化目标保持一致（Zhang Changzheng，2016）[15]。该理论对CEO自主权研究的最大贡献是，将CEO自主权研究真正纳入公司治理这一具有广阔前景的理论框架中。

通过对CEO自主权理论研究历程的比较与总结，可以认为采用基于公司治理框架的契约理论，来研究CEO自主权更科学、更合理（张长征、李怀祖，2008）[14]。基本的原因在于，将CEO看作公司诸多契约的中心，认为CEO自主权是事实的而并非单纯组织授予的权力，其边界、空间、大小都是与其他利益相关者各方博弈互动的结果所决定的，这与现实更加相符。前三种理论仅对CEO自主权的根源、影响做了大量研究，并且这些研究大多站在行业角度，而如何有效利用和控制的问题却无法得到解决。因此，通过公司治理框架可以更加全面地认识CEO自主权，并能够通过机制设计和制度安排，对CEO自主权问题进行有效的遏制与充分利用。有鉴于此，本书对CEO自主权的研究视角将更多地遵循公司治理理论视角，并在某些关键观点上，有机地结合经理主义理论、战略管理理论以及CEO感知理论的视角。

1.2.2 CEO自主权影响效应研究

芬克尔斯坦因和博伊德（Finkelstein & Boyd，1998）[17]曾指出，CEO自主权概念对有效解释经济学家与管理学者所感兴趣的诸多组织现象，具有极为重要和关键的理论价值，因而关于CEO自主权影响效应的文献异常丰富。整体而言，CEO自主权影响效应文献大致可以总结为以下四个方面，分别为CEO自主权对CEO报酬的影响效应、对公司绩效的影响效应、对多元化战略的影响效应、对企业技术创新的影响以及对其他组织现象的影响效应等。其中，CEO自主权对企业技术创新的影响将在下文中论述和评价。因此，本章将先就CEO自主权其他几个方面的影响效应进行归纳与综述。

首先，区别于传统的最优契约理论，薪酬契约的CEO自主权理论，正成为国内外学术界解释高管薪酬现象的主流理论（熊风华、彭珏，2012）[19]。目前，越来越多的学者采用CEO自主权理论研究和解释高管薪酬水平（吴育辉、吴世农，2010；代彬、刘星、郝颖，2011；Thorsten Doscher & Gunther Friedl，2011；Jing Chen，Mahamoud Ezzamel & Ziming Cai，2011；张丽平、杨兴全，2012）[20-24]、高管薪酬—业绩敏感性（卢锐，2008；洪峰，2010；蔡地、万迪昉，2011；刘星、徐光伟，2012；史海静，2012）[25-29]。以上研究都从不同方面，分析阐释了 CEO 自主权对于高管薪酬水平和高管薪酬—业绩敏感性的操纵效应，并取得了丰富的研究成果，对解释高管薪酬水平和高管薪酬—业绩敏感性的形成机理和后果，起到了至关重要的作用。

其次，CEO 自主权对公司绩效同时具有正反两方面的影响。埃瑞克和索尼亚（Eric & Sonia，2003）[30]在关于中国上市公司 CEO 自主权与公司绩效关系的研究中，首次将掌握最终控制权的利益集团的激励问题考虑在内，发现当控制 CEO 的利益团体目标与公司绩效目标相一致时，CEO 自主权公司绩效负相关；而当各利益集团目标与公司绩效目标不一致时，CEO 自主权与企业绩效正相关。当股权集中度较高时，两者正相关，而当股权集中度较低时两者不相关；尹（Xiangkang Yin，2004）[31]则在二者关系的研究中，进一步考虑产品竞争形式问题，证实 CEO 自主权对公司业绩效的影响，取决于 CEO 类型与产品市场竞争形式的匹配性。具体而言，质量主导的市场竞争中，权力偏好型 CEO 拥有高自主权对公司绩效有正向影响，而价格主导的市场竞争中，风险规避型 CEO 拥有高自主权对公司绩效有正向影响。

再次，CEO 自主权对公司多元化战略的影响，有非相关多元化促进论和相关多元化促进论两种对立观点。非相关多元化促进论的代表性文献分别为阿米胡德和莱维（Amihud & Lev，1981）[32]以及米勒（Miller，2004）[33]。前者认为，CEO 更倾向于非相关多元化来降低其“就业风险”，因而高自主权 CEO 将更多选择非相关多元化战略，而后者则认为，高 CEO 自主权意味着 CEO 在产品与市场变革上较少受到约束，从而能够在追求增长的过程中，通过非相关多元化战略扩展其公司规模；相关多元化促进论的代表性文献分别是希尔和斯奈尔（Hill & Snell，1988）[34]、霍斯奇森和希特（Hoskisson & Hitt，1995）[35]。前者认为，高自主权 CEO 能相对自由地追求非相关多元化战略变革，而低自主权 CEO 却只能被限定在相关多元化战略，而后者也认为，低自主权 CEO 为了满足利润最大化约束，只能追求符合规模经济或者范围经济要求的多元化战略，且此类战略变革多局限于相关多元化。

最后，随着 CEO 控制公司问题越发严重，CEO 自主权影响效应研究越发受到关注，研究领域也逐渐扩展到对其他组织现象的影响效应。比如，蒙塔纳里（Montanari，1978）[36]遵循经理主义理论视角，发现 CEO 自主权的代理成本对公司市场开拓、组织结构、社会责任、技术选择等战略决策具有显著负面影响；哈姆布里克和施埃克特（Hambrick & Schecter，1983）[37]研究发现低自主权安排阻碍了 CEO 自我实现需要，导致其对企业专用性人力资本投资减少。因此，低 CEO 自主权安排往往伴随着较多的 CEO 离职现象。限于篇幅，本章对该问题的综述未详细展开，更详尽的内容见文献［14］。

1.2.3 CEO 自主权与企业研发投入

由于 CEO 自主权理论在解释高管薪酬、组织绩效、公司战略等各种组织现象上的成功，开始有学者认为可以将其应用到对企业 R&D 投入的研究上来。国内外学者针对 CEO 自主权与企业研发活动的关系做过大量研究，主要有以下几种研究结论。

首先，负相关。比如，张长征、李怀祖和赵西萍（2006a）[38]在 Gonzalez 模型的基础上引入 CEO 自主权变量研究企业在 R&D 投入决策过程中的行为模式，模型不但能够解释企业 R&D 投入水平高低的决策，还可以解释企业 R&D 活动启动与否的决策。理论分析与实证数据表明，由于 CEO 与股东之间的偏好和利益存在差异，CEO 自主权水平的不同对企业 R&D 投入决策结果将产生显著影响，对于 CEO 自主权越大的企业，启动 R&D 活动的概率越低，且 R&D 投入水平越低。就 R&D 投入现状而言，中国企业的 CEO 自主权普遍偏大，这在一定程度上也揭示了中国企业治理结构中内部制衡的弱有效性，导致以 CEO 为代表的内部人过度控制企业。因而适度控制 CEO 自主权、合理安排 CEO 与股东之间的权力配置是保证有效 R&D 投入、提升企业技术创新能力的必要手段；再比如，张长征、李怀祖和赵西萍（2006b）[39]以中国 2004 年披露了研发投入的制造业上市公司为样本，发现以结构职位权、薪酬回报权与资源运作权测度的 CEO 自主权，对 R&D 投入强度有显著负向影响。支持该观点的典型的文献包括：李和亚特（Lee & Wyatt，1999）[40]、巴克和穆勒（Barker & Mueller，2002）[41]，以及克扎尼兹奇和克拉夫特（Czarnitzki & Kraft，2003）[5]等。

其次，无相关性。继负相关观点之后，亦有少数学者实证发现 CEO 自主权与企业 R&D 投入无关（Linck et al.，2008）[42]。持有该观点的学者认为，

CEO 对企业 R&D 投入的偏好并没有群体普遍性，反而更多是基于 CEO 的个体特征，比如其学历背景、专业背景、价值观，乃至其家庭背景等。由于 CEO 个体特征的多样性，由千人千面的个体 CEO 构成的 CEO 群体，并不会聚合成较为一致的企业 R&D 投入倾向。因此，CEO 自主权与企业 R&D 投入强度之间不应该存在过于显著的统计上的相关性。

再次，曲线相关。该观点认为，CEO 自主权对企业 R&D 投入具有非线性影响效应。比如，胡布里奇特斯（Jolien Huybrechts et al.，2013）[7]和陈（Hsiang - Lan Chen，2014）[43]都分别报告了 CEO 自主权与 R&D 的曲线关系。鉴于 R&D 投入既可能带来高风险和不确定性，亦可能带来超额利润与企业声望，CEO 对 R&D 投入持有既爱又怕的心态。表现在其 R&D 投入倾向上，呈现先抑后扬或者先扬后抑的态度就是顺理成章了。

最后，正相关。在以上三种观点的基础上，越来越多的最新研究采用不同的度量方式和实证模型，在不同程度上证实了二者之间的正相关性。比如，张长征和胡利利（2011）[44]以陕西省典型技术型企业为研究样本，采用定性与定量相结合的方法，全面探讨经理自主权配置状态对技术创新启动决策、技术创新强度决策、技术创新内容决策、技术创新形式决策，以及技术创新资金决策的影响，初步构建陕西省技术型企业基于经理自主权的技术创新决策模型。结果发现，陕西技术型企业经理自主权越高，则企业越倾向于启动技术创新，而经理自主权越低，则越倾向于购买技术创新成果；而且随着经理自主权水平的提升，选择高强度技术创新活动的陕西省技术型企业大幅度增加，而选择低技术创新强度的企业显著减少。这表明，经理自主权的提升有助于提升企业技术创新投入强度。再比如，张长征和蒋晓荣（2011）[45]以陕西省技术型企业为对象，应用定性与定量结合的分析方法，初步实证分析结果表明，陕西省技术型企业的股权集中度对经理自主权的配置有正向影响，而股权集中度正是通过这一正向影响间接对企业 R&D 投入产生显著的正向影响。其他支持该观点的典型文献包括：哈姆扎等（Hamza et al.，2014）[46]、莫萨和周德胡瑞（Mousa & Chowdhury，2014）[47]，以及胡明霞（2015）[8]等。

可见，随着时间的推进，CEO 自主权与企业研发投入的关系逐渐发生了变化，由负相关逐步演进为不相关、曲线相关，直至正相关关系占据了主导地位。这表明，CEO 的企业研发投入倾向可能正在发生本质性的变化，有必要从以下几个方面，重新分析和审视 CEO 自主权与企业研发投入的关系。

①会计政策变化：新修订的无形资产准则，借鉴最新国际会计准则，首次允许研发费用在满足资产的确认和计量标准的条件下，进行资本化。由于 CEO 在实际确定研发费用是否符合资本化标准时，具有大较自由裁量权，这就意味着，能够资本化的研发费用额度在很大程度上，取决于 CEO 自身的意图和偏好。与此同时，企业当期的成本费用，却并未像旧会计准则下那样剧增。因此，高自主权 CEO 的研发投入倾向有所提升；②产品（和要素）市场变化：产品市场的竞争程度日益加剧，渐次向完全竞争型市场转变。产品寿命周期更短、技术含量更高，经营不确定性剧增。这就意味着，企业对创新的需求更大，因为创新是应对不确定性的最为有效的关键举措（Hsiang-Lan Chen，2014）[43]。此时，研发投入已成为获取竞争优势的关键来源，客观上需要 CEO 加强研发投入。因而，随着产品市场竞争程度的提升，高自主权 CEO 有增加研发投入的倾向；③资本市场变化：资本市场上短期投机行为，开始逐步让位于长线投资行为，资本市场已从无效市场，逐渐演化成弱式有效市场（赵浩东，2016）[48]。表现在股票价格决定机理上，可发现股票价格与企业长期发展潜力、长期盈利能力均呈显著的正相关性。此时，高自主权 CEO 为了提升投资者对企业长期发展前景的信心，倾向于提升研发投入；④经理人市场变化：随着职业经理人群体的逐步成熟，CEO 甄选越发市场化，经理人市场逐步规范。而且随着经理人市场逐步规范，声誉机制对 CEO 的约束和引导作用日益强化。当前日益成熟的经理人市场，强化了职业声誉对经理人的约束。具有较高职业声誉的 CEO，不愿过度谋求短期私利，反而更看重：自身专业能力的有效应用与提升，股东、高管成员和继任者的尊敬，以及由此而引致的职业生涯的未来成功。这依赖于企业长期发展潜力、长期盈利能力以及未来竞争优势的强化。研究表明，研发投入的增加，不仅可以在较大程度上满足 CEO 自我成就感，且与企业长期发展潜力和长期竞争力有强正相关性（Ming Jian & Kin Wai Lee，2011）[49]。此时，研发投入对 CEO 的职业声誉评价有显著的正向影响。为了追求职业声誉，高自主权 CEO 倾向于提高研发投入。

综上，随着近年来会计政策、产品市场、资本市场和经理人市场等外部宏观环境因素的不断演进和成熟，CEO 对研发投入的态度已经发生根本性改变。由此，有如下假设：

H1 -1：CEO 自主权对研发投入有显著正向影响。

1.2.4 股权集中度对 CEO 自主权和企业研发投入关系的调节效应

针对股权集中度与企业研发投入的关系，国内外学者已做过大量研究。主要有以下几种结论：

首先，正相关。持该观点的学者认为，提高大股东持股比例，使股权相对集中，可提高股东的监控能力和监控动机，从而确保高管关注企业的长期发展，为企业技术创新提供有力支持（Hosono，Tomiyama & Miyagawa，2004；Qing Zhang，2014；毛良虎，2008；Enrico & Donato，2014）[50-53]。该观点系基于传统委托—代理理论，具有扎实的理论基础和经验证据支持。

其次，负相关。一方面，考虑到股东作为投资者的风险规避心理因素，股权集中度越高，其承担的企业特殊风险越大，削减研发投资的可能性越高，从而两者呈现负相关性（Lee，& O′neil，2003；Yafeh & Yosha，2003；汤业国，2013；毕克新、高岩，2008）[54-57]；另一方面，考虑到公司治理机制对大股东行为监督的弱有效性，上市公司与第一大股东间的关联交易，会随着股权集中度提高而更为频繁，从而导致利益输送行为发生概率提高，并最终弱化企业研发投资（Kastl & Martimort，2013；Tao Zeng，Horn-Chern Lin，2011；罗正英等，2014）[58-60]。

再次，曲线型关系。持有该观点的学者认为，股权过度分散易导致内部人控制，使企业技术创新受到忽视，同时过高的股权集中度又容易出现大股东掏空公司的行为。适度的股权集中度使大股东既有动力进行技术创新，同时又受到来自中小股东的监督制衡，利于提高创新效率。因此，股权集中度与企业研发投入的关系，复杂且兼具动态性与阶段性特征，难以用简单的线性关系进行刻画，反而使用更为复杂的曲线关系进行刻画似乎更符合实际。目前既有理论基础又有实证支持的曲线关系有："U"型关系（陈隆、张宗益、杨雪松，2005）[61]、倒"U"型关系（冯根福、温军，2008）[62]，以及"N"型关系（文芳，2007）[63]。

最后，无相关性。有学者提出，股权集中度与企业研发投入不存在明确相关性，其基本理由有两个：其一，各企业的股东都有个性化很强风险偏好，企业间相同的股权集中度并不能聚合成方向性明确一致的研发投入倾向；其二，各企业股东参与企业决策的意愿和渠道具有很强的异质性，不同企业中相同的股权集中度，也只能体现为不同的研发投入决策影响力。这一结论亦得到部分实证文献支持（Dixon & Seddighi，1996；Dirk & Kornelius，2003；Ramirez & Tylecote，2006）[64,65][10]。

可见，股权集中度与研发投入的关系处于高度争议状态，远未达成共识。现实中很容易发现，即使同行业股权集中度相似的公司，其研发投入强度并不见得相似，甚至有时相差甚远。这表明，以上文献无论是发现股权集中度与研发投入之间的正相关关系，还是揭示了它们之间负相关关系，抑或是曲线型关系，都反映了一个共同事实，即：研发投入强度未必是直接决定于股权集中度，而是更加直接地决定于"其他因素"，股权集中度其实更可能是以调节变量的形式间接影响"其他因素"与研发投入强度之间的关系。基于文献的梳理推断，"CEO 自主权"很可能就是这一至关重要的"其他因素"。综合以上论述，本着"大胆假设、小心求证"的方针，本章将以股权集中度为调节变量，剖析其如何调节 CEO 自主权与研发投入的关系。

H1 -2：股权集中度对 CEO 自主权与研发投入的关系有显著调节效应。

1.3 研究设计与实证分析

1.3.1 变量操作定义

变量分为主要研究变量和控制变量。主要研究变量包括：CEO 自主权、研发投入强度和股权集中度。控制变量包括：企业规模、技术人员比例、公司成立时间、女性高管比例、独立董事比例、资产负债率、东部地区、西部地区。以 2010 年为基准，2011 ~2014 年设置 4 个年度虚拟变量，进入回归方程以考虑年度宏观经济形势对研发投入强度的影响。其中，CEO 自主权遵循多维度度量需要，综合借鉴张长征（2011）[66]、张鹏等（2015）[67]、权小锋、吴世农和文芳（2010）[68]、李有根和赵锡斌（2002）[69]等学者的观点，从结构职位权（PP）、薪酬回报权（CP）、资源运作权（OP）、股份所有权（EP）和专家声望权（TP）五个维度全面度量，记为 CD5。具体变量操作定义见表 1 -1。

表 1-1　变量操作定义

变量类别	变量符号	变量名称	操作定义与说明	参考依据
主要研究变量	PP	结构职位权	CEO 两职兼任设置为 1，否则为 0	Zhang Changzheng（2011）[66]、张鹏等（2015）[67]、权小锋、吴世农、文芳（2010）[68]
	CP	薪酬回报权	CEO 与高管平均薪酬水平的比值高于样本均值为 1，否则为 0	李有根、赵锡斌（2002）[69]
	OP	资源运作权	营运资金与营业收入的比值高于样本均值为 1，否则为 0	张长征、李怀祖、赵西萍（2006b）[39]、张长征和李怀祖（2008）[70]
	EP	股份所有权	CEO 持股额度在高管成员中最高为 1，否则为 0	
	TP	专家声望权	CEO 任期超过样本均值为 1，否则为 0	吕长江、赵宇恒（2008）[71]、周建、金媛媛和袁德利（2013）[72]
	CD5	CEO 自主权	PP、CP、OP、EP、TP 的平均值	本研究
	RDI	研发投入强度	企业研究开发支出与营业收入的百分比	任海云和师萍（2010）[73]
	EOC	股权集中度	第一大股东持股比例	罗正英、李益娟和常昀（2014）[74]
控制变量	SC	企业规模	企业资产总额取对数	张杰等（2007）[75]
	TPR	技术人员比例	技术人员数量与员工总数的比值	梁莱歆和曹钦润（2010）[76]
	FAGE	公司成立时间	从成立之日至样本年度 12 月 31 日的时间，以年为单位，尾数不满一年按一年计	成立为和戴小勇（2012）[76]
	FER	女性高管比例	女性高管数量与高管团队规模的比值	佩里曼和阿历克萨等（Perryman, Alexa A. et al., 2016）[77]
	IDI	独立董事比率	独立董事个数与董事会成员个数的比值	黄国良和董飞（2010）[78]
	DEBT	资产负债率	负债与资产的比值	陈海声和卢丹（2010）[79]
	EAST	东部地区	企业注册地隶属于中国东部地区为 1，否则为 0	刘笑霞、李明辉（2009）[80]
	MID	中部地区	企业注册地隶属于中国中部地区为 1，否则为 0	
	EPS	企业绩效	净收益与普通股份总数的比值	程华、赵祥（2008）[81]

1.3.2 样本及数据

以中国深、沪两市首发 A 股的制造业上市公司为对象，以 2010～2014 年为研究样本时间窗，选择同时满足以下条件的公司为研究样本：①当年完全披露了研究开发支出数据的上市公司；②非 ST、PT 上市公司；③非奇异性数据上市公司；④变量操作定义所需数据，可全部准确获取的上市公司；⑤剔除 CEO 任期未满一年的公司，或当年 CEO 有变动的公司。数据主要来源于国泰安数据库以及 WIND 数据库，部分数据来自于上市公司年报，并对其进行了必要的手工整理。基于以上处理过程，为保证本章研究的样本数据尽可能接近正态分布，消除极端值数据对实证结果的扭曲效应，将初始样本分别依据 R&D 支出、独立董事比例、企业规模、资产负债率、每股收益、CEO 自主权、女性高管比率等关键连续变量，将样本进行排序，并分别删除在该变量上拥有最低值和最高值的两条样本数据。最终，共得到 3 474 个有效观测样本，该样本具有非平衡面板数据特征。数据处理使用 SPSS19.0 软件。

各研究变量的描述统计结果，如表 1－2 所示。数据显示，样本企业平均研发投入为 2.7%。样本企业中有 60% 属于东部地区，23% 属于中部地区，17% 属于西部地区。公司成立时间平均为 16.29 年。对股权集中度、CEO 自主权和研发投入强度等主要变量，采用积累概率图进行残差正态性检验。结果显示，代表残差分布的曲线与代表正态分布的斜线重合程度基本上可接受范围。

1.3.3 数据分析与假设检验

应用层次回归分析模型检验研究假设。具体操作如下：

（1）以滞后一年的研发投入强度（RDI）为因变量，以 9 个控制变量、4 个年度虚拟变量（YEAR2011，YEAR2012，YEAR2013，YEAR2014）和 CEO 自主权指数（CD5）为自变量，构建多元回归模型（1－1）。运用最小二乘法

表 1－2　研究变量描述统计及相关性分析

	均值	标准差	CD5	RDI	EOC	SC	TPR	FAGE	IDI	FER	DEBT	EAST	MID	EPS
CD5	0.462	0.258	1											
RDI	0.023	0.024	0.126 ***	1										
EOC	0.332	0.143	−0.170 ***	−0.071 ***	1									
SC	9.757	0.647	0.120 ***	−0.089 ***	0.124 ***	1								
TPR	0.162	0.120	0.063 ***	0.340 ***	−0.019	−0.015	1							
FAGE	16.290	5.294	−0.011	−0.145 ***	−0.128 ***	0.230 ***	−0.061 ***	1						
IDI	0.363	0.057	0.065 ***	0.036 *	−0.019	−0.044 ***	−0.007	0.040 **	1					
FER	0.150	0.105	0.087 ***	−0.019	−0.094 ***	−0.142 ***	0.019	0.024	0.046 ***	1				
DEBT	0.476	0.194	−0.074 ***	−0.206 ***	0.078 ***	0.280 ***	−0.077 ***	0.066 ***	−0.027	−0.115 ***	1			
EAST	0.60	0.490	0.129 ***	0.122 ***	−0.010	−0.025	0.134 ***	−0.009	−0.018	0.082 ***	−0.078 ***	1		
MID	0.23	0.423	−0.072 ***	−0.052 ***	−0.014	0.010	−0.080 ***	−0.043 **	0.019	−0.074 ***	0.038 ***	−0.674 **	1	
EPS	0.317	0.681	0.111 ***	−0.013	0.018	0.179 ***	0.007	0.011	−0.017	−0.009	−0.199 ***	0.019	−0.034 **	1

注：n＝3 474；*、**、*** 分别表示在 0.10、0.05 和 0.01 水平上显著。

（OLS）对模型（1－1）进行估计。其中，t 取值分别为 2010～2014 年。表 1－3 第 2 列表明，CEO 自主权对企业研发投入强度的正向影响显著（β＝0.009，T＝5.912）。假设 H1－1 成立。

$$
\begin{aligned}
RDI_{it} = {} & \alpha + \beta_1 SC_{i(t-1)} + \beta_2 TPR_{i(t-1)} + \beta_3 FAGE_{i(t-1)} + \beta_4 FER_{i(t-1)} \\
& + \beta_5 IDI_{i(t-1)} + \beta_6 DEBT_{i(t-1)} + \beta_7 EAST_{i(t-1)} + \beta_8 MID_{i(t-1)} \\
& + \beta_9 EPS_{i(t-1)} + \beta_{10} CD5_{i(t-1)} + \sum YEAR + \varepsilon_{i(t-1)} \qquad (1-1)
\end{aligned}
$$

表 1－3　股权集中度对 CEO 自主权与研发投入关系的调节效应检验

	以第一大持股比例（EOC）度量股权集中度，以 CD5 综合度量 CEO 自主权			以前三大持股比例之和（EOC3）度量股权集中度，以专家声望权（EP）独立度量 CEO 自主权		
	模型（1－1）	模型（1－2）	模型（1－3）	模型（1－1）	模型（1－2）	模型（1－3）
（常量）	0.033 *** (5.160)	0.034 *** (5.299)	0.031 *** (4.671)	0.030 *** (4.619)	0.032 *** (4.924)	0.029 *** (4.372)
SC	－0.001 * (－1.893)	－0.001 (－1.323)	－0.001 (－1.375)	－0.001 (－1.051)	0.000 (－0.790)	－0.001 (－0.836)
TPR	0.062 *** (19.718)	0.062 *** (19.692)	0.062 *** (19.718)	0.063 *** (19.909)	0.063 *** (19.912)	0.063 *** (19.970)
FAGE	－0.0004 *** (－6.521)	－0.0005 *** (－7.005)	－0.0005 *** (－6.832)	－0.0005 *** (－6.597)	－0.0005 *** (－6.917)	－0.0005 *** (－6.764)
IDI	0.002 (1.383)	0.002 (1.307)	0.002 (1.273)	0.003 (1.423)	0.003 (1.465)	0.002 (1.516)
FER	－0.014 *** (－3.823)	－0.014 *** (－3.993)	－0.015 *** (－4.032)	－0.011 *** (－3.149)	－0.012 *** (－3.407)	－0.013 (－3.496)
DEBT	－0.020 *** (－9.887)	－0.020 *** (－9.826)	－0.020 *** (－9.864)	－0.021 *** (－10.419)	－0.021 *** (－10.340)	－0.021 *** (－10.341)
EAST	0.004 *** (3.865)	0.004 *** (3.852)	0.005 *** (3.952)	0.005 *** (4.502)	0.005 *** (4.506)	0.005 *** (4.504)
MID	0.002 (1.494)	0.002 (1.373)	0.002 (1.491)	0.002 (1.637)	0.002 (1.552)	0.002 (1.521)
EPS	－0.001 (－1.420)	－0.001 (－1.115)	－0.001 (－1.062)	－0.001 (－1.465)	－0.001 (－1.297)	－0.001 (－1.294)
CD5	0.009 *** (5.912)	0.008 *** (5.199)	0.015 *** (4.189)			

续表

	以第一大持股比例（EOC）度量股权集中度，以 CD5 综合度量 CEO 自主权			以前三大持股比例之和（EOC3）度量股权集中度，以专家声望权（EP）独立度量 CEO 自主权		
	模型（1-1）	模型（1-2）	模型（1-3）	模型（1-1）	模型（1-2）	模型（1-3）
EOC		-0.009*** (-3.377)	0.001 (0.267)			
CD5 × EOC			-0.024** (-2.253)			
EP				0.002** (1.976)	0.002* (1.918)	0.006** (2.362)
EOC3					-0.007*** (-2.813)	0.000 (0.915)
EPP × EOC3						-0.010* (-1.836)
YEAR	YES	YES	YES	YES	YES	YES
F	84.526	77.443	70.947	80.362	73.261	66.953
R^2	0.180	0.183	0.184	0.173	0.174	0.175
调整后 R^2	0.178	0.180	0.181	0.170	0.172	0.173
ΔR^2	0.180	0.003	0.001	0.173	0.001	0.001
Sig ΔR^2	0.000	0.001	0.024	0.000	0.005	0.066

注：N = 3 474；括号内为 t 值；*、**、*** 分别表示在 0.1、0.05 和 0.01 水平上显著；YEAR2011、YEAR2012 与 YEAR2013、YEAR2014 的回归系数在 1% 的水平上均不显著。下同。

（2）引入股权集中度（EOC），构建模型（1-2）。运用最小二乘法（OLS），对模型（1-2）进行估计。表 1-3 第 3 列表明，EOC 的引入降低了模型拟合优度，而 CEO 自主权对研发投入强度的影响仍显著为正（β = 0.008，T = 5.199）。假设 H1-1 仍成立。股权集中度对研发投入强度的影响显著为负（β = -0.009，T = -3.337）。

$$RDI_{it} = \alpha + \beta_1 SC_{i(t-1)} + \beta_2 TPR_{i(t-1)} + \beta_3 FAGE_{i(t-1)} + \beta_4 FER_{i(t-1)} + \beta_5 IDI_{i(t-1)} + \beta_6 DEBT_{i(t-1)} + \beta_7 EAST_{i(t-1)} + \beta_8 MID_{i(t-1)} + \beta_9 EPS_{i(t-1)} + \beta_{10} CD5_{i(t-1)} + \beta_{11} EOC_{i(t-1)} + \sum YEAR + \varepsilon_{i(t-1)} \quad (1-2)$$

（3）将交互项（CD5 × EOC）引入模型（1-2），构建模型（1-3）。表

1－3 第 4 列表明，交互项的引入使得回归方程整体解释效度提升 0.5 个百分点。交互项的回归系数为 －0.024（标准化回归系数为 －0.101），T 检验值为 －2.253，$P<0.05$。该结果表明，股权集中度每提升 1 个百分点，可导致 CEO 自主权对企业研发投入的正向影响，降低 0.101 个百分点。假设 H1－2 成立。

$$RDI_{it} = \alpha + \beta_1 SC_{i(t-1)} + \beta_2 TPR_{i(t-1)} + \beta_3 FAGE_{i(t-1)} + \beta_4 FER_{i(t-1)} + \beta_5 IDI_{i(t-1)} + \beta_6 DEBT_{i(t-1)} + \beta_7 EAST_{i(t-1)} + \beta_8 MID_{i(t-1)} + \beta_9 EPS_{i(t-1)} + \beta_{10} CD5_{i(t-1)} + \beta_{11} EOC_{i(t-1)} + \beta_{12} CD5_{i(t-1)} \times EOC_{i(t-1)} + \sum YEAR + \varepsilon_{i(t-1)} \quad (1-3)$$

由此，CEO 自主权与企业研发投入显著正相关，且股权集中对 CEO 自主权与企业研发投入之间的关系有显著负向调节效应。假设 H1－1 和假设 H1－2 均成立。

1.3.4 稳健性检验

为检验以上实证结论的可靠性，本章从以下三个方面进行了稳健性检验：

1. 基于数据分析方法的稳健性检验

考虑到基于交互项回归的层次回归模型可能引发潜在的多重共线性问题，拟采用分组回归分析的方法检验 H1－2。首先，根据 EOC 的水平，在 EOC 均值处，将样本分为低股权集中度样本和高股权集中度样本，并分别应用模型（1－1），进行数据拟合分析。股权集中度较低时，CD5 回归系数显著为正（$\beta=0.010$，$T=5.703$）；而股权集中度较高时，CD5 回归系数为 0.004（$T=1.525$）。可见，股权集中度更高时，CEO 自主权与研发投入强度相关性更低。其次，根据前三大股东持股比例之和，将样本分为低股权集中度样本和高股权集中度样本。采用同样的步骤，比较分组回归分析的结果，假设 H1－2 仍成立。

为更直观检验 CEO 自主权与股权集中度的交互效应对企业研发投入的影响是否稳健，分别从 CEO 自主权均值和股权集中度均值处将样本分为，高自主权—高股权集中度样本、高自主权—低股权集中度样本、低自主权—高股权集中度样本和低自主权—低股权集中度样本等四个子样本，并对研发投入进行独立样本 T 检验。检验结果表明，高自主权—低股权集中度样本与低自主权—高股权集中度样本的研发投入均值有显著差异（T = 8.060，P = 0.000），前者为 0.0285，后者为 0.0186，并且二者分别是四个子样本中，研发投入均值最高和最低的两个子样本。该结果再一次验证上述实证结论。H1 - 2 仍成立。

2. 基于变量度量方法的稳健性检验

以前三大股东持股比例之和（EOC3）作为股权集中度的替代指标，评估 CEO 自主权、股权集中度与企业研发投入关系的稳健性。结果表明，以 EOC3 衡量的股权集中度，仍能负向调节 CEO 自主权对企业研发投入的影响效应。具体而言，EOC3 每变动一个单位，则 CEO 自主权对 RDI 的影响反方向变动 0.099 个单位（见图 1 - 1）。假设 H1 - 1、假设 H1 - 2 仍成立。这表明，CEO 自主权、股权集中度与企业研发投入的关系，并不因为股权集中度的度量方式不同而变化。

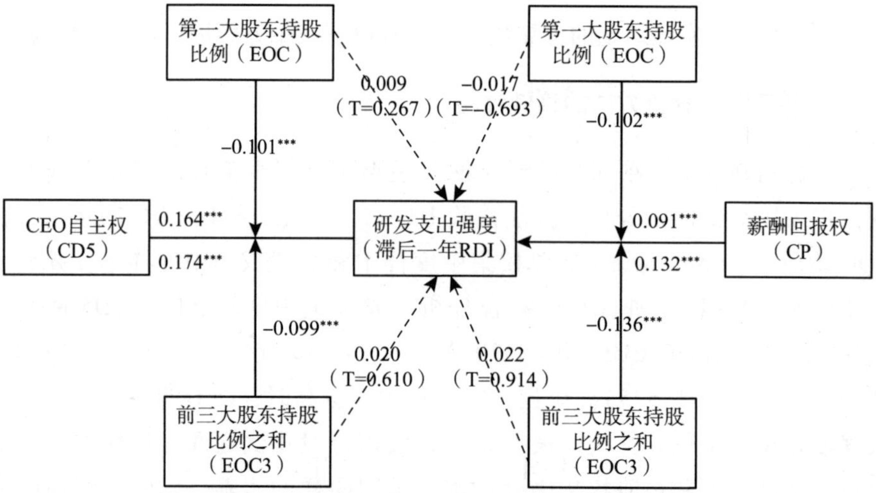

图 1 - 1　CEO 自主权、股权集中度与企业研发投入关系标准化实证结果汇总

以前三大股东持股比例之和（EOC3）作为股权集中度的替代指标，取代模型（1 - 2）和模型（1 - 3）中的 EOC，以专家声望权（EP）单独表示 CEO 自主权，取代模型（1 - 1）至模型（1 - 3）中的 CD5，并应用样本数据进行上述层次回归分析。结果见表 1 - 3 第 5 列至第 7 列。此时，EOC3 每变动一个单位，则以 EP 衡量的 CEO 自主权对 RDI 的影响反方向变动 0.056 个单位；同样的逻辑，EOC 每变动一个单位，以薪酬回报权（CP）衡量的 CEO 自主权对 RDI 的影响效应反方向变动 0.102 个单位，而 EOC3 每变动一个单位，则以薪酬回报权（CP）衡量的 CEO 自主权对 RDI 的影响反方向变动 0.136 个单位（如图 1 - 1 右半部分所示）。

此外，借鉴权小锋、吴世农和文芳（2010）[39] 的方法，将 PP、CP、OP、EP、TP 五个指标进行主成分分析得到新的 CEO 自主权指数（CDP），分别以 EOC3 和 EOC 作为股权集中度的指标，此时层次回归分析结果仍然支持假设 H1 - 1 和假设 H1 - 2。可见，CEO 自主权、股权集中度与企业研发投入的关系，并不因为 CEO 自主权的度量方式不同而变化。

3. 基于不同时滞效应情境下的稳健性检验

将时滞效应设置为 2 年，所有实证模型中的自变量，即股权集中度、CEO 自主权、控制变量，以及股权集中度与 CEO 自主权的乘项，取 t 年度的值，而模型因变量 RDI 取 t + 2 年度的值（t = 2009，2010，2011，2012，2013，2014）。结果表明，假设 H1 - 1 和假设 H1 - 2 仍成立。具体而言，股权集中度（EOC）每变动一个单位，则 CEO 自主权（CD5）对研发投入的影响反方向变动 0.089 个单位。不考虑时滞效应，实证模型中自变量与因变量均取同一年的数据。分析结果表明，假设 H1 - 1 和假设 H1 - 2 仍然成立。此时，股权集中度（EOC）每变动一个单位，则 CEO 自主权（CD5）对研发投入的影响效应反方向变化 0.094 个单位。显然，CEO 自主权和股权集中度对滞后一年的研发投入具有更显著的影响。

1.4 结果讨论

1.4.1 CEO 自主权与研发投入的关系

理论分析与实证数据表明，CEO 自主权对企业研发投入有显著正向影响。这意味着，与以往相比，以 CEO 为首的高管团队对企业研发投入的态度发生了根本转变，从原来持有否定和规避的消极态度，已逐步转变为肯定和支持的积极姿态。推敲起来，CEO 改变态度的原因除上文分析的研发投入会计处理政策国际化、产品市场自由化、资本市场有效性提升，以及经理人市场的日趋成熟等外部因素起作用之外，CEO 群体整体素质和职业化程度的提升，也是不可忽视的内因。

从优化企业研发投入的视角而言，CEO 自主权的最优配置应随公司治理的演进不断调整，而非一成不变。在 21 世纪初，如果赋予 CEO 为首的高管团队过大的自主权，极可能导致研发投入不足的窘境，因而股东和董事会必须对其自主权进行一定的规制；而当前，CEO 在技术创新领域，应被赋予更大的自主行为空间，毕竟他们才真正具有决定最优研发投入水平的专业技能。对当前公司治理实践而言，该结论意义重大：CEO 自主权在现有基础上的适度扩大，既能使 CEO 有足够的自主性激励投入工作，又无须担心产生过高代理成本。

值得注意的是，CEO 自主权各维度，对企业研发投入的具体作用在程度上有一定差异。进一步的数据分析表明，本章所关注的结构职位权、薪酬回报权、资源运作权、股份所有权和专家声望权五个自主权维度中，对企业研发投入强度影响最大的是薪酬回报权（见图 1－1），而影响最小的则是资源运作权（见表 1－3）。CEO 自主权是一个多维度的、状态依存的动态感知性概念，是由若干相对独立的变量组合而成。因此，建议未来研究，不论是探讨 CEO 自主权的影响因素或者其影响效应，都应尝试深入至 CEO 自主权的子维度层次。

1.4.2 股权集中度对 CEO 自主权与企业研发投入关系的调节效应

实证数据表明，股权集中度与企业研发投入之间的直接相关性并不显著，但能够通过作用于 CEO 自主权与企业研发投入的关系，间接对研发投入产生显著的负向影响。股东在研发投入决策上，缺乏专业视角和科学的决策依据，其在 CEO 进行研发投入决策时，主要扮演监督和评价的角色。基于代理理论中关于委托者与代理者之间利益不一致的基本假定，多数股东将不自觉地倾向于认为，CEO 在研发投入决策中的倾向将可能损害企业利益。因此，当 CEO 体现出较强的正向研发投入倾向时，出于对自身利益的关切，股东将有意识地通过各种意愿表达机制，适度抑制 CEO 的研发投入倾向。此时，数据分析结果就表现为，股权集中度能够负向调节 CEO 自主权与企业研发投入的关系。

研究结论表明，股权结构与 CEO 自主权配置要相互匹配，才能更有效地提升企业研发投入。目前我国企业股权集中度较高，尤其是第一大股东持股比率较高，对提升企业研发投入而言是不利的。可见，股权分散化作为公司治理实践的国际化潮流之一，对促进我国企业技术创新水平具有重要意义。值得指出的是，中国上市公司控股股东有国有股、国有法人股、个人股东、民营企业股东，以及各种不同的机构投资者等，具有多样化属性。不同股东的研发投入意愿及其意愿表达能力并不一致。比如，国有股东的意愿缺乏得力的代理人予以实现，“所有者缺位”现象至今无解；民营企业股东有相当一批目光短浅、追逐短期利益的“生意人”或“投机者”，而真正致力于追求基业长青的股东目前还不是其构成主流；很多所谓机构投资者，也仅是持有投机的心态，扮演着资本“野蛮人”的角色，缺乏与企业共同成长的意愿等。这些都需要微观公司治理机制与宏观经济监管体制的深度创新，强化股东的投资意识、责任意识与创新意识，确保股东既愿意支持创新，又有足够的途径和手段推动创新决策。

1.4.3 控制变量与研发投入的关系

控制变量对企业研发投入的影响，多在统计意义上显著，实证结果与以往研究颇有吻合之处。①企业规模与研发投入显著负相关。这表明，中国上市公司“大企业病”相对严重，因企业规模扩大而导致的管理僵化，成为制约创新的重要因素；②技术人员比例与研发投入显著正相关。这表明，哪怕再短视的股东或 CEO，只要身处技术密集型企业，不论其主观上是否愿意开展更多技术创新活动，客观上，基于高技术含量的行业竞争特性会迫使其投入比劳动密集型企业更多的创新资源，以维持最基本的生存需求；③东部地区企业，相比其他地区企业，在研发投入上有统计意义上的差异，但差异程度并不大，尤其是与以往文献中所揭示的统计差异相比，显著缩小。这其实在一定程度上，也意味着我国地区间经济水平与意识形态的鸿沟在逐步缩小；④企业成立时间与研发投入有显著负相关。随着企业寿命的延长，其长期形成的管理惯性与心智模式趋于固化甚至僵化，加之业已积累的无形的成功经验和有形的资源，使得企业误以为只需要照搬经验，无须投入创新，也能维持既有竞争优势，磨平了企业的冒险动机与创新意愿；⑤女性高管比例与研发投入存在显著负相关性，似乎意味着，女性高管在创新偏好上与男性高管存在显著差异；⑥独立董事比率与企业研发投入之间无显著相关性。该结论表明，目前中国独立董事制度在促进企业研发投入方面似乎是无效的。

1.5 结论与展望

CEO 自主权，直接决定以 CEO 为首的高管团队对研发投入的态度，而股权集中度，则体现了大股东的研发投入倾向，二者共同作用于企业研发投入决策。但是，现有的企业研发投入决定机制的理论研究中，却多无视这一事实，关于二者的共同作用尚未见文献报道，以致 CEO 自主权、股权集中度各自对企业 R&D 投入的影响效应结论充满争议。因此，有必要突破已有研究仅孤立地关注 CEO 自主权或股权集中度各自对研发投入影响的现状，将二者纳入同一研究框架中，更全面地探讨企业研发投入的决定机制。本章视股权集中度为调节变量，致力于探讨 CEO 自主权、股权集中度与企业研发投入三者之间的关系。

理论分析与实证数据表明：①CEO 自主权对企业研发投入有显著正向影响。这意味着，CEO 自主权对企业技术创新投入的态度，已经发生了根本性变化：CEO 自主权对企业研发投入的直接影响，已经从以往被诸多文献验证的显著负向影响，转变为显著的正向效应。根据该结论，在企业技术创新决策领域，CEO 自主权配置仍有扩大和提升的空间；②股权集中度对企业研发投入直接影响效应并不显著为正，但股权集中度对 CEO 自主权与企业研发投入的关系，呈现显著的负向调节效应。根据该结论，适当推进股权分散化的进程，并构建和优化股东与高管团队之间的互信机制，对提升企业研发投入水平具有重要意义。

本章应用调节效应视角替代绝对效应视角，探讨股权集中度与企业研发投入之间的关系机理，研究结论可以有效解释诸多学者对该议题的分歧，对致力于提升企业研发投入的治理实践有理论指导价值。未来研究至少应在以下两个方面有所进展：①研究样本选择的代表性有待加强。本章的研究样本是上市公司，而以更具普遍意义的非上市公司为样本检验 CEO 自主权、股权集中度与研发投入之间的关系，是未来进一步的研究方向；②CEO 自主权的度量方法需要改进。由 CEO 自主权在多个理论视角下的概念界定可知，CEO 自主权本身是一个“行为的状态空间”，具有很强的抽象性与不确定性，与 CEO 的主观感知密切相关。CEO 自主权的间接测度方法有效性不足，直接测度方法才可能做到更为准确。未来研究可尝试采用其他的多维度度量指标体系，进行替代性测量，甚至应该采用感知性量表，直接度量 CEO 自主权，而非采用客观数据间接度量，以求更为准确地检验 CEO 自主权、股权集中度与研发投入之间的关系。

本章参考文献

[1] 柴俊武，万迪昉．企业规模与 R&D 投入强度关系的实证分析 [J]. 科学学研究，2003，1：58－62.

[2] 孙耀吾，王利强，朱雄鹰．信息不完全下高技术企业研发投资决策建模优化与仿真 [J]. 系统工程，2016，34（6）：24－30.

[3] 张铭慎，王保林．基于 Super－SBM 三阶段 DEA 的政府 R&D 扶持效率测度——兼析企业 R&D 支出水平对其影响 [J]. 科学学研究 2013，31（1）：58－66.

[4] 苏文兵，徐东辉，梁迎弟．经理自主权、政治成本与 R&D 投入 [J]. 财贸研究，2011（3）：136－146.

[5] Czarnitzki，D. and Kraft，K. Management control and innovative activity [J]. Review of Industrial Organization，2003，24（1）：1－24.

[6] Tribo, J. A., Berrone, P. and Surroca, J. Do the type and number of block-holders influence R&D investments? New evidence from Spain [J]. Corporate Governance: An International Review, 2007, 15 (5): 828 – 842.

[7] Jolien Huybrechts, Wim Voechkers and Nadine Lybaert. Entrepreneurial risk taking of private family firms: the influence of a nonfamily CEO and the moderating effect of CEO tenure [J]. Family Business Review, 2013, 26 (2): 167 – 179.

[8] 胡明霞. 管理层权力、技术创新投入与企业绩效 [J]. 科学学与科学技术管理, 2015, 36 (8): 140 – 149.

[9] 张会荣, 张玉明. 技术创新、股权结构与中小企业成长 [J]. 山东社会科学, 2014, 2: 114 – 119.

[10] Ramirez, P. The Globalization of Research Among Leading European & US Pharmaceutical Multinationals: A Case of Uneven Development [J]. Technological Analysis and Strategic Management, 2006, 18 (2): 143 – 167.

[11] 廖中举. 企业规模、股权集中度与 R&D 投入: 一个非线性关系的研究 [J]. 未来与发展, 2011, 12: 94 – 101.

[12] 杨勇, 达庆利, 周勤. 公司治理对企业技术创新投资影响的实证研究 [J]. 科学学与科学技术管理, 2007, 11: 61 – 65.

[13] 卢锐, 魏明海, 黎文靖. 经理自主权、在职消费与产权效率——来自中国上市公司的证据 [J]. 南开管理评论, 2008, 11 (5): 85 – 92.

[14] 张长征, 李怀祖. 公司治理中的经理自主权研究综述 [J]. 软科学, 2008, 5, 22 (5): 33 – 38.

[15] Zhang Changzheng. Manipulation Effects of Managerial Discretion on Executive Compensation: A Comparative Study between Fresh CEOs and Senior CEOs [M]. New York: Nova Science Publishers, 2016.

[16] Williamson O. E. The Economics of Discretionary Behavior: Managerial Objectives in a Theory of the Firm [M]. Englewood Cliffs, NJ: Prentice-Hall, 1964.

[17] Sydney Finkelstein, Brian K. Boyd. How much does the CEO matter? The role of managerial discretion in the setting of CEO Compensation [J]. Academy

of Management Journal, 1998, 41 (2): 179-199.

[18] Carpenter M. A., Golden B. R. Perceived Managerial Discretion: A Study of Cause and Effect [J]. Strategic Management Journal, 1997, 18: 187-206.

[19] 熊风华，彭珏．高管权力对高管薪酬的影响研究［J］．财经问题研究，2012（10）：123-128

[20] 吴育辉，吴世农．高管薪酬：激励还是自利？——来自中国上市公司的证据［J］．会计研究，2010（11）：56-64.

[21] 代彬，刘星，郝颖．高管权力、薪酬契约与国企改革——来自国有上市公司的实证研究［J］．当代经济科学，2011，33（4）：90-98.

[22] Thorsten Doscher, Gunther Friedl. Corporate Governance, Stakeholder Power, and Executive Compensation [J]. OR Spectrum, 2011, 33 (2): 309-331.

[23] Jing Chen, Mahamoud Ezzamel, Ziming Cai. Managerial Power Theory, and Exeuctive Pay in China [J]. Journal of Corporate Finance, 2011, 17 (4): 1176-1199.

[24] 张丽平，杨兴全．管理者权力、管理层激励与过度投资［J］．软科学，2012，26（10）：107-112

[25] 卢锐．经理自主权、薪酬与业绩敏感性分析——来自中国上市公司的经验证据［J］．当代财经，2008（7）：107-112.

[26] 洪峰．经理自主权、治理结构与薪酬业绩敏感度［J］．云南财经大学学报，2010（5）：97-104.

[27] 蔡地，万迪昉．政府干预、经理自主权与国企高管薪酬—业绩敏感性［J］．软科学，2011，25（9）：94-98.

[28] 刘星，徐光伟．政府管制、经理自主权与国企高管薪酬刚性［J］．经济科学，2012（1）：86-102.

[29] 史海静．经理自主权理论与高管薪酬的非对称性——基于金融业的研究［J］．财会通讯，2012（8）：98-100.

[30] Eric Chang, Sonia M. L. Wong. Managerial discretion and firm performance in China's Listed firms [Z]. The University of Hong Kong, Working Paper,

2003: 1-32.

[31] Xiangkang Yin. The Strategic Choice of Managers and Managerial Discretion [J]. Australia Economic Papers, 2003: 373-385.

[32] Amihud, Yokov & Baruch Lew. Risk reduction as managerial motive for conglomerate mergers [J]. Bell Journal of Economics, 12: 605-617.

[33] Miller, D. J. Firms' technological resources and the performance effects of diversification: a longitudinal study [J]. Strategic Management Journal, 2004, 25 (11): 1097-1119.

[34] Hill, C. W. L. & Snell, S. A. External control, corporate strategy, and firm performance in research-intensive industries [J]. Strategic Management Journal, 1988, 9 (6): 577-588.

[35] Hoskisson, R. E. & Hitt, M. A. Antecedents and performance out-comes of diversification: A review and critique of theoretical perspectives [J]. Journal of Management, 1990, 16 (2): 461-509.

[36] J. R. Montanari. J. R. Managerial Discretion: An Expanded Model of Organization Choice [J]. Academy of Management Review, 1978, 3 (2): 231-256.

[37] Hambrick & Schecter. Turnaround strategies for mature industrial-product business units [J]. Academy of Management Journal, 1983, 26: 231-248.

[38] 张长征，赵西萍，李怀祖．基于经理自主权的企业 R&D 投入决策模型及实证研究 [J]. 管理科学，2006，19 (3): 8-13.

[39] 张长征，李怀祖，赵西萍．企业规模、经理自主权与 R&D 投入关系研究——来自中国上市公司的经验证据 [J]. 科学学研究，2006，24 (3): 432-438.

[40] Lee Rosenstein and Wyatt, J. G. The value of financial outside directors on corporate boards, International Review of Economic and Finance, 1999, 8: 421-431.

[41] Barker, V. L. and G. C. Mueller. CEO Characteristics and Firm R&D Spending [J]. Management Science, 2002, 48 (6): 782-801.

[42] Linck, J. S., J. M. Netter and T. Yang. The determinants of board

structure [J]. Journal of Financial Economics, 2008, 87 (2): 308 – 328.

[43] Hsiang-Lan Chen. CEO Tenure, Independent Directors and Corporate Innovation [J]. Journal of Applied Finance & Banking, 2013, 3 (5): 187 – 197.

[44] 张长征，胡利利. 基于经理自主权的企业技术创新决策模型研究：来自陕西省技术型企业的经验证据 [J]. 经济研究导刊，2011，34：30 – 32.

[45] 张长征，蒋晓荣. 股权集中度与经理自主权对技术型企业R&D投入的影响效应分析 [J]. 中外企业家，2011 (8)：1 – 3.

[46] Hamza, F., Azouzi, M. A. and Jarboui, A. CEO's commitment bias and its firm R&D level Bayesian: Network method: Evidence form Tunisia [J]. Global Journal of Management and Business Research Finance, 2013, 11: 31 – 44.

[47] Mousa, F. T. and Chowdhury, J. Organizational slack effects on innovation: the moderating roles of CEO tenure and compensation [J]. Journal of Business Economics and Management, 2014, 15 (2): 369 – 383.

[48] 赵浩东. 我国资本市场有效性实证研究——以上海股票市场为例 [J]. 经济论坛，2016 (8)：71 – 74.

[49] Ming Jian and Kin Wai Lee. Does CEO reputation matter for capital investments? [J]. Journal of Corporate Finance, 2011 (17): 929 – 946.

[50] Hosono, Kaoru, Tomiyama, Masayo, Miyagawa, and Tsutomu. Corporate governance and research and development: evidence from Japan [J]. Economic Innovation New Technology, 2004, 13 (2): 141 – 164.

[51] Qing Zhang, Lilin Chen and Tianjun Feng. Mediation or Moderation? The Role of R&D Investment in the Relationship between Corporate Governance and Firm Performance: Empirical Evidence from the Chinese IT Industry [J]. Corporate Governance: An International Review, 2014, 22 (6): 501 – 517.

[52] 毛良虎. 中小企业治理与技术创新——基于中小企业板的实证研究 [J]. 中国科技论坛，2008，9：67 – 72.

[53] Enrico Guzzini and Donato Iacobucci. Ownership as R&D incentive in business groups [J]. Small Business Economics, 2014, 43 (1): 119 – 135.

[54] Lee, H. M. O'Neil. Ownership structures and R&D investments of U. S. and Japanese firms: Agency and stewardship perspective [J]. Academy of Manage-

ment Journal, 2003, 46: 212 –225.

[55] Yafeh Y. Yosha, O. Large Shareholders and. banks: who monitors and how [J]. The Economic Journal, 2003, 113 (1): 128 –146.

[56] 汤业国. 股权结构对技术创新投入的促进效应研究——来自中国中小上市公司的经验证据 [J]. 东岳论丛, 2013, 34 (4): 105 –109.

[57] 毕克新, 高岩. 美日公司治理模式对技术创新的影响及对我国的启示 [J]. 科技进步与对策, 2008, 6: 185 –189.

[58] Kastl, J. Martimort, D. and Piccolo, S. Delegation, Ownership Concentration and R&D Spending: Evidence From Italy [J]. The Journal of Industrial Economics, 2013, 61: 84 –107.

[59] Tao Zeng and Horn-Chern Lin. Ownership structure and R&D spending: evidence from China's listed firms. Chinese Management Studies, 2011, 5 (1): 82 –93.

[60] 罗正英, 李益娟, 常昀. 民营企业的股权结构对 R&D 投资行为的传导效应研究 [J]. 中国软科学, 2014, 3: 167 –176.

[61] 陈隆, 张宗益, 杨雪松. 上市企业公司治理结构对技术创新的影响 [J]. 科技管理研究, 2005, 9: 137 –141.

[62] 冯根福, 温军. 中国上市公司治理与企业技术创新关系的实证分析 [J]. 中国工业经济, 2008 (7): 91 –101.

[63] 文芳. 股权集中度、股权制衡与公司 R&D 投资——来自中国上市公司的经验证据 [J]. 南方经济, 2008 (4): 41 –52.

[64] Dixon, Seddighi, H. An analysis of R&D activities in North East England manufacturing firms: The results of a sample survey [J]. Journal of Regional Studies, 1996, 30 (3): 287 –294.

[65] Dirk Czarnitzki and Kornelius Kraft. Capital control, debt financing and innovative activity [J]. Journal of Economic Behavior & Organization, 2009, 71 (2): 372 –383.

[66] Zhang Changzheng. Manipulation Effect of Managerial Discretion on Managerial Compensation: Evidence from Listed Firms in China [M]. New York: Nova Science Publishers, 2011.

[67] 张鹏，谭庆美，李胜楠，董小芳. CEO 权力对盈余管理影响的实证研究 [J]. 武汉理工大学学报，2015，37 (5)：641 –644.

[68] 权小锋，吴世农，文芳. 管理层权力、私有收益与薪酬操纵 [J]. 经济研究，2010 (11)：73 –87.

[69] 李有根，赵锡斌. 国外经理自主权研究及测量 [J]. 外国经济与管理，2003 (12)：2 –6.

[70] 张长征，李怀祖. 经理自主权、高管报酬差距与公司业绩 [J]. 中国软科学，2008 (2)：117 –126.

[71] 吕长江，赵宇恒. 国有企业管理者激励效应研究：基于管理者权力的解释 [J]. 管理世界，2008 (11)：99 –109.

[72] 周建，金媛媛，袁德利. 董事会人力资本、CEO 权力对企业研发投入的影响研究——基于中国沪深两市高科技上市公司的经验证据 [J]. 科学学与科学技术管理，2013，34 (3)：170 –180.

[73] 任海云，师萍. 企业 R&D 投入与绩效关系研究综述——从直接关系到调节变量的引入 [J]. 科学学与科学技术管理，2010 (2)：143 –151.

[74] 张杰，刘志彪，郑江淮. 中国制造业企业创新活动的关键影响因素研究——基于江苏省制造业企业问卷的分析 [J]. 管理世界，2007 (6)：64 –74.

[75] 梁莱歆，曹钦润. 研发人员及其变动与企业 R&D 支出——基于我国上市公司的经验证据 [J]. 研究与发展管理，2010 (1)：98 –105.

[76] 成立为，戴小勇. 研发投入强度对企业绩效影响的门槛效应研究 [J]. 科学学研究，2013，31 (11)：1708 –1735.

[77] Perryman Alexa A. , Fernando Guy D. and Tripathy Arindam. Do gender differences persist? An examination of gender diversity on firm performance, risk, and executive compensation [J]. Journal of Business Research , 2016, 69 (2): 579 –586.

[78] 黄国良，董飞. 我国企业研发投入的影响因素研究——基于管理者能力与董事会结构的实证研究 [J]. 科技进步与对策，2010，27 (17)：103 –105.

[79] 陈海声，卢丹. 股权性质、资本结构、现金流量与研发强度 [J].

科技管理研究，2010（21）：230－232.

[80] 刘笑霞，李明辉．企业研发投入的影响因素——基于我国制造企业调查数据的研究［J］．科学学与科学技术管理，2009（03）：17－23.

[81] 程华，赵祥．企业规模、研发强度、资助强度与政府科技资助的绩效关系研究——基于浙江民营科技企业的实证研究［J］．科研管理，2008，29（2）：37－43.

公司治理视角下CEO自主权
对企业R&D投入的
操纵效应研究

Chapter 2

第2章 独立董事能改变CEO的R&D投入倾向吗?
——一项基于中国制造业上市公司的实证研究

2.1 引　言

第 1 章的实证研究在证实了股权集中度对 CEO 自主权与企业 R&D 投入关系具有正向调节效应的基础上，还发现了一个值得关注的事实，即独立董事比率对企业 R&D 投入没有显著的直接影响效应。这似乎与独立董事制度的快速全面推进的公司治理实践风潮相违背。本章抛开独立董事直接作用于企业 R&D 投入的固定效应观点，采用权变效应视角，视独立董事比率为 CEO 自主权与企业 R&D 投入关系的调节变量，并应用中国 2010～2015 年制造业上市公司数据进行实证分析。

董事会监督一直被视为解决股东与管理层，以及控股股东与中小股东之间利益冲突的重要治理机制。随着中国经济改革中现代企业制度的不断演进，中国上市公司董事会领导结构、人员组成等凸显董事会独立性的结构化指标日趋“合规”（周建以等，2016）[1]，尤其是独立董事制度的引入更是被寄予厚望。中国于 20 世纪 90 年代开始从外国引进独立董事制度，旨在强化公司内部的制衡机制，提高公司的管理水平，推动上市公司规范运营，降低企业所有权与经营权分离所导致的委托代理成本，维护公司法人的长久利益最大化，同时保护广大中小投资者的利益。

关于独立董事在企业 R&D 投入决策中的角色研究，当前存在两种主流的理论假说，即“声誉假说”和“繁忙假说”。“声誉假说”认为独立董事群体，具有高素质、高收入和高社会地位的特征，对精神满足的追求更甚于对物质利益的需求，较其他一般群体通常更注重自身职业声誉和自我成就感的实现，因此独立董事致力于履行其监督与决策咨询职能可体现其价值，使其能力与抱负有更大的发挥平台，独立董事多具有注重声誉的强烈动机，选择勤勉尽职（王建琼、陆贤伟，2013）[2]。因此，根据“声誉假说”，独立董事会通过促进企业 R&D 投入的数量和提升 R&D 活动的效率以彰显其职业能力与职业道德，凸显自身价值，提升个人声誉。

与之相反的是，“繁忙假说”认为独立董事只有在时间和精力充裕的情况下，才能发挥其职能作用。否则，独立董事就只可能是徒有其表，成为手持“橡皮图章”的“花瓶”。由于我国独立董事主要来自其他公司高管、学术界或者政府部门（郑路航，2010）[3]，因此，独立董事本身其实是一种兼职行为，而过多兼职显然会加大代理成本，降低其参与公司治理的效率（Fich & Shivdasani，2006）[4]。因此，根据“繁忙假说”，以履职活动作为非专职行为的独立董事，将因为精力与时间的限制，无法真正对 R&D 投入的合理决策提供有建设性的建议与意见。在相互矛盾的两种假说下，独立董事与企业 R&D 投入的关系在公司治理实践中究竟如何，国内直接的实证结果非常有限，而且尚存在较大争议。

具体而言，虽然相比较内部董事、监事会，甚至是大股东，独立董事的监督有效性受到更多的关注与认可，但是独立董事对中国企业 R&D 投入的促进效应则远未取得足够的经验证据支持，尤其是独立董事对 CEO 自主权与企业 R&D 投入关系的调节效应研究目前尚未见文献报道，缺乏直接的经验证据。鉴于此，本研究将独立董事有效性研究与企业 R&D 投入决定机制研究两个研究领域联系起来，致力于深入探讨独立董事在企业 R&D 投入决策过程中扮演的角色，尝试证实独立董事其实是通过调节 CEO 自主权与企业 R&D 投入的关系来间接决定企业技术创新投入，有效解释独立董事与企业 R&D 投入关系在理论预期与实证结果之间的矛盾，并进一步揭示和剖析 CEO 自主权与企业 R&D 投入关系在公司治理视角的权变性、复杂性本质。

本章研究其余各部分安排如下：第二部分回顾独立董事对公司绩效、盈余管理、信息披露以及大股东掏空行为的影响效应研究，并在此基础上深入剖析独立董事在理论上对企业 R&D 投入的影响效应，继而提出独立董事对 CEO 自主权与企业 R&D 投入关系的调节效应假设；第三部分给出具体的研究方案设计，主要包括变量设计、样本设计、实证模型设计，以及样本数据的描述性统计和相关性分析；第四部分是证实数据分析，以符合研究设计要求的 2010 ~ 2015 年制造业上市公司数据进行多元回归分析，检验本章所提出的研究假设；第五部分是对研究结果进行讨论；最后是本章结论与进一步研究展望。

2.2 文献综述与假设发展

2.2.1 独立董事的影响效应研究综述

独立董事的影响效应研究异常丰富。现有研究主要围绕独立董事对公司绩效、银行贷款、披露信息质量、控股股东掏空现象、盈余管理以及高管薪酬等主要公司治理议题的影响，并取得了卓有成效的研究成果。

（1）独立董事与企业绩效。独立董事可以利用其所拥有的广泛的社会网络，更好地获取履职所需的知识和信息，从而有效提升自身专业胜任能力（Kang，2008；陈运森、谢德仁，2012）[5][6]。而且，鉴于企业的成功很大程度上在于能够获取或控制所需的外部资源，独立董事则可以利用社会网络为企业提供各种社会资本或资源。进一步而言，处于社会网络中的独立董事即使不动用镶嵌于社会网络中的社会资源，社会网络也可以发挥其固有的符号功能，代表其可以运用的潜在的社会资源（Lin，2002）[7]。比如，马如静和唐雪松（2016）[8]针对证券市场普遍存在的学者背景独立董事，利用 2004～2012 年上市公司数据，研究证实董事会中学者背景独立董事比例越高时，公司财务业绩越好，CEO 变更—业绩敏感性越高；法里那（Farina，2009）[9]认为连锁董事可以为公司运营与决策带来关键性资源，并利用意大利银行与非金融行业上市公司的连锁董事网络数据，研究发现银行常常处于网络之中，而且网络中心度越高时，企业财务业绩越好。赵昌文等（2008）[10]研究发现，企业聘请具有经济管理背景的独立董事，有助于为企业构建合理的商业战略，进而有利于提升企业的经营业绩。与以上观点不同，郝云宏等（2016）[11]立足网络嵌入视角，构建并剖析了外部独立董事嵌入企业内部网络的微观过程，经研究发现，就职于中国民营上市公司的独立董事并没有发挥政策设计时预期的价值，甚至在一定程度上反而制约了企业的发展。

（2）独立董事与银行贷款。根据弱联结优势理论，在董事会网络中，独立董事建立的关系较为复杂，形成的弱联结关系更容易获得声誉、信息和战略资源，从而形成弱联结优势，相对于其他董事成员，表现出更为突出的社会资本获取效应（谢德仁、陈运森，2012）[6]。根据资源支持理论和信号传递理论，独立董事的政治关联能够增强企业的金融资源获取能力，传递给资金提供者一种良性信号，从而提高企业的银行信贷水平。比如，黄珺和魏莎(2016)[12]以 2010～2012 年中国沪、深 A 股上市公司为样本，研究发现独立董事的政治关联有助于增强企业进行银行信贷的能力，且贷款效应会受到国有产权性质和高管政治关联的影响，即国有产权性质对独立董事政治关联的贷款效应有削弱作用，而高管政治关联对独立董事政治关联的贷款效应有增强作用。刘中燕和周泽将（2016）[13]则以 2007～2014 年的中国资本市场 A 股上市公司为样本，基于异地任职维度，从独立董事的视角实证考察了政治关联的地域效应。研究结果显示，政治关联的地域性对银行贷款具有显著的差异性影响，即本地政治关联有助于企业获取银行贷款，而异地政治关联则对银行贷款产生了显著的负面影响。

（3）独立董事与财务信息质量。独立董事的专业特长或管理素养能够有效地治理大股东对财务信息质量的操纵（王跃堂等，2008）[14]，显著提高公司的盈余信息质量（胡奕明、唐松莲，2008）[15]，并显著降低公司及高管发生违规的可能性（郑路航，2011）[3]。具体而言，叶（Ye，2014）[16]检验了 2002～2008 年中国上市公司独立董事的薪酬与企业财务报告质量之间的关系，发现独立董事现金薪酬与盈余管理程度之间正相关，表明当独立董事领取高额薪酬时，他们的独立性降低，同时在监督财务报告质量上的有效性也随之降低。王等（Wang et al.，2003）[17]从监督作用的角度研究发现，会计专业背景的独立董事能更好地监督企业财务报告的编撰过程，提高企业会计信息质量。刘佟和李强（2016）[18]以 2008～2014 年中国重污染行业上市公司为样本，实证检验独立董事在多家上市公司兼职对环境信息披露质量的影响。研究发现：独立董事兼职与环境信息披露质量正相关，表明在现行的兼职数量制度规定下，独立董事适量兼职有助于发挥监督和咨询功能。胡奕明等(2008)[15]发现，当独立董事占比较高，或有财务、会计专业背景时，上市公司会计信息质量较好，但没有发现独立董事薪酬与公司会计信息质量之间有显著关系。

（4）独立董事与大股东掏空现象。一些学者还对独立董事在控股股东掏空方面的监督功能的有效性方面进行了实证检验。例如，姜等（Jiang et al.，2015）[19]在分析非营运资本这种形式的掏空行为时，发现独立董事并不能有效地降低这种掏空；唐清泉等（2005）[20]发现，独立董事能够有效地抑制控股股东通过关联采购及关联销售是准确的上市公司，而不能显著地抑制控股股东通过资金占用、担保、现金股利发放、资产买卖等其他手段掏空上市公司。陈等（Chena et al.，2014）[21]探讨了中国上市公司背景下独立董事网络中心度在限制控股股东的掏空行为方面的角色，并发现大股东隧道效应与独立董事的网络中心度负相关，表明在公司治理中独立董事社会网络扮演正面的角色。王凯等（2016）[22]利用来自 2004~2014 年 A 股上市公司的数据，实证研究发现，与非实务界会计背景的独立董事相比，实务界会计背景的独立董事对控股股东掏空行为具有更强的事前与事中的监督功能，而对于法律背景独立董事而言，其事前与事中的监督功能并不因独立董事的工作经历的不同而存在差异。此外，与非实务界会计背景独立董事相比，实务界会计背景独立董事对控股股东掏空行为具有更强的事后的监督功能。

（5）独立董事与盈余管理。已有文献对于独立董事与盈余管理之间的关系并未得出一致结论：李燕媛和刘晴晴（2012）[23]从盈余管理视角分析了上市公司独立董事制度的有效性，发现独立董事的会计专业能力将显著降低盈余管理水平，康和金（Kang & Kim，2012）[24]的研究亦发现，独立董事比例与真实盈余管理负相关，外部独立董事越多，越能遏制真实盈余管理行为的产生，而黄芳等（2016）[25]采用修正 Jones 模型和修正 DD 模型来衡量盈余质量，通过研究 2010~2013 年 A 股上市公司相关数据发现，独立董事本地化可以提高上市公司的盈余质量。崔海红（2016）[26]以沪深两市 2007~2014 年发生非流动资产处置损益的 A 股上市公司为研究样本的实证研究表明，独立董事规模和开会次数的确能抑制基于扭亏动机的真实盈余管理，但对于大清洗动机抑制效果并不明显，而具有学术背景和政府从业背景的独立董事能有效地抑制基于大清洗动机的盈余管理行为。张逸杰等（2006）[27]发现独立董事比例和盈余管理之间呈“U”型关系，而季敏和金贞姬（2013）[28]等研究则发现董事会开会次数与真实盈余管理活动显著负相关，还得出了独立董事比例与真实盈余管理活动不存在显著关系的结论。

（6）独立董事与高管薪酬。独立董事社会资本越高，则其在业界网络关系中的地位和权力也愈加显赫，获取稀缺信息资源的能力就越强，也越容易在经济和精神上超越管理层束缚，拥有较高的督导能力（Adams & Ferreira, 2007）[29]，有效地遏制管理者的投机倾向，并进一步督促管理者勤勉工作，提升高管薪酬与公司绩效的内在关联性。高凤莲和王志强（2016）[30]依据社会资本，从社会声誉层面设计衡量独立董事个人社会资本的指标体系，研究发现，独立董事个人社会资本越高，高管薪酬与兼任公司绩效的敏感性越强；在法律保护或信任水平偏低的地区，独立董事社会资本对增强高管薪酬—绩效敏感性的作用更为显著，起到了积极的替代效应。在较高声誉激励约束下，高社会资本的独立董事，将权衡潜在巨大的机会成本，更容易在精神上保持独立，而且在复杂社会关系网络中，拥有丰富社会资本的独立董事择业机会更多，相应地对兼职公司的经济依赖程度较低，能够保持较高的经济独立性。此时，独立董事在薪酬契约上与高管“讨价还价”的能力也就更强（陈运森，2012）[31]。

以上综述可知，独立董事的设置及运行对公司治理过程中相当多的变量有不同程度的影响，虽然这些影响在学者的研究文献中并未取得绝对的一致，但是既有的研究结论足以说明独立董事并不是华而不实“花瓶”，而是有其实践的价值。由此，我们推断，作为公司运营决策构成中更具有战略性、长远性和全局性的企业 R&D 投入决策也极有可能受到独立董事的影响作用。

2.2.2 独立董事对 CEO 自主权与企业 R&D 投入关系的调节效应假设发展

目前来看，有关独立董事的研究通常从以下三个职能作用入手探讨其有效性（沈艺峰等，2016）[32]：公司治理的监督作用（叶康涛等，2011）[33]、资源作用（孙亮、刘春，2014）[34]和咨询作用（胡元木，2012）[35]。下面将从以上三个方面，分别从理论上探讨独立董事制度运行对企业 R&D 投入决策可能的影响。

1. 基于监督作用视角的独立董事与企业 R&D 投入关系分析

相较于企业的其他活动，技术创新活动具有收益的不确定性和时滞性、高风险性，技术创新活动周期较长，沉没成本高，短期的效益不明显。考虑到短期业绩的压力，职位的安全以及自身薪酬回报的稳定性问题，具有风险规避倾向的 CEO 在一定程度上会相对忽视企业的技术创新，在技术创新中就可能存在短视的代理行为（徐光磊、陈自力，2005）[36]。不仅如此，再考虑到企业 R&D 活动的成功概率是非线性的甚至是随机的，财务报表对 R&D 的信息的披露情况存在不足，形成了更大程度上的信息不对称（唐清泉、罗党论，2006）[37]，进一步强化了对 CEO 的 R&D 投入活动进行外部监管的难度，并且为 CEO 出于追求私利而弱化 R&D 活动的行为提供了可能（胡元木，2012）[35]。从独立董事设置的初衷出发，独立董事既不代表出资人，也不代表管理团队，与公司没有直接或者间接的物质利益关联，可以更加客观独立地考虑公司的决策，对以 CEO 为首的高管团队和内部董事进行监督与制衡，从而有利于保证 R&D 投入决策的公正性、科学性和准确性，降低公司出现重大决策失误的概率（张璇、任海云，2016）[38]。因此，从独立董事的监督职能看，独立董事有利于减少由于所有权和控制权分离所引发的代理成本，能更加有力地监督和制约这种因为创新活动的不确定性和风险性而出现的放弃长期利益的短视行为（Filatotchev et al.，2006）[39]，从而最终促进 CEO 对企业技术创新活动的投入。

2. 基于资源作用视角的独立董事与企业 R&D 投入关系分析

根据资源依赖理论观点，企业能否持续重视 R&D 投入在很大程度上取决于其获取和控制外部资源与信息的能力，在缺乏必要技术创新资源时，通过寻求与其他组织建立联系，可较快地获得所需的资源。企业聘请独立董事有利于获取关键技术信息，掌控行业动态与积累外部创新资源，并减少与合作创新公司进行协调的成本（Agrawal & Knoeber，2001）[40]。企业技术创新环境的不确定性会影响组织的资源控制和创新战略选择职能的运行，通过引入外部资源联系密切的独立董事，可以创造和强化企业与其他参与合作创新的供应商、消费者、政府及社会团体之间多赢的关系，从而可以提升公司现有创新资源的配置效率。此外，通过降低企业与其他社会实体与机构的交易成本，CEO 在客观上得以配置更多的资源于技术创新活动（Bazerman & Schoorman，1983；王永明、宋艳伟，2010）[41][42]。近年来，随着企业合作创新风潮兴起，独立董事拥有的外部关系网络对公司创新业绩产生了积极影响，独立董事在协调公司与政府、行业、社会和合作伙伴关系方面对公司创新活动的支持作用得到了较普遍的认同。比如，余玉苗等（2015）[43]利用手工搜集的创业板上市公司数据，发现具有政府官员背景的独立董事主要发挥的是“政府关系”协调功能，聘请退休政府官员的企业确实得到了更多基于技术创新活动的税收优惠、政府补助等政府控制性资源。因此，聘用较多官员独立董事的企业将更有动力投入较高的 R&D 经费。

3. 基于咨询作用视角的独立董事与企业 R&D 投入关系分析

刘春等（2015）[44]认为独立董事虽然兼具监督、资源与咨询等三大功能，但在我国当前的文化制度背景下，独立董事其实更可能发挥的是咨询，而非监督功能。该观点也得到其他不少学者的认同。比如，刘浩等（2012）[45]的研究表明，银行背景独立董事咨询功能的发挥较为明显，但监督功能没有明确的体现，祝继高等（2015）[46]基于中国强制披露的董事会投票数据，证实了独立董事的决策咨询功能要明显高于监督功能的发挥。独立董事是否尽责，不仅取决于独立董事自身特征，还取决于上市公司自身的声誉水平。对于声誉水平较高的公司，兼职独立董事投入的时间和精力较多（谢雅璐，2016）[47]。鉴于 R&D 投入水平是衡量企业声誉水平的重要指标，独立董事在 R&D 投入水平较高的企业中，会有更为尽责的履职行为。具有专家、学者身份的独立董事的加盟，可以为企业管理层提供更多的专业性技能、知识经验和技术洞察力，可以增加企业所面临的可行性生产力集合，拓展企业技术与生产边界，易于发现更多可行的技术创新机会，开展更多更有效的创新活动。

与此同时，越来越多的独立董事要么具有海外背景，要么具有更高的学历背景。具备境外学习和境外工作经历的独立董事，更有机会把学习到的西方先进的理论知识、方法工具与最佳实践运用到董事会的实际工作中，从而促进董事会决策的科学性；而同时，鉴于境外背景的独立董事，更多受到西方文化熏陶，更能够独立地表达自己的思想，更倾向于拥抱和支持各种形式的创新（马连福、高楠，2011）[48]。具有高校和科研机构等学术背景的独立董事，拥有良好的教育背景和丰富的理论知识，并有可能将这些知识通过董事会运作融入公司的决策中，从而对创新活动的风险有更强的掌控与驾驭能力（向锐，2014）[49]。比如，沈艺峰等（2016）[50]利用我国 A 股上市公司为研究对象，探讨独立董事的学术背景对公司研发投入和产品市场竞争的影响。研究发现，公司学术背景独立董事的数量与上市公司的研发投入以及产品市场竞争力，存在显著正相关关系，而且具有学术背景的独立董事在研发投资上不仅存在咨询的作用，也可能起到传递信号的作用。因此，可以合理推断，独立董事能够更多以决策咨询的方式，对企业的技术创新投入决策产生更显著的影响。

4. 假设发展

根据以上三个方面的论述，似乎可以合理预期独立董事对企业 R&D 投入具有显著的影响效应。但是，到目前为止，仅个别研究应用实证数据分析并印证了该效应。比如，冯根福和温军（2008）[51]认为，独立董事占比高的企业，技术创新投入明显高于独立董事占比较低的企业。但是，从其分析结果来看，该差异实质上是不稳定的，带有很强的偶然性。绝大多数经验研究在探讨独立董事对企业 R&D 投入的直接影响时，更倾向于表明，独立董事在技术创新决策上已然丧失了独立监督的作用，仅是持有“橡皮图章”的“花瓶”（叶康涛等，2011）[33]。从国外的实证结果看，希特和斯奈尔（Hitt & Snell，1988）[52]、巴辛格等（Basinger et al.，1991）[53]、扎哈拉（Zahra，1996）[54]以及扎哈拉等（1989）[55]均发现外部董事规模、比例与企业的 R&D 投入无显著相关性；从国内数量较为有限的实证研究看，胡永平和何建国（2007）[56]通过经验研究发现，独立董事比例与企业的技术创新不存在相关性，王永明和宋艳伟（2010）[42]从公司内部治理的独立董事制度有效性视角出发，运用 2004～2007 年上市公司的面板数据实证发现，上市公司独立董事的规模与企业技术创新投资没有直接关系。这种理论分析和实证研究的显著冲突，表明了进一步探究独立董事与企业 R&D 投入关系的必要性。

本研究认为，以上冲突之所以存在，可能是因为对独立董事在企业 R&D 投入决策中的角色认知发生了偏差。在现代企业公司治理架构中，最直接的决策权其实是掌握在 CEO 手中，而其他的治理主体则是通过影响 CEO 的态度与偏好，间接作用于最终的决策结果。鉴于前述章节中已经验证了 CEO 自主权对企业 R&D 投入显著而稳定的直接作用关系，本研究认为，独立董事对企业 R&D 投入的影响其实是通过履行监督、资源支持和决策咨询的职能影响 CEO 对企业 R&D 投入的态度而间接影响企业技术创新投入。

因此，本章有以下研究假设：

H2－1：独立董事比例对企业 R&D 投入无稳定性影响；

H2-2：独立董事比例能够显著正向调节 CEO 自主权与企业 R&D 投入的关系。

2.3 研究设计

2.3.1 样本选择与数据来源

以 2010~2015 年深、沪两市中国制造业所有 A 股上市公司作为初始样本框，依据以下标准严格筛选最终研究样本：①剔除样本年份受到证监会和其他政府机关公开处罚的上市公司；②剔除样本年份被标准为 ST、SST、*ST、S*ST、PT 类上市公司；③剔除样本年份财务绩效数据具有奇异性的上市公司，比如当年大幅度亏损，资产收益率低于 -30% 的公司；④剔除研究所需数据项目未完全披露的上市公司；⑤剔除样本年份 CEO 任期未满一年的公司；⑥如果某公司的任一年度数据不符合要求，则该公司在 2010~2015 年期间六年的数据需全部剔除；⑦2010 年以前上市的公司。本书主要数据来源于锐思数据库。个别资料和数据，比如 R&D 支出、CEO 学历、CEO 兼职情况等来自上市公司年报和巨潮互联资讯网，并对其进行了必要的手工处理。为检验来自锐思数据库数据的可靠性，从中随机抽取 1% 数据样本，并将其与手工收集的上市公司年报中的统计数据相比较，结果基本一致。基于以上处理过程，为保证样本数据分布尽可能接近正态性，消除极端值数据对实证结果的扭曲效应，本研究将初始样本分别依据 R&D 支出强度、独立董事规模、独立董事比例、资产总额、资产收益率、CEO 自主权、技术人员比率、股权制衡等关键连续变量，分别将排序最高的样本和最低的样本各删除 6 条。最终得到本章研究所需的平衡面板数据样本，样本量为 3 774（W-Sample）。仍然按照上述变量，按 5% 进行了 Winsorize 极值处理。数据处理以统计分析软件 SPSS19.0 为主要工具。

2.3.2 变量设计

（1）被解释变量：R&D 投入强度（RDI）。参照任海云（2011）[57]、任海云和师萍（2010）[58]等学者的做法，以上市公司年报披露的企业研究开发支出与营业收入的比值作为 R&D 投入强度的度量指标。

（2）解释变量：CEO 自主权（CEOD）①。遵循现有学者的多维度度量建议（Bertrand & Mullainathan，2001；Lee Joon Mahn et al.，2016；Lin Dan，Lin Lu，2014；Westphal & Zajac，1995；Zhang Changzheng，2011；Zhang Changzheng，2016；李有根，2002；张长征、吕悦凡，2016）[59-66]，从以下五个维度综合衡量 CEO 自主权。

结构职位权（SPP），共三个指标综合衡量 SPP，分别为两职合一（SPP1）、内部董事比例（SPP2）、权力集中度（SPP3）。当董事长与总经理由一人兼任、两职合一状态时，SPP 为 1，否则设为 0；当公司内部董事比例低于样本均值时，SPP2 为 1，否则设为 0；当员工规模对数与高管团队（不含监事）规模对数的比值高于均值时，SPP3 为 1，否则为 0。SPP 最终为 SPP1、SPP2 和 SPP3 的平均值。

资源运作权（ROP），共三个指标综合衡量 ROP，分别为流动资产比率（ROP1）、营运资金比率（ROP2）和无形资产比例（ROP3）。当公司流动资产比率高于样本平均值时，ROP1 为 1，否则设为 0；当样本公司的营运资金比例等于或高于研究样本均值时，ROP2 为 1，否则设为 0；当公司无形资产（不含土地所有权）比例高于样本均值时，ROP3 为 1，否则设为 0。ROP 最终为 ROP1、ROP2 和 ROP3 的平均值。

股份有权（SOP），共三个指标综合衡量 SOP，分别为 CEO 持股数量（SOP1）、CEO 持股是否最高（SOP2）、CEO 持股是否增加（SOP3）。SOP1 为 CEO 持股数量的对数进行 0-1 标准化②；当 CEO 持股数量是整个高管团队持股最多时，SOP2 为 1，否则设为 0；当 CEO 持股数量比前一年更高时，SOP3 为 1，否则设为 0。SOP 最终为 SOP1、SOP2 和 SOP3 的平均值。

---

① 鉴于 CEO 自主权多维度、动态性本质，其度量难以采用一个标准的通用方法。为增强本书整体研究的稳健性，各章的 CEO 自主权度量都将尝试采用不同的度量方法，构建不同的指标体系。同时，各章除了有自己的 CEO 自主权度量方法之外，仍然会采用第 1 章设计的 CEO 自主权度量方法进行各章的实证检验。本章中，应用第 1 章 CEO 自主权的度量方法的实证分析结果仍然很好地支持了本章研究假设。

② 具体公式为：（CEO 持股数量对数 - 全样本中 CEO 持股数量对数最小值）/（全样本中 CEO 持股数量对数最大值 - 全样本中 CEO 持股数量对数最小值）。

专家声望权（EPP），共三个指标综合衡量 EPP，分别是 CEO 年龄是否最大（EPP1）、CEO 学历是否最高（EPP2）、CEO 在外兼职数（EPP3）。当在高管团队中，无人比 CEO 年龄更大时，则 EPP1 为 1，否则设为 0；当在高管团队中，无人比 CEO 学历高时，则 EEP2 为 1，否则设为 0；当公司 CEO 在企业外兼职个数超过样本均值，则 EPP3 为 1，否则设为 0。EPP 最终为 EPP1、EPP2 和 EPP3 的平均值。

薪酬回报权（CRP），当 CEO 薪酬水平与高管平均薪酬水平的比值高于或等于研究样本均值时，CRP 设置为 1，否则设为 0。

CEOD 是 SPP、ROP、SOP、EPP 和 CRP 的算术平均值，作为本研究所使用的 CEO 自主权指数。

（3）调节变量：独立董事比例（RID）：独立董事真实数目与董事会规模的比值。

（4）控制变量：本章根据已有文献关于企业 R&D 投入以及技术创新决策影响因素研究成果，结合数据的可获取性，选择以下控制变量：成立时间（FIRMAGE）（成立为、戴小勇，2012）[67]、地理区域（MIDDLE，WEST）（刘笑霞、李明辉，2009）[68]、股权集中度（ECD）（罗正英等，2014）[69]、资产负债率（RDEBT）、营业收入规模（LNBS）、股权制衡（OBD）、资产收益率（ROA）（成立为、戴小勇，2012）[67]、监事会规模对数（LNSSB）、董事会规模对数（LNSBD）。

其中，FIRMAGE 是公司成立之日起，至样本年度所经历过的年份数，月份数四舍五入；ECD 以第一大持股比例衡量；OBD 以第二、三、四、五大股东持股数量之和与第一大股东持股数量的比值衡量；ROA 是净利润与平均总资产的比值；LNBS 是企业营业总收入的对数值；LNSSB 和 LNSBD 分别是监事会人数和董事会人数的对数。

2.3.3 变量描述性统计与相关分析

研究变量描述性统计结果，见表 2 - 1。第一大持股比例的平均值为 34.5%；股权制衡的均值为 0.508，其他大股东相对于第一大股东处于相对偏弱势的状态；资产收益率的均值为 0.6%，可见中国制造业整体绩效水平明显偏低；样本公司平均年龄为 16.06 岁；属于西部地区的上市公司占到样本 20%，而属于中部地区的样本公司占到 24%。

表 2-1　　研究变量描述统计结果

变量代码	变量名称	N	极小值	极大值	均值	标准差
1. FIRMAGE	成立时间	3 774	5	63	16.06	5.344
2. MIDDLE	中部地区	3 774	0	1	0.24	0.426
3. WEST	西部地区	3 774	0	1	0.20	0.398
4. ECD	股权集中度	3 774	0.039	0.852	0.345	0.144
5. RDEBT	资产负债率	3 774	0.161	0.940	0.489	0.184
6. LNBS	营收对数	3 774	17.372	26.131	21.637	1.273
7. RTP	技术人员比率	3 774	0.003	0.601	0.151	0.113
8. OBD	股权制衡	3 774	0.011	2.661	0.508	0.482
9. ROA	资产收益率	3 774	-0.291	0.295	0.006	0.0371
10. LNSSB	监事会规模对数	3 774	1.098	2.708	1.634	0.820
11. LNSBD	董事会规模对数	3 774	1.609	3.47	2.455	0.295
12. RID	独立董事比率	3 774	0.140	0.712	0.357	0.091
13. CEOD	CEO 自主权指数	3 774	0.151	0.721	0.393	0.104
14. RDI	R&D 投入强度	3 774	0.000	0.073	0.0241	0.022

监事会平均规模为 5.125 人。董事会平均规模为 12.170 人。CEO 自主权指数的平均值为 0.393，R&D 投入强度的平均值为 2.41%，基本达到企业生存所需最低需求。

研究变量的相关性分析结果，见表 2-2。主要研究变量之间，存在不同程度的相关性，其中，相关度最高的股权集中度（ECD）和股权制衡（OBD），相关系数为 -0.601（$P<0.01$）。针对可能存在的多重共线性问题，在多元回归中进行了多重共线性检验。四个变量在历次回归分析中，其膨胀因子（VIF）最高值为 1.802，可以接受。此外，尝试将股权制衡剔除出回归模型，实证结果不变。

表 2－2　　主要研究变量相关性系数表（Pearson 相关性）

	1	2	3	4	5	6	7	8	9	10	11	12	13	14
1. FIRMAGE	1													
2. MIDDLE	－0. 033 *	1												
3. WEST	0. 076 **	－0. 277 **	1											
4. ECD	－0. 154 **	－0. 027	0. 013	1										
5. RDEBT	0. 016	0. 065 **	0. 047 **	0. 130 **	1									
6. RTP	－0. 070 **	－0. 074 **	－0. 088 **	0. 002	－0. 074 **	1								
7. LNBS	0. 045 **	0. 052 **	－0. 038 *	0. 315 **	0. 379 **	－0. 030	1							
8. OBD	0. 026	－0. 034 *	－0. 028	－0. 601 **	－0. 110 **	0. 031	－0. 136 **	1						
9. ROA	0. 012	－0. 036 *	－0. 059 **	0. 031	－0. 418 **	0. 083 **	0. 113 **	0. 103 **	1					
10. LNSSB	0. 112 **	0. 067 **	0. 141 **	0. 041 *	0. 121 **	0. 034 *	0. 156 **	－0. 054 **	－0. 023	1				
11. LNSBD	0. 110 **	0. 064 **	0. 075 **	0. 062 **	0. 130 **	0. 029	0. 179 **	－0. 062 **	－0. 050 **	0. 412 **	1			
12. RID	－0. 139 **	－0. 034 *	0. 021	0. 019	－0. 053 **	－0. 026	－0. 046 **	0. 037 *	0. 026	－0. 119 **	－0. 277 **	1		
13. CEOD	－0. 078 **	－0. 116 **	－0. 160 **	－0. 259 **	－0. 292 **	0. 063 **	－0. 235 **	0. 182 **	0. 164 **	－0. 208 **	－0. 215 **	0. 122 **	1	
14. RDI	－0. 132 **	－0. 019	－0. 078 **	－0. 089 **	－0. 206 **	0. 074 **	－0. 275 **	0. 073 **	－0. 004	－0. 080 **	－0. 082 **	0. 038 *	0. 191 **	1

注：n＝3 774；＊在 0. 05 水平上显著；＊＊在 0. 01 水平上显著（双尾检验）。

2.3.4 实证模型设计

为检验 H2 - 1 和 H2 - 2，拟采用跨层次回归模型。

首先，拟基于最小二乘法（OLS），设计模型（2 - 1）。其中，i 表示具体公司，t 表示年份（t = 2010，2011，2012，2013，2014），变量定义见上文。观察模型（2 - 1）对样本数据的估计结果，如果其 F 值通过检验，且 β_{10}在统计上显著不为零，则 CEO 自主权对企业 R&D 投入有直接显著影响。

$$\begin{aligned} RDI_{it} = {} & \alpha + \beta_1 FIRMAGE_{it} + \beta_2 MIDDLE_{it} + \beta_3 WEST_{it} + \beta_4 ECD_{it} \\ & + \beta_5 RDEBT_{it} + \beta_6 LNBS_{it} + \beta_7 OBD_{it} + \beta_8 LNSSB_{it} \\ & + \beta_9 LNSBD_{it} + \beta_{10} CEOD_{it} + \varepsilon_{it} \end{aligned} \quad (2-1)$$

其次，在模型（2 - 1）中引入独立董事比例（RID），构建模型（2 - 2）。如果 β_{11}在统计上不显著，则假设 H2 - 1 得到支持。

$$\begin{aligned} RDI_{it} = {} & \alpha + \beta_1 FIRMAGE_{it} + \beta_2 MIDDLE_{it} + \beta_3 WEST_{it} + \beta_4 ECD_{it} \\ & + \beta_5 RDEBT_{it} + \beta_6 LNBS_{it} + \beta_7 OBD_{it} + \beta_8 LNSSB_{it} \\ & + \beta_9 LNSBD_{it} + \beta_{10} CEOD_{it} + \beta_{11} RID_{it} + \varepsilon_{it} \end{aligned} \quad (2-2)$$

最后，在模型（2 - 2）中引入独立董事与 CEO 自主权的交互项（RID × CEOD），构建模型（2 - 3）。如果且 β_{12}在统计上显著为正，则可证实独立董事对 CEO 自主权与企业 R&D 投入的关系有显著调节效应。假设 H2 - 2 成立。

$$\begin{aligned} RDI_{it} = {} & \alpha + \beta_1 FIRMAGE_{it} + \beta_2 MIDDLE_{it} + \beta_3 WEST_{it} + \beta_4 ECD_{it} + \beta_5 RDEBT_{it} \\ & + \beta_6 LNBS_{it} + \beta_7 OBD_{it} + \beta_8 LNSSB_{it} + \beta_9 LNSBD_{it} + \beta_{10} CEOD_{it} \\ & + \beta_{11} RID_{it} + \beta_{12} RID_{it} \times CEOD_{it} + \varepsilon_{it} \end{aligned} \quad (2-3)$$

2.4 实证分析与结果讨论

2.4.1 基于层次回归分析的假设验证

步骤 1：应用模型（2 - 1）拟合样本数据，回归结果见表 2 - 3。CEO 自主权的回归系数显著为正（B = 0.0181，P = 0.000），再次证实了第 1 章的研究结论，即 CEO 对企业 R&D 投入的态度为积极的正向支持。该结果表明，即使在改变 CEO 自主权的度量方法的条件下，CEO 自主权与企业 R&D 投入关系仍保持稳健。在某种意义上，这其实也表明，本章中 CEO 自主权度量方法是有效的。

表 2-3　　模型（2-1）回归结果系数[a]

模型		非标准化系数		标准系数	t	Sig.
		B	标准误差	β		
模型（2-1）	（常量）	0.1033	0.007		14.892	0.000
	成立时间	-0.0004	0.000	-0.095	-6.145	0.000
	中部地区	0.0004	0.001	0.008	0.496	0.620
	西部地区	-0.0023	0.001	-0.041	-2.526	0.012
	股权集中度	0.0015	0.003	0.010	0.490	0.624
	资产负债率	-0.0098	0.002	-0.081	-4.337	0.000
	技术人员比例	0.0368	0.003	0.189	12.471	0.000
	营收对数	-0.0037	0.000	-0.214	-11.836	0.000
	股权制衡	0.0010	0.001	0.021	1.118	0.264
	资产收益率	-0.0009	0.008	-0.002	-0.105	0.916
	监事会规模对数	-0.0031	0.001	-0.059	-2.054	0.040
	董事会规模对数	-0.0003	0.001	-0.004	-0.230	0.818
	CEO 自主权	0.0181	0.004	0.086	5.056	0.000
	R	0.383	R^2	0.147	Adjusted R^2	0.146
	F	53.126	Model Sig.	0.000	N	3 774

注：a. 因变量：研发投入强度。

步骤 2：应用模型（2-2）拟合样本数据，结果见表 2-4。CEO 自主权的回归系数仍然显著为正（B = 0.0180，P = 0.000），而独立董事比率的回归系数无显著性（B = 0.0009，P = 0.802）。结果显示，CEO 自主权与 R&D 投入显著正相关，而独立董事对企业 R&D 投入决策无显著直接影响效应。假设 H2-1 得到验证。

表 2-4　　模型（2-2）回归结果系数[a]

模型		非标准化系数		标准系数	t	Sig.
		B	标准误差	β		
模型（2-2）	（常量）	0.1029	0.007		14.286	0.000
	成立时间	-0.0004	0.000	-0.095	-6.086	0.000
	中部地区	0.0004	0.001	0.008	0.494	0.621
	西部地区	-0.0023	0.001	-0.041	-2.536	0.011
	股权集中度	0.0015	0.003	0.010	0.475	0.635
	资产负债率	-0.0098	0.002	-0.081	-4.333	0.000
	技术人员比例	0.0368	0.003	0.189	12.472	0.000
	营收对数	-0.0037	0.000	-0.215	-11.837	0.000
	股权制衡	0.0010	0.001	0.021	1.105	0.269
	资产收益率	-0.0009	0.008	-0.002	-0.103	0.918
	监事会规模对数	-0.0025	0.001	-0.045	-2.001	0.046
	董事会规模对数	-0.0002	0.001	-0.003	-0.164	0.869
	CEO 自主权	0.0180	0.004	0.086	5.022	0.000
	独立董事比率	0.0009	0.004	0.004	0.251	0.802
	R	0.384	R^2	0.147	Adjusted R^2	0.146
	F	52.748	Model Sig.	0.000	N	3 774

注：a. 因变量：研发投入强度。

步骤 3：应用模型（2-3）拟合样本数据，结果见表 2-5。独立董事比率与 CEO 自主权乘项（RID × CEOD）的回归系数显著为正（B = 0.1358，P = 0.000）。数据分析显示，独立董事比率对 CEO 自主权与企业 R&D 投入关系，具有显著的正向调节效应。假设 H2-2 得到验证。

表 2-5　　模型（2-3）回归结果系数[a]

模型		非标准化系数		标准系数	t	Sig.
		B	标准误差	β		
模型（2-3）	（常量）	0.1225	0.009		13.985	0.000
	成立时间	-0.0004	0.000	-0.094	-6.082	0.000
	中部地区	0.0004	0.001	0.008	0.532	0.595
	西部地区	-0.0021	0.001	-0.038	-2.356	0.019

续表

模型		非标准化系数		标准系数	t	Sig.
		B	标准误差	β		
模型（2-3）	股权集中度	0.0014	0.003	0.009	0.437	0.662
	资产负债率	-0.0097	0.002	-0.081	-4.334	0.000
	技术人员比例	0.0365	0.003	0.188	12.395	0.000
	营收对数	-0.0037	0.000	-0.213	-11.781	0.000
	股权制衡	0.0009	0.001	0.020	1.043	0.297
	资产收益率	-0.0011	0.008	-0.002	-0.132	0.895
	监事会规模对数	-0.0002	0.001	-0.004	-0.256	0.798
	董事会规模对数	-0.0005	0.001	-0.006	-0.360	0.719
	CEO 自主权	-0.0317	0.013	-0.150	-2.406	0.016
	独立董事比率	-0.0531	0.014	-0.221	-3.717	0.000
	独立董事比率 × CEO 自主权	0.1358	0.035	0.350	3.922	0.000
	R	0.392	R^2	0.154	Adjusted R^2	0.151
	F	49.778	Model Sig.	0.000	N	3 774

注：a. 因变量：研发投入强度。

2.4.2 基于分组回归的假设验证

为更进一步检验假设 H2-2 的可靠性，考虑到交互项回归可能带来的较为严重的多重共线性问题，本章拟采用分组回归分析，并比较其回归结果的替代性方法，力求更直观地展现独立董事比率对 CEO 自主权与企业 R&D 投入关系的调节效应。

将全样本按照独立董事比率的高低，从均值处将其分为高独立董事比率样本（HRID_Sample）和低独立董事比率样本（LRID_Sample），并分别应用模型（2-1），进行多元线性回归的数据拟合。数据分析结果分别见表 2-6 和表 2-7。

表 2-6 模型（2-1）回归结果系数[a]（HRID_Sample）

模型		非标准化系数		标准系数	t	Sig.
		B	标准误差	β		
模型（2-1）	（常量）	0.0972	0.010		9.627	0.000
	成立时间	-0.0004	0.000	-0.096	-4.387	0.000
	中部地区	-0.0018	0.001	-0.034	-1.515	0.130
	西部地区	-0.0038	0.001	-0.068	-2.912	0.004
	股权集中度	0.0093	0.005	0.059	2.055	0.040
	资产负债率	-0.0088	0.003	-0.072	-2.597	0.009
	技术人员比例	0.0342	0.004	0.169	7.768	0.000
	营收对数	-0.0039	0.000	-0.222	-8.501	0.000
	股权制衡	0.0015	0.001	0.032	1.149	0.251
	资产收益率	-0.0075	0.012	-0.016	-0.613	0.540
	监事会规模对数	-0.0027	0.001	-0.047	-1.959	0.050
	董事会规模对数	-0.0008	0.002	-0.010	-0.441	0.659
	CEO 自主权	0.0308	0.005	0.149	6.063	0.000
	R	0.422	R^2	0.178	Adjusted R^2	0.172
	F	32.760	Model Sig.	0.000	N	1 831

注：a. 因变量：研发投入强度。

表 2-7 模型（2-1）回归结果系数[a]（LRID_Sample）

模型		非标准化系数		标准系数	t	Sig.
		B	标准误差	β		
模型（2-1）	（常量）	0.1048	0.010		10.795	0.000
	成立时间	-0.0004	0.000	-0.093	-4.245	0.000
	中部地区	0.0025	0.001	0.049	2.176	0.030
	西部地区	-0.0008	0.001	-0.015	-0.650	0.516
	股权集中度	-0.0055	0.004	-0.037	-1.253	0.210
	资产负债率	-0.0104	0.003	-0.088	-3.422	0.001
	技术人员比例	0.0401	0.004	0.215	10.076	0.000

续表

模型		非标准化系数		标准系数	t	Sig.
		B	标准误差	β		
模型（2-1）	营收对数	-0.0033	0.000	-0.196	-7.715	0.000
	股权制衡	0.0006	0.001	0.014	0.520	0.603
	资产收益率	0.0043	0.011	0.009	0.383	0.702
	监事会规模对数	-0.0027	0.001	-0.051	-2.175	0.030
	董事会规模对数	-0.0001	0.002	-0.002	-0.067	0.947
	CEO 自主权	0.0059	0.005	0.027	1.173	0.241
	R	0.371	R^2	0.138	Adjusted R^2	0.132
	F	26.658	Model Sig.	0.000	N	2 019

注：a. 因变量：研发投入强度。

表 2-6 中，CEO 自主权回归系数显著为正（B = 0.0308，P = 0.000），显著高于全样本中的回归系数。表 2-7 中，CEO 自主权回归系数统计上不显著（B = 0.0059，P = 0.214）。比较表 2-6 和表 2-7 的结果，可以推断，在独立董事比率较高的样本中，CEO 自主权对企业 R&D 投入的正向影响显著提升，而在独立董事比率较低的样本中，CEO 自主权对企业 R&D 投入的正向态度已经不再显著，呈不相关的状态。这直观地证实独立董事比率能够有效正向调节 CEO 自主权与企业 R&D 投入的关系。

2.4.3 基于电气机械和器材制造业的假设验证

为了检验不同行业中，独立董事对企业 R&D 投入的影响是否一致，本研究首先选择电气机械和器材制造业作为样本，考察独立董事比率、CEO 自主权与企业 R&D 投入的关系，以求进一步检验研究结果的稳定性。

电气机械和器材制造业样本数据对模型（2-1）的拟合结果见表 2-8。CEO 自主权的标准化回归系数显著为正（B_0 = 0.148，P = 0.026）。相比较整个制造业的数据分析结果，电气机械和器材制造业中，CEO 自主权对企业 R&D 投入具有更强的正向影响。

表 2-8　　模型（2-1）回归结果系数[a]（电气机械和器材制造业）

模型		非标准化系数		标准系数	t	Sig.
		B	标准误差	β		
模型（2-1）	（常量）	0.1633	0.027		5.941	0.000
	成立时间	-0.0008	0.000	-0.173	-2.867	0.005
	中部地区	0.0040	0.004	0.068	1.111	0.268
	西部地区	0.0224	0.004	0.355	6.096	0.000
	股权集中度	-0.0097	0.015	-0.053	-0.627	0.531
	资产负债率	0.0080	0.012	0.058	0.683	0.495
	技术人员比例	0.0409	0.010	0.238	4.083	0.000
	营收对数	-0.0061	0.001	-0.343	-4.605	0.000
	股权制衡	-0.0076	0.004	-0.166	-2.001	0.046
	资产收益率	0.1673	0.041	0.268	4.060	0.000
	监事会规模对数	-0.0035	0.001	-0.065	-2.904	0.004
	董事会规模对数	-0.0054	0.005	-0.070	-1.017	0.310
	CEO 自主权	0.0297	0.013	0.148	2.237	0.026
	R	0.565	R^2	0.319	Adjusted R^2	0.287
	F	9.8090	Model Sig.	0.000	N	264

注：a. 因变量：研发投入强度。

电气机械和器材制造业样本数据对模型（2-2）的拟合结果见表 2-9。CEO 自主权的回归系数依旧显著为正（B=0.0292，P=0.029），而独立董事比率的回归系数在统计上不显著。相比较整个制造业的数据分析结果，电气机械和器材制造业中，独立董事对企业 R&D 投入的直接影响没有显著差异。

表 2-9　　模型（2-2）回归结果系数[a]

模型		非标准化系数		标准系数	t	Sig.
		B	标准误差	β		
模型（2-2）	（常量）	0.1701	0.029		5.886	0.000
	成立时间	-0.0008	0.000	-0.176	-2.905	0.004
	中部地区	0.0040	0.004	0.070	1.132	0.259
	西部地区	0.0231	0.004	0.367	6.091	0.000

续表

模型		非标准化系数		标准系数	t	Sig.
		B	标准误差	β		
模型(2-2)	股权集中度	-0.0059	0.016	-0.032	-0.362	0.718
	资产负债率	0.0067	0.012	0.049	0.569	0.570
	技术人员比例	0.0411	0.010	0.239	4.092	0.000
	营收对数	-0.0061	0.001	-0.343	-4.605	0.000
	股权制衡	-0.0071	0.004	-0.154	-1.818	0.070
	资产收益率	0.1692	0.041	0.271	4.094	0.000
	监事会规模对数	-0.0032	0.001	-0.060	-2.190	0.028
	董事会规模对数	-0.0073	0.006	-0.094	-1.244	0.215
	CEO 自主权	0.0292	0.013	0.146	2.194	0.029
	独立董事比率	-0.0110	0.014	-0.049	-0.773	0.440
	R	0.566	R^2	0.321	Adjusted R^2	0.286
	F	9.086	Model Sig.	0.000	N	264

注:a. 因变量:研发投入强度。

电气机械和器材制造业样本数据对模型(2-3)的拟合结果见表2-10。独立董事比率与CEO自主权的交互项的回归系数显著为正(B=0.4367,P=0.004)。该结果证实,电气机械和器材制造业中,独立董事比率对CEO自主权与企业R&D投入关系的调节效应仍存在。

表2-10　　　　模型(2-3)回归结果系数[a]

模型		非标准化系数		标准系数	t	Sig.
		B	标准误差	β		
模型(2-3)	(常量)	0.2348	0.036		6.475	0.000
	成立时间	-0.0007	0.000	-0.152	-2.531	0.012
	中部地区	0.0043	0.004	0.073	1.208	0.228
	西部地区	0.0226	0.004	0.359	6.048	0.000
	股权集中度	-0.0011	0.016	-0.006	-0.071	0.943
	资产负债率	0.0214	0.013	0.155	1.686	0.093
	技术人员比例	0.0421	0.010	0.245	4.255	0.000
	营收对数	-0.0066	0.001	-0.373	-5.024	0.000

续表

模型		非标准化系数		标准系数	t	Sig.
		B	标准误差	β		
模型（2－3）	股权制衡	－0.0065	0.004	－0.141	－1.686	0.093
	资产收益率	0.1771	0.041	0.284	4.338	0.000
	监事会规模对数	－0.0018	0.004	－0.031	－0.427	0.669
	董事会规模对数	－0.0107	0.006	－0.138	－1.814	0.071
	CEO 自主权	－0.1235	0.055	－0.617	－2.264	0.024
	独立董事比率	－0.1839	0.062	－0.816	－2.986	0.003
	独立董事比率×CEO 自主权	0.4367	0.151	1.119	2.883	0.004
	R	0.585	R^2	0.343	Adjusted R^2	0.306
	F	9.278	Model Sig.	0.000	N	264

注：a. 因变量：研发投入强度。

另外，本章研究也针对电气机械和器材制造业进行了分组回归分析，并比较了分组后的回归分析结果。在高独立董事比率条件下，CEO 自主权的回归系数显著为正（B＝0.0555，P＝0.060），而在低独立董事比率条件下，CEO 自主权的回归系数不再显著（B＝－0.0037，P＝0.822）。可见，在电气机械和器材制造业中，独立董事对 CEO 自主权与企业 R&D 投入关系的调节效应依然成立。

2.4.4 基于医药制造业的假设验证

鉴于我国医药制造业在我国医疗服务体制转型过程中的关键地位与角色，加之考虑到既有文献对我国医药制造业创新能力多有诟病的现状，本研究专门选择 2010～2015 年医药制造业上市公司数据，对研究假设进行检验。

应用医药制造业样本数据对模型（2－1）的拟合结果见表 2－11。CEO 自主权的标准化回归系数统计上不显著为（B＝0.008，P＝0.432）。相比较整个制造业的数据分析结果，医药制造业中，CEO 自主权的企业 R&D 投入意愿显然更低。这在一定程度上，也解释了整个医药制造业创新成果不足、低层次模仿流行的一个基本原因：该行业的以 CEO 为首的高管团队本身，对企业 R&D 投入没有正向偏好。

表 2－11　　模型（2－1）回归结果系数[a]

模型		非标准化系数		标准系数	t	Sig.
		B	标准误差	β		
模型（2－1）	（常量）	0.117	0.021		5.656	0.000
	成立时间	－0.001	0.000	－0.117	－2.366	0.018
	中部地区	－0.006	0.002	－0.117	－2.476	0.014
	西部地区	－0.018	0.003	－0.298	－6.122	0.000
	股权集中度	－0.047	0.010	－0.321	－4.618	0.000
	资产负债率	－0.009	0.006	－0.076	－1.426	0.155
	技术人员比例	0.033	0.011	0.136	3.036	0.003
	营收对数	－0.004	0.001	－0.262	－5.124	0.000
	股权制衡	－0.006	0.003	－0.152	－2.431	0.015
	资产收益率	0.071	0.021	0.185	3.401	0.001
	监事会规模对数	－0.003	0.003	－0.045	－0.926	0.355
	董事会规模对数	0.013	0.004	0.182	3.499	0.001
	CEO 自主权	0.008	0.010	0.037	0.786	0.432
	R	0.538	R^2	0.289	Adjusted R^2	0.269
	F	14.086	Model Sig.	0.000	N	428

注：a. 因变量：研发投入强度。

应用医药制造业样本数据，对模型（2－2）进行拟合，结果见表 2－12。CEO 自主权与独立董事比率的回归系数，在统计上不显著。相比较整个制造业的数据分析结果，医药制造业中独立董事对企业 R&D 投入的直接影响无显著差异。

表 2-12　　模型（2-2）回归结果系数[a]

模型		非标准化系数		标准系数	t	Sig.
		B	标准误差	β		
模型（2-2）	（常量）	0.1111	0.022		5.120	0.000
	成立时间	-0.0006	0.000	-0.111	-2.223	0.027
	中部地区	-0.0056	0.002	-0.116	-2.467	0.014
	西部地区	-0.0178	0.003	-0.299	-6.133	0.000
	股权集中度	-0.0466	0.010	-0.318	-4.570	0.000
	资产负债率	-0.0093	0.006	-0.080	-1.496	0.135
	技术人员比例	0.0351	0.011	0.143	3.138	0.002
	营收对数	-0.0045	0.001	-0.262	-5.116	0.000
	股权制衡	-0.0060	0.003	-0.150	-2.388	0.017
	资产收益率	0.0691	0.021	0.180	3.289	0.001
	监事会规模对数	-0.0034	0.003	-0.056	-1.110	0.267
	董事会规模对数	0.0140	0.004	0.198	3.561	0.000
	CEO 自主权	0.0080	0.010	0.036	0.771	0.441
	独立董事比率	0.0083	0.010	0.038	0.819	0.413
	R	0.539	R^2	0.291	Adjusted R^2	0.268
	F	13.044	Model Sig.	0.000	N	428

注：a. 因变量：研发投入强度。

应用医药制造业样本数据，对模型（2-3）的拟合结果见表 2-13。独立董事比率与 CEO 自主权的交互项的回归系数不显著（B=0.0266，P=0.815）。该结果证实，医药制造业中，独立董事比率对 CEO 自主权与企业 R&D 投入关系的调节效应不存在，而且 CEO 自主权本身对企业 R&D 投入的正向影响亦不显著。显然，不同行业中，独立董事和 CEO 在企业 R&D 投入决策中扮演不同的角色。

表 2-13　　模型（2-3）回归结果系数[a]

模型		非标准化系数		标准系数	t	Sig.
		B	标准误差	β		
模型（2-3）	（常量）	0.1141	0.025		4.508	0.000
	成立时间	-0.0006	0.000	-0.110	-2.185	0.029
	中部地区	-0.0056	0.002	-0.116	-2.462	0.014

续表

模型		非标准化系数		标准系数	t	Sig.
		B	标准误差	β		
模型（2-3）	西部地区	-0.0179	0.003	-0.300	-6.122	0.000
	股权集中度	-0.0468	0.010	-0.320	-4.568	0.000
	资产负债率	-0.0095	0.006	-0.082	-1.513	0.131
	技术人员比例	0.0353	0.011	0.144	3.143	0.002
	营收对数	-0.0044	0.001	-0.261	-5.085	0.000
	股权制衡	-0.0061	0.003	-0.152	-2.395	0.017
	资产收益率	0.0688	0.021	0.179	3.261	0.001
	监事会规模对数	-0.0033	0.003	-0.056	-1.089	0.277
	董事会规模对数	0.0140	0.004	0.198	3.558	0.000
	CEO 自主权	-0.0003	0.037	-0.001	-0.008	0.993
	独立董事比率	-0.0011	0.041	-0.005	-0.026	0.980
	独立董事比率×CEO 自主权	0.0233	0.100	0.059	0.235	0.815
	R	0.539	R^2	0.291	Adjusted R^2	0.267
	F	12.089	Model Sig.	0.000	N	428

注：a. 因变量：研发投入强度。

另外，本研究也针对医药制造业进行了分组回归分析，并比较了分组后的回归分析结果。在高独立董事比率条件下，CEO 自主权的回归系数显著为正（B=0.0054，P=0.63），而在低独立董事比率条件下，CEO 自主权的回归系数不再显著（B=-0.0004，P=0.979）。可见，在医药制造业中，独立董事对 CEO 自主权与企业 R&D 投入关系的调节效应不成立。

因此，深入到每个行业，进行行业的对比分析，描述、刻画并比较每个行业中独立董事比率、CEO 自主权与企业 R&D 投入关系，具有非常重要的理论价值和现实必要性。

2.5 结果讨论

数据分析结果证实了独立董事对企业 R&D 投入直接效应不显著（或者

不稳定），而对 CEO 自主权与企业 R&D 投入的关系则存在显著的正向调节效应。

调节效应成立的机理在于：独立董事能够为 CEO 提供更丰富的技术创新活动所必需的创新资源、创新知识以及基于认同的创新自信。从创新资源看，独立董事多有丰富的行业背景、金融背景、人际背景或者政府背景，与创新所需人力资源、金融资源和政策资源有更丰富的联结，这使得 CEO 倾向于更乐观评估企业 R&D 投入能力；从创新知识与创新能力看，独立董事多拥有更丰富的技术背景或更高的学历背景，在技术创新意识上似乎更加开放，在技术创新活动的执行上更富有经验，能够为高管团队带来不同的资源配置视角与技术创新活动方法，从而使得 CEO 倾向于更乐观估计企业 R&D 投入的产出效率；从创新自信看，独立董事的任命与薪酬激励，往往取决于 CEO 为首的高管团队，因此其独立性堪忧，在一定程度上，甚至可以认为独立董事与 CEO 之间构建了基于共同利益的共同体或者是基于情感的共同体。对 CEO 的决策意向，独立董事要么出于对 CEO 的情感认同，要么出于对 CEO 所能够提供的利益之认同，通常将予以大力支持，或者至少是默许，而非与之唱反调。当 CEO 进行 R&D 投入决策时，独立董事会在察觉 CEO 投入意向的基础上，通过自身的“专业性”与“权威性”，试图多个角度“客观公正”地论证其决策的合理性，从而增强 CEO 对其 R&D 投入决策的自信度。二者之间实际上呈现一种“互相挠背”的现象。从以上几个方面，能够合理解释独立董事对 CEO 自主权与企业 R&D 投入关系的调节效应。

客观上该正向调节效应促进了 CEO 的 R&D 投入倾向，有助于中国制造业上市公司强化技术创新，打造真正持久的差异化竞争优势，得以脱离摧毁行业附加值的“价格战”旋涡。但是，该调节效应的形成机理是“灰色”的，甚至可以认为是“黑色”的，并不具有可持久性。真正促成了 CEO 较高 R&D 投入的调节效应，其实是源于独立董事并不独立的立场。很大程度上，独立董事以 CEO 的立场为立场，以 CEO 的态度为态度，更倾向于构建和巩固与 CEO 之间的“利益共同体”或者“情感共同体”，而非在各项决策过程中挑战 CEO 的权威性及其决策的科学性。最终表现出来的现象就是，独立董事与 CEO 之间“相互挠背”，独立董事在企业 R&D 投入决策上，更多是起到为 CEO 决策合理性“背书”的角色，而很少真正独立而科学地进行相关决策思考与建议。

如果以上推论是合理的，有理由推断，如果将独立董事分为 CEO 上任后任命的董事和 CEO 上任前任命的董事，前者要比后者对 CEO 有更多的服从性和依赖性，从而能够为 CEO 的 R&D 投入决策提供更强的促进动机。为检验该推论，本研究将样本中，独立董事超过 50% 是在 CEO 上任后任命的公司，甄选出来作为进一步研究的样本，并应用模型（2 - 3）进行回归分析。结果表明，CEO 自主权与独立董事比率的交互项的标准化回归系数，显著为正（$B_0 = 0.562$，$P = 0.000$）；选择样本中独立董事超过 50% 是在 CEO 上任前任命的公司作为进一步研究的样本，并应用模型（2 - 3）进行分析。此时，结果显示，CEO 自主权与独立董事比率的交互项的标准化回归系数虽仍为正，但是显著度和大小均显著降低（$B_0 = 0.287$，$P = 0.087$）。可见，独立董事越不独立，其对 CEO 的 R&D 投入意愿具有更显著的促进效应。这进一步证实了以上推断的合理性。

本研究推测，直接效应不显著有三个潜在的原因：首先，独立董事因为缺乏足够的薪酬激励，加之当前环境下独立董事的声誉激励机制并未完全建立，对独立董事的激励有效性欠缺，因此独立董事履职时缺乏足够的动机，反而存在“懒政”的动机。在企业 R&D 投入决策事宜上，因为牵涉到复杂的专业知识要求和较高的精力投入要求，才有可能产生高质量的 R&D 投入决策方案，缺乏投入度的独立董事实际上，对 CEO 的决策方案缺乏深刻的理解与评价，更谈不上更好的建议。其次，独立董事在现有的公司治理框架中，更多的是起到参谋和监督的作用，目前缺乏独立董事直接参与决策并对决策起到显著作用的机制，不论是 CEO 或者是股东也好，都可以根据自己对企业 R&D 投入的态度和偏好一意孤行，而罔顾独立董事与其相左的意见与建议。因此，独立董事对 R&D 投入的直接效应不显著是可以理解的。最后，独立董事的存在其实改变了股东的 R&D 投入态度。本研究认为，独立董事对 R&D 投入的直接效应不显著，不仅是因为没有直接决策权，更可能是因为独立董事的存在及其运行，使得其他决策主体对企业 R&D 投入产生一定的疑虑，从而降低该决策主体的 R&D 投入意愿。以上三个方面的因素，最终导致独立董事对企业 R&D 投入的直接效应并不显著。

未来公司治理实践应当从以下几个方面，改进独立董事在企业 R&D 投入决策中所处的地位与扮演的角色：①进一步优化经理人市场、产品市场与资本市场等外部制度环境，使得 CEO 本身对 R&D 投入的意愿更为强烈；②促进独立董事的独立性。建议设立独立董事职业协会，并对独立董事设置职业认证标准与方法，由该职业协会负责独立董事的认证、培训、任务分配以及考评奖惩等具体事宜，从而使得独立董事真的能够独立于企业，既不受制于股东、董事会，亦不受制于 CEO；③完善独立董事绩效考评与奖惩机制。由独立董事协会负责相关制度的设计与执行。绩效考核指标应从有利于企业长远业绩与长期竞争力的角度出发，不但考量传统意义上，股东与董事会较为关注的财务指标问题，更关注企业的长期创新能力问题，甚至包括社会责任承担的问题，都应当有更多的体现；奖惩的力度要足够强，而且物质激励与精神激励能够并重为最好。当然，如果能够严格执行独立董事入职标准，完善该职业的进入与退出机制，有助于独立董事真的能够“懂事”，尤其是在优化企业技术创新投入决策，以及提升企业技术创新活动效率方面则更是如此。

2.6 结　　论

本研究以 2010 ~ 2015 年深、沪两市中国制造业 A 股上市公司符合研究要求的 3 774 条（公司/年）数据为样本，采用跨层次回归分析、多元回归分析和分组回归比较分析等数据分析方法，基于调节效应视角，探讨独立董事、CEO 自主权与企业 R&D 投入之间的关系。实证数据表明，独立董事对企业 R&D 投入无稳定的直接影响作用，但是对 CEO 自主权与企业 R&D 的投入关系有显著的正向调节效应。进一步研究发现，该调节效应在不同行业中有不同的呈现方式。研究结论丰富了独立董事有效性研究文献，解释了独立董事与企业 R&D 投入关系的理论预期与实证结果之间存在显著差异的根本原因，并且丰富了 CEO 自主权理论视角下，R&D 投入的决定机理，更进一步揭示和确认了 CEO 自主权与企业 R&D 投入关系的权变性本质。在实践上，本研究结论有助于指导企业通过优化独立董事的选拔任命与考评奖惩机制，促进企业在技术创新投入与技术创新产出方面的表现。

未来的研究可以在以下几个方面进一步拓展：①收集整理国外的相关数据，采用本研究设计方案，探讨并比较国内外独立董事在企业 R&D 投入决策方面的作用与角色；②本研究在 R&D 投入决策实证模型的设计中，控制变量的选择仍然有进一步丰富和优化的空间；③超越单纯强调企业 R&D 投入的局限，尝试考察 CEO 自主权与企业 R&D 投入有效性之间关系的研究，并进一步探讨独立董事对二者关系是否仍然存在上述正向调节效应。

本章参考文献

［1］周建以，罗肖依，张双鹏．独立董事个体有效监督的形成机理——面向董事会监督有效性的理论构建［J］．中国工业经济，2016，5：109－126.

［2］王建琼，陆贤伟．董事声誉、繁忙董事会与信息披露质量［J］．审计与经济研究，2013（4）：67－74.

［3］郑路航．独立董事的政治关联与公司绩效［J］．当代经济管理，2010（11）：20－25.

［4］Fich，E. M. and Shivdasani，A. Are busy boards effective monitors?［J］. The Journal of Finance，2006，61（2）：689－724.

［5］Kang，E. 2008. Director interlocks and spillover effects of reputational penalties from financial reporting fraud［J］. Academy of Management Journal，51：537－555.

［6］谢德仁，陈运森．董事网络定义、特征和计量［J］．会计研究，2012（3）：44－51.

［7］N. Lin. Social Capital：A Theory of Social Structure and Action［M］. Cambridge：Cambridge University Press，2002.

［8］马如静，唐雪松．学者背景独立董事、公司业绩与 CEO 变更［J］．财经科学，2016（9）：77－87.

［9］Farina，V. Banks' centrality in corporate interlock networks：evidences in Italy. Working paper. University of Rome "Tor Vergata"，2009. Available in：

http: //www. researchgate. net/publication/23543442.

[10] 赵昌文，唐英凯，周静，邹晖．家族企业独立董事与企业价值——对中国上市公司独立董事制度合理性的检验 [J]. 管理世界，2008 (8): 119 - 126.

[11] 郝云宏，章静，曲亮．梯度网络嵌入视角下民营企业独立董事作用机理分析 [J]. 财经论丛（浙江财经大学学报），2016, 207 (5): 79 - 86.

[12] 黄珺，魏莎．独立董事政治关联对企业信贷融资的影响研究 [J]. 管理评论，2016, 28 (11): 182 - 190.

[13] 刘中燕，周泽将．政治关联的地域效应：基于独立董事视角的考察 [J]. 中央财经大学学报，2016 (10): 105 - 128.

[14] 王跃堂．独立董事制度的有效性：基于自愿设立独立董事行为的初步评价 [J]. 经济科学，2003 (2): 87 - 97.

[15] 胡奕明，唐松莲．独立董事与上市公司盈余信息质量 [J]. 管理世界，2008 (9): 149 - 160.

[16] Ye K. Independent Director Cash Compensation and Earnings Management [J]. Journal of Accounting and Public Policy, 2014, 33 (4): 391 - 400.

[17] Wang C., Xie F. and Zhu M. Industry Expertise of Independent Directors and Board Monitoring [J]. Journal of Financial and Quantitative Analysis, 2015, 50 (5): 929 - 962.

[18] 刘佟，李强．独立董事兼职、高管权力与环境信息披露质量 [J]. 企业经济，2016, 10: 85 - 91.

[19] Jiang G., Rao P. and Yue H. Tunneling through Non-operational Fund Occupancy: An Investigation based on Officially Identified Activities [J]. Journal of Corporate Finance, 2015 (32): 295 - 311.

[20] 唐清泉，罗党论，王莉．大股东的隧道挖掘与制衡力量——来自中国市场的经验证据 [J]. 中国会计评论，2005 (1): 63 - 86.

[21] Yunsen Chena, Yutao Wanga, Le Linb. Independent directors' board networks and controlling shareholders' tunneling behavior [J]. China Journal of Accounting Research, 2014, 7 (2): 101 - 118.

[22] 王凯，武立东，许金花．专业背景独立董事对上市公司大股东掏

空行为的监督功能［J］. 经济管理，2016，38（11）：73－91.

［23］李燕媛，刘晴晴．中国独立董事制度的有效性：基于盈余管理维度的评价与建议［J］. 经济与管理研究，2012（11）：29－36.

［24］Kang J. K. and Kim J. M. Local institutional investors, information asymmetries, and equity returns［J］. Journal of Financial Economics, 2009, 97: 81－106.

［25］黄芳，李高奎，郭耕愚．独立董事本地化能提高公司盈余质量吗？——来自 2010～2013 年 A 股上市公司经验证据［J］. 经济与管理，2016，30（5）：85－91.

［26］崔海红．独立董事特征、盈余管理与资产处置［J］. 财会月刊，2016，26：35－39.

［27］张逸杰，王艳，唐元虎，蔡来兴．上市公司董事会特征与盈余管理关系的实证研究［J］. 管理评论，2006（3）：14－19.

［28］季敏，金贞姬．民营上市公司董事会特征与真实盈余管理相关性研究［J］. 财会通讯，2013（10）：43－45.

［29］Adams, R. B. and Ferreira, D. A theory of friendly boards［J］. Journal of Finance, 2007, 62（1）: 217－250.

［30］高凤莲，王志强．独立董事社会资本与高管薪酬—绩效敏感度［J］. 经济管理，2016，38（8）：82－97.

［31］陈运森，谢德仁．董事网络、独立董事治理与高管薪酬［J］. 金融研究，2012（2）：168－181.

［32］沈艺峰，王夫乐，陈维．"学院派"的力量：来自具有学术背景独立董事的经验证据［J］. 经济管理，2016，38（5）：176－186.

［33］叶康涛，祝继高，陆正飞，张然．独立董事的独立性：基于董事会投票的证据［J］. 经济研究，2011（1）：126－139.

［34］孙亮，刘春．公司为什么聘请异地独立董事？［J］. 管理世界，2014（9）：131－142.

［35］胡元木．技术独立董事可以提高 R&D 产出效率吗？——来自中国证券市场的研究［J］. 南开管理评论，2012（2）：136－142.

［36］徐光磊，陈自力．试论大中型企业技术创新战略及其解决方案

[J]. 科研管理, 2005 (3): 104 - 111.

[37] 唐清泉, 罗党论. 设立独立董事的效果分析——来自中国上市公司独立董事的问卷调查 [J]. 中国工业经济, 2006 (1): 120 - 127.

[38] 张璇, 任海云. 独立董事与企业 R&D 投入研究综述 [J]. 财会通讯, 2014, 12: 78 - 81.

[39] Filatotchev, I., Wright, M. and Arberk, M. Venture capitalists, syndication and governance in initial public offerings [J]. Small Business Economics, 2006, 26: 337 - 350.

[40] Agrawal, A. and C. R. Knoeber. Do Some Outside Directors Play a Political Role? [J]. Journal of Law and Economics, 2001, 44 (1): 98 - 179.

[41] Bazerman, M. H. and F. D. Schoorman. A Limited Rationality Model of Interlocking Directorates [J]. Academy of Management Review, 1983, 8 (2): 206 - 217.

[42] 王永明, 宋艳伟. 独立董事对上市公司技术创新投资的影响研究 [J]. 2010, 2 (1): 94 - 97.

[43] 余玉苗, 周莹莹, 潘珺. 聘请退休政府官员背景独立董事给上市公司带来好处了吗? [J]. 经济管理, 2015, 191 (1): 129 - 151.

[44] 刘春, 李善民, 孙亮. 独立董事具有咨询功能吗? ——异地独董在异地并购中功能的经验研究 [J]. 管理世界, 2015, 3: 124 - 136.

[45] 刘浩, 唐松, 楼俊. 独立董事: 监督还是咨询? ——银行背景独立董事对企业信贷融资影响研究 [J]. 管理世界, 2012 (1): 141 - 169.

[46] 祝继高, 叶康涛, 陆正飞. 谁是更积极的监督者: 非控股股东董事还是独立董事? 经济研究, 2015, 9: 170 - 184.

[47] 谢雅璐. 兼职独立董事对上市公司一视同仁吗? [J]. 天津财经大学学报, 2016 (6): 30 - 47.

[48] 马连福, 高楠. 股权结构、境外背景独立董事与公司绩效——来自沪市上市公司的证据 [J]. 山西财经大学学报, 2011, 9: 74 - 82.

[49] 向锐. 财务独立董事特征与会计稳健性 [J]. 山西财经大学学报, 2014 (6): 102 - 112.

[50] 沈艺峰, 陈旋. 无绩效考核下外部独立董事薪酬的决定 [J]. 南开

管理评论，2016，19（2）：4－18.

［51］冯根福，温军．中国上市公司治理与企业技术创新关系的实证分析［J］．中国工业经济，2008，7（5）：91－101.

［52］Hill，C. W. L. amd Snell，S. External control，corporate strategy，and firm performance in research-intensive industries［J］. Strategic Management Journal，1988，9：577－590.

［53］Baysinger，B. D.，Kosnik，R. D. and Turk，T. A. Effects of board and ownership structure on corporate strategy［J］. Academy of Management Journal，1991，4：205－214.

［54］Zahra，S. A. and Pearce，J. A. Board of directors and corporate financial performance：a review and integrative model［J］. Journal of Management，1989，15（2）：291－334.

［55］Zahra S. A. Technology strategy and financial performance：Examining the moderating role of the firm's competitive environment［J］. Journal of Business Venturing，1996，11（3）：189－219.

［56］胡永平，何建国．对重庆上市公司 R&D 支出影响因素的实证研究［J］．科学学与科学技术管理，2007（4）：59－62.

［57］任海云．公司治理对 R&D 投入与企业绩效关系调节效应研究［J］．管理科学，2011（5）：49－65.

［58］任海云，师萍．企业 R&D 投入与绩效关系研究综述——从直接关系到调节变量的引入［J］．科学学与科学技术管理，2010（2）：143－151.

［59］Bertrand，M. and S. Mullainathan. Are CEO's rewarded for luck? The Ones Without Principals Are［J］. Quarterly Journal of Economics，2001：901－932.

［60］Lee Joon Mahn，Kim Jongsoo，and McNamara Gerry. When Do Founder CEOs Take More Risk than Professional CEOs? The Moderating Effects of Managerial Discretion（February 19，2016）［Z］. Available at SSRN：https：//ssrn. com/abstract＝2735232.

［61］Lin Dan，and Lin Lu. The Interplay between Director Compensation and CEO Compensation［J］. The International Journal of Business and Finance Research, 2014, 8 (2): 11 –26.

[62] Westphal, J. D. and E. J. Zajac. Who shall govern? CEO/Board power, demographic similarity, and new director selection [J]. Administrative Science Quarterly, 1995, 40: 60 –83.

[63] Zhang Changzheng. Manipulation Effect of Managerial Discretion on Managerial Compensation: Evidence from Listed Firms in China [M]. New York: Nova Science Publishers, 2011.

[64] Zhang Changzheng. Manipulation Effects of Managerial Discretion on Executive Compensation: A Comparative Study between Fresh CEOs and Senior CEOs [M]. New York: Nova Science Publishers, 2016.

[65] 李有根. 公司治理中的经理自主权研究 [D]. 西安: 西安交通大学博士学位论文, 2002.

[66] 张长征, 吕悦凡. 经理自主权对高管薪酬差距的操纵效应——基于知识合作需求的调节效应视角 [J]. 福建江夏学院学报, 2016 (4): 1 –13.

[67] 成立为, 戴小勇. 研发投入强度对企业绩效影响的门槛效应研究 [J]. 科学学研究, 2013, 31 (11): 1708 –1735.

[68] 刘笑霞, 李明辉. 企业研发投入的影响因素——基于我国制造企业调查数据的研究 [J]. 科学学与科学技术管理, 2009 (3): 17 –23.

[69] 罗正英, 李益娟, 常昀. 民营企业的股权结构对 R&D 投资行为的传导效应研究 [J]. 中国软科学, 2014, 3: 167 –176.

公司治理视角下CEO自主权
对企业R&D投入的
操纵效应研究

Chapter 3

第3章　监事会对CEO自主权与企业R&D投入关系的调节效应研究

3.1 引　　言

目前，就公司治理机制而言，鉴于中国尚未建立足够有效的外部市场监督机制，因此内部控制机制对监督高管行为尤为重要，特别是董事会、监事会的监督约束职能。董事会和监事会同为监督 CEO、降低代理成本的公司治理机制的重要构成要素。根据《公司法》，我国上市公司既设置董事会，又设置监事会。伴随着现代企业制度的建立，董事会已逐渐发挥其应有的效力，但监事会却远未能充分发挥其监督功能（黄孝山，2009）[1]。按照制度设计的预期，监事会作为公司治理结构的重要组成部分，在内部治理中发挥的监督职能不容忽视。《公司法》（2006）赋予监事会的第一项职能，就是检查公司的财务情况，所以对公司财务支出的合法性与合理性进行监督，是监事会的主要职能之一。因此，监事会虽并不直接参与公司日常的经营管理，但监事会特征的差异性，确实可能会影响 CEO 和股东等决策主体在研发投入上的决策意向，进而间接地对公司 R&D 投入产生影响。本书第 2 章的研究表明，董事会，尤其是独立董事，与企业创新的关系研究颇为丰富，而监事会对企业创新活动的实际影响效果如何，则尚未得到有效回答。本章通过基于 2010 ~ 2015 年沪、深两市制造业上市公司的实证分析，尝试回答这一问题。

根据我国《公司法》规定，监事会是公司的法定组织机构，即公司必须依法设立监事会或者监事。由于在采取英美公司制度模式的一些国家，公司的股东会之下不设置监事会，所以国际上对监事会特征的影响效应，或绩效后果的研究相对较少。而大陆法系国家一般会在公司股东会之下，设置监事会作为公司的监督机构，如德国、日本、中国等国家。此时，监事会是为了防止董事会、（尤其是）经理滥用职权，损害公司和股东利益而设置的，其职责包括：监督公司依法运作、财务检查、募集资金使用、重大资产购受交易和关联交易等五个方面，并一般负有纠正董事和经理的违法，或不合规行为的重要责任。在中国的公司治理结构设计中，监事会是专门行使监督权的治理机构，承担着监督董事会和管理层开展经营活动和制定战略决策，维度股东和员工合法权益，保障公司各项决策的科学性、合法性等法定职责。然而，在中国上市公司治理实践中，监督职能虚化和监督权力旁落问题特别突出，以致不论是在理论上还是在实践上，监事会均已经成为公司治理体系中公认的最为薄弱的一环。特别是在嫁接了西方独立董事制度之后，更是普遍存在弱化监事会监督的倾向。如果有人将独立董事视为“花瓶”的话，监事会在很多学者眼中，甚至连花瓶的功能亦不具备。关于监事会监督低效的原因，学术界普遍认为，立法缺陷和制度构建缺陷是监事会难以发挥作用的原因（王新红，2003）[2]。

监事会作为重要的公司治理机制之一，在监督高管人员方面，往往被给予较高的期望。但是，又受到具体制度安排不清晰、监督机构重叠等现实因素的影响，监事会功能发挥的实际效果，也因此受到较多的质疑。中国学术界一度对监事会的监督绩效有极大的兴趣，涌现出一大批探讨监事会对上市公司经营运作、战略决策和企业绩效等各方面影响效应的研究文献。具体而言，监事会与公司绩效的关系、监事会与信息披露质量的关系、监事会与风险防控的关系、监事会与高管变更的关系、监事会与内部控制有效性的关系、监事会与盈余管理的关系等，都曾受到了学者的普遍关注。除个别学者对上市公司监事会的治理绩效持有正面预期之外（王世权，2006）[3]，相关的实证研究也大多得出了监事会与以上各种组织过程和结果变量弱相关、甚至无关的经验性结论。整体上，以往的研究结论显示，监事会效能不佳，未能达到设计者最初所期望的目标。

鉴于既有研究结论普遍认同监事会在监视效能上的低效性甚至是无效性，近年来关于监事会的有效性研究日渐减少。至于监事会对企业 R&D 投入决策的影响研究，国内至今未见任何实证文献报道。推敲其原因，可能是因为既有文献在研究监事会对其他组织现象的影响时，都普遍认同中国上市公司监事会的监督功能设置具有典型的代表式监督、弱有效监督、游离式监督和延时监督的特征，既缺乏干预能力又缺乏监督动机，想当然地认为监事会在研发投入决策中亦将扮演“空洞化的”无为角色。本章认为，监事会作为一种历时已久的治理机构，其存在必定会在某些方面努力实现其存在的价值与意义，否则监事会就失去了自我延续的内在动力。既然在现有的研究文献中，监事会存在的意义在上述提及的领域中，并没有得到实质性的确认，有理由认为，目前处于研究空白状态的监事会与 R&D 投入关系，有可能成为监事会影响效应的突破口。退一步而言，即使通过本章的实证分析表明，监事会对 R&D 投入活动没有任何显著影响，也能够弥补该结论缺乏规范的实证研究佐证的缺憾，并丰富公司治理视角下企业 R&D 投入的决定机制研究。

既有研究已经证实，CEO 自主权是公司治理机制中最为直接地影响企业 R&D 投入决策的变量，其他公司治理机制多是通过影响 CEO 的研发态度偏好，间接作用于企业 R&D 投入决策。遵循这一研究传统，视 CEO 自主权为企业 R&D 投入的直接解释变量，视监事会规模为 CEO 自主权和企业 R&D 投入关系的调节变量，尝试探讨 CEO 自主权、监事会规模与企业 R&D 投入之间的关系，以期更为深入的打开 CEO 自主权与企业 R&D 投入之间的关系机理黑箱。本章其余各部分内容安排如下：第二部分，是监事会影响效应的文献综述与研究假设提出；第三部分，是实证样本选择、变量设计、数据描述性统计分析以及实证模型设计；第四部分，是实证数据分析与假设检验；第五部分，是结果讨论与对策建议；第六部分，则是研究结论与展望。

3.2 文献背景与假设发展

正如引言中所述，直接探讨监事会与企业 R&D 投入关系的研究缺位。本章拟首先综述和评价当前关于监事会与其他组织变量关系的研究结论，继而在此基础上，尝试发展监事会对 CEO 自主权与企业 R&D 投入关系的调节效应假设。

监事会特征与公司绩效关系研究相比较而言，是最早也是最多受到关注的研究主题。胡铭（2001）[4]利用 250 家 A 股上市公司为研究样本，对监事会规模、监事会持股比例、监事会薪酬等特征与上市公司经营绩效间的关系进行了实证分析，发现上述特征与上市公司的经营绩效间不存在显著的正相性。李维安和郝臣（2006）[5]对监事会特征与公司绩效之间的关系进行了实证分析，实证结果表明监事会治理水平总体偏低，但仍坚持认为监事会作为法定的公司监督机构发挥了不可替代的监督作用。卿石松（2008）[6]应用 2000～2004 年 A 股上市公司的数据，基于我国上市公司监事会特征与公司绩效的关系的实证分析，发现监事会会议次数与公司绩效显著负相关，而监事会规模与公司绩效存在“U”型关系，监事会持股比例与公司绩效显著正相关。刘名旭（2007）[7]结合监事会的各项特征，研究发现，监事会的外部监事比例和监事会的持股比例与公司业绩有不显著的正相关关系，而监事会的规模、报酬与会议次数与公司业绩则呈现不显著的负相关性。

王淑慧等（2009）[8]以 1 128 家上市公司 2005～2007 年这三年的数据作为样本，发现监事会年度会议次数、外部监事比例、监事会持股比例和持股监事人数比例四个因素对公司绩效有微弱正向影响，监事会规模与公司绩效无关。吴昊洋（2013）[9]以 2006～2009 年度沪、深 A 股上市公司为样本，研究监事会成员特质对监事会治理绩效的影响。研究发现，监事会成员职业特征和监事会成员兼职都与监事会治理绩效负相关。在非国有企业中，监事会成员持股对监事会治理绩效有微弱正向影响，而在国有企业中随着监事会成员持股与监事会治理绩效呈微弱负相关。以上研究都是从“事”的角度来考虑监事会的绩效后果，而刘蓉和燕田子（2014）[10]则从“人”的角度来考察监事会与公司绩效的关系，将监事会中“人”的因素量化为人力资本，并引入股权性质这一虚拟变量，探索监事会人力资本对公司业绩的影响。研究结果显示监事会人力资本对公司业绩有微弱正向影响，且在控制其他因素的影响下，国有企业人力资本对公司业绩的敏感性低于非国有企业。

近几年国内有学者开始关注监事会特征对信息披露质量的影响。马施和李毓萍（2009）[11]考察了监事会对信息披露质量的影响，结果发现监事会运行状况和规模均与信息披露质量不相关，只有监事会胜任能力在较弱程度上影响信息披露质量，认为监事会虽对优化信息披露质量有一定的作用，但作用有限。余银波（2009）[12]以深市民营上市公司为样本，发现监事会规模和职工监事人数与公司信息披露质量微弱相关，但监事持股对信息披露质量无显著影响。韩葱慧和沈琳（2010）[13]从会计信息质量的视角，采用实证研究的方法对上市公司监事会的有效性进行研究，结果表明上市公司监事会的监督能力相当有限，其监督的有效性严重不足。赵西卜和徐爱莉（2013）[14]以 2007 ~2011 年的深市上市公司为样本，分析了产权性质、监事会特征和信息披露质量之间的关系。回归结果同样表明，除监事财务背景之外，监事会规模、监事会会议次数、监事薪酬和监事持股对信息披露质量的影响均不显著。由此推断，要提升监事会对信息披露质量的影响，有必要继续完善公司监事会特征和监事会运行机制，使其真正地发挥公司治理作用。

此外，有更多其他学者对监事会与公司绩效、信息披露质量之外的其他关键的组织变量进行了相对零散的研究。比较有代表性的研究成果主要有：张逸杰等（2005）[15]以中国上海和深圳证券交易所的指数成分公司为研究样本，探讨了上市公司监事会的监督有效性问题，发现监事会的规模越大，则公司的真实盈余管理程度越低，但是两者之间的这种相关关系在统计上显著度水平不高；郝云宏和任国良（2010）[16]以 1998 ~2008 年发生总经理变更的 444 家上市公司的 1 368 个案例为样本，采用面板 LOGIT 模型实证探究了监事会对企业高管变更机制的影响，发现监事会对上市公司高管变更这一约束机制发挥了重要的作用，发现监事持股与上市公司高管变更呈显著正相关，监事会规模与高管变更负相关；胡永惠和卢新国（2015）[17]分析了监事会特征与内部控制有效性的关系，实证研究发现，监事会激励特征中监事平均薪酬、监事持股比例以及监事行为特征的年度会议次数与内部控制有效性显著相关，因此提出通过提高监事会成员薪酬水平和扩大监事持股比例、完善监事会会议机制等措施，促进上市公司监事会监督职能的有效发挥，提高内部控制有效性。

胡欢（2014）[18]基于中国企业社会责任研究中心发布的 2008 ~2012 年国有上市企业社会责任榜单，从监事会人员特征分析监事会对于我国国有上市企业社会责任履行的影响，实证发现监事人数，年龄和职业背景均与社会责任履行有微弱正相关性；姚伟峰和鲁桐（2010）[19]运用随机前沿分析模型技术，深入分析中国公司监事会各项特征对运作效率的影响，研究发现前监事会规模对运作效率的提高有负面影响，而提高监事会成员的“质量”则有利于公司运作效率的提高，并指出当前监事会建设的重点是适当减少监事会的规模，提高监事会成员的教育水平和质量；高雷和宋顺林（2007）[20]利用上市公司2002~2005年的面板数据，实证检验了监事会特征与代理成本的关系，发现监事会特征与代理成本无显著关系；冉光圭等（2015）[21]以公司风险为切入点，以1992~2012年中国2 375家上市公司19 469个年度观测值为研究样本，检验独立董事和监事会的治理效率，并发现在公司层面独立董事与监事会是一种替代关系，二者之间存在职能冲突，在独立董事存在的制度环境下，监事会对提升风险治理水平是无效的。

文献回顾表明，与董事会的影响效应研究相比，监事会对各种关键的组织结果变量的影响效应研究一直不温不火，虽然数量上相对较少，但是在结论共识度上更高。既有研究大多对监事会监督的有效性持否定态度，即使少数学者认可监事会的监督效能，也不得不承认该效能是相当微弱的。关于盈余管理、高管变更、信息披露质量、增长速度、高管薪酬等上述组织决策或者结果变量，董事会和股东大会等拥有更高权力的治理主体都分别有自己明确而且强烈的诉求，尤其是本研究关注的CEO更是如此。

比如，在盈余管理方面，CEO试图通过激进的盈余管理策略刷亮公司业绩，彰显自身经营能力与努力程度，谋求更大的自主权空间和更高的薪酬水准；在高管变更方面，股东和董事会出于企业存续的需要，根据企业战略经营目标与高管能力之间的匹配度，进行高管变更决策；在信息披露质量方面，CEO有强烈的动机粉饰或者隐瞒各种不利于企业在投资者心目中的形象的信息，并在会计准则允许的最大自主权空间内，甚至超越自主权约束的底线，夸大、扭曲甚至捏造企业经营过程中的有利信息，以获取数量更多、成本更低的资本投资；在企业增长速度的控制决策上，CEO倾向于快速扩大企业的业务范围和市场空间，青睐于在人员规模和收入规模上的跳跃式发展，以谋求更高的薪酬以及与之伴随的更大的权力操控感，实现高管群体中普遍存在的“构建商业帝国”的梦想。

之所以现有研究中发现，监事会对以上提及的各种组织结果变量并未产生制度设计之初所预期的影响，甚至多数研究认为，根本没有显著的影响，原因就在于监事会行使监督与纠正职能时，其监督动力不足，监督能力欠缺，并且监督手段虚化，既没有足够的动力和能力，也没有足够强有力的手段以对抗强势CEO的强势动机与行为选择，难以改变CEO在以上事务上的态度倾向。监事会本身被赋予的“以稳定保生存，以有序促发展”

的基本使命定位，决定了监事会作为一级相对独立的内部监督机构，在以上事务上不可能与 CEO 持有同样激进的立场。然而，监事会的弱势监督特征就决定了，即使监事会持有与 CEO 不同的立场，也并不能改变 CEO 的强势态度与倾向。CEO 的权力在面对其重点推进的企业事务时，相对于监事会的监督权力几乎是全面碾压的，后者根本就没有实质性的对抗之力。因此，面对以上企业事务，监事会的唯一现实选择就是妥协，并听任 CEO 为所欲为。表现在公司治理实践上，监事会的监督职能空洞化，难以在以上各项关键事务上得以落实。

然而，监事会既然作为一级常设内部监督机构，必然有其意志表达的需求，而作为其成员的监事为了获得自身职位成就感和存在感，也必然有其个体意愿表达的需求。如果以上需求长期以来未能有效满足，作为机构实体存在的监事会，就会失去其自我延续的内在动力，甚至丧失其存在的合法性，而监事也将丧失其职位自豪感与自我认同感。换句话说，监事会的监督职能总要在特定事务上得到切实的履行。监事会意志表达的需求既然在各项 CEO 意志强烈且倾向明显的企业事务上受挫，总要在其他事务上寻求合适的缺口。而这一事务必须满足两个基本条件：一是，对企业的经营运作具有举足轻重的影响，得到各方关注；二是，各方对其决策态度均无特别强烈的倾向和偏好。严格满足这两条要求的企业事务中，首当其冲的就是企业 R&D 投入决策。

现有研究已经表明，CEO 自主权能够显著正向影响企业创新投入，亦即 CEO 对企业 R&D 投入持有正向积极的态度。然而，实证数据分析的结果也证实，该正向影响效应的强度是相对微弱的。这表明，虽然 CEO 对企业 R&D 投入的态度已经从原来的负向转为正向，但是绝大多数 CEO 对技术创新仍然存在着复杂的认知，将其视为一种高风险的投资活动。整体上 CEO 对 R&D 投入的态度处于不断的摇摆之中，R&D 投入的高风险和高收益随时有可能在其心智中交替占据主导位置。换句话说，CEO 对 R&D 投入的倾向是不稳定的，容易受到外力的影响与干扰，在该事项上，多数 CEO 缺乏足够强烈的动机。监事会本身是追求企业稳定有序发展的，因而在风险较高的技术创新投入活动方面，先天上就有一种负面的排斥感。这种负面的认知，在监事会履行其监督职能的各种行为中，比如抽查、检查、质询、召开监事会议，以及出席董事会等，都会传递给 CEO。这种影响既可能是潜移默化的，也可能是表现为具体事件激发的。在 R&D 投入决策事项上，既然 CEO 的意愿不强烈，处于不稳定的摇摆状态，那么监事会比较明确的进行负面表态，将会真实地影响到 CEO 的 R&D 投入决策意愿，从而表现出监事会对 CEO 自主权和 R&D 投入关系的负向调节效应。

以上关系是建立在将监事会视为一个独立的机构整体前提下。如果从监事会的人事构成上，该关系的成立性将进一步得到强化。根据我国现行《公司法》制度设计，有限责任公司设监事会，成员包括股东代表和适当比例的公司职工代表，其中职工代表的比例不低于 1/3。可见，监事会由通常由职工监事和非职工监事两种监事组成，其主要职能是监督董事、经理等高级经营管理人员的机会主义行为，防止其滥用职权。

首先，非职工监事缺少独立性，他们的立场其实反映的是大股东的意志。我国《公司法》框架下，公司监事会作为公司的监督机构是由公司股东的委托而产生并向股东负责的机构。根据《公司法》第 38 条的明确规定，股东会行使选举和更换非职工代表担任的董事和监事等职权。因此，监事会的非职工成员也由股东选举产生，其选举和罢免程序必须经由股东会通过。因此，监事会本身其实在较大程度上是受制于公司股东的。此时，公司各项决策表决中，占有主导支配地位的大股东意志一般将会被提升成为公司意志。公司所选任的非职工监事一般是大股东利益的代理人。因此，非职工监事在企业 R&D 投入决策方面，将传达和落实的其实是大股东对待企业创新活动的态度与意志。鉴于已有研究表明大股东对 R&D 投入的态度较为微妙，更多的是通过负向调节 CEO 自主权与 R&D 投入强度的关系来间接影响企业 R&D 投入决策，因此，我们有理由推断，非职工监事能够负向调节 CEO 自主权与 R&D 投入强度的关系。

其次，职工监事监督作用难以发挥，而且会因为其代表的利益问题对企业 R&D 持有负面态度。现行法律要求，公司的监事会中必须包括职工代表。理论上，职工监事制度的设立，可以对公司管理人员进行监督以维护股东利益，同时在一定意义上，又可以起到保护职工利益的作用。但是，在现实中，职工监事很难发挥监督作用。职工监事通常而言，其文化水平和专业素质相对较低，很难真正有效地参与到公司治理中。在面对风险与复杂性更高的技术创新投入决策时，职工监事其实是力不从心的，很难从科学的标准去判断 CEO 和董事会创新投入决策的合理性。从该群体的一般性格特征来看，更容易偏保守，对风险具有较高的规避倾向，因而，对 R&D 投入持有负面认知；从该群体的利益来看，其所代表的广大普通职工的薪酬，受限于企业资金存量的有限性，必然与当期的 R&D 投入水平产生直接的现金流冲突。为了确保其背后的普通职工的当前利益，职工监事倾向于削减 R&D 投入费用，以保留职工薪酬水平提升的可能空间。

由此，本章提出以下研究假设：

H3 –1：监事会规模对 CEO 自主权与企业 R&D 投入强度的关系具有显著负向调节效应。

3.3 研究设计

3.3.1 样本选择与数据来源

以 2010 ~2015 年深、沪两市制造业 A 股上市公司作为对象，依据以下标准筛选研究样本：①剔除当年受到公开处罚的上市公司；②剔除当年 ST、SST、S*ST 和 PT 类上市公司；③剔除当年财务绩效数据具有奇异性的上市公司，比如当年大幅度亏损的公司；④剔除研究所需数据项目披露不完全的上市公司；⑤剔除 CEO 任期未满一年的公司，或当年 CEO 有变动的公司；⑥剔除前三名高管薪酬与员工薪酬水平的差距低于 10 000 元的公司；⑦剔除当年高管团队变动超过 10% 的上市公司；⑧剔除主营业务范围发生剧烈变动的上市公司；⑨鉴于监事会规模在本研究中的重要地位，考虑到《公司法》对监事会规模不得低于 3 人的基本规定，对实践中监事会规模低于 3 人的样本需删除。

本章主要数据，来源于锐思数据库。个别资料和数据，比如 R&D 支出、监事会规模等来自上市公司年报和巨潮互联资讯网，并对其进行了必要的手工处理。为检验来自锐思数据库数据的可靠性，从中随机抽取 1% 数据样本，并将其与手工收集的上市公司年报中的统计数据相比较，结果基本一致。基于以上处理过程，为保证样本数据分布的正态性，消除极端值数据对实证结果的扭曲效应，本章将初始样本分别依据R&D支出、监事会规模、监事会比例、总产总额、资产收益率、CEO自主权等关键连续变量，按1%进行了Winsorize极值处理。最终得到有效研究样本3 792个（W - Sample）。数据处理以统计分析软件SPSS19.0为主要工具。

3.3.2 变量设计

（1）被解释变量：R&D投入强度（RDI）。参照任海云和师萍（2010）[22]、曾和林（Tao Zeng & Horn-Chern Lin，2011）[23]等学者的做法，以上市公司年报披露的企业研究开发支出与营业收入的比值作为R&D投入强度的度量指标。

（2）解释变量：CEO自主权（CEOD）①。遵循现有学者的多维度度量建议（Daily & Johnson，1997；Pearece & Zahra，1991；Pfeffer，1992；Rokiah Ishak，2011；Zhang Changzheng，2011；Zhang Changzheng，2016；李有根，2002；张长征、李怀祖、赵西萍，2006；张长征、吕悦凡，2016）[24-32]，从以下五个维度综合衡量CEO自主权。结构职位权（PP），当CEO属于两职合一状态时，PP为1，否则设为0；资源运作权（OP），当样本公司的营运资金比例等于或高于研究样本均值时，OP为1，否则设为0；薪酬回报权（CP），当CEO薪酬与高管平均薪酬的比值高于或等于研究样本均值时，CP设置为1，否则设为0；股份所有权（SP），当CEO持有企业股份时，SP设置为1，否则为0；专家声望权（RP），当CEO年龄高于样本所有CEO年龄均值时，RP设置为1，否则设置为0。CEOD是PP、OP、CP、SP和RP的算术平均值，作为CEO自主权指数。

（3）调节变量：监事会规模（SSB）：监事会成员真实数目；监事会比例

① 本章还应用第1章中设计的CEO自主权度量指标体系，应用本章选择的样本数据，采用本章的实证模型与分析步骤，同样验证了本章研究假设，证实监事会对企业R&D投入的双重影响效应，即不仅能够对R&D投入具有微弱（但不稳定）的负向直接影响效应，而且能够通过负向调节CEO自主权与企业R&D投入强度的关系而对R&D投入具有负向间接影响效应。

(RSB)：监事规模与高管团队规模的比值。

(4) 控制变量。本章根据以往的研究，选择其他一些与公司 R&D 投入资决策密切相关的因素作为控制变量，主要包括：股权集中度（ECD）和股权制衡（OBD）（罗正英等，2014）[33]、内部薪酬差距（PAYG）（李春涛、宋敏，2010）[34]、资产收益率（ROA）（成力为、戴小勇，2012）[35]、企业规模（LGTA）（张杰等，2007）[36]、成立时间（FIRMAGE）（成力为、戴小勇，2012）[35]、地理区域（MIDDLE，EAST）（刘笑霞、李明辉，2009）[37]。此外，为控制不同年份宏观经济因素的影响，以 2010 年为基准年，共定义 5 个年度虚拟变量。

具体而言，ECD 是以第一大持股比例衡量；OBD 以第二、三、四、五大股东持股数量之和与第一大股东持股数量的比值衡量；PAYG 以 CEO 薪酬水平与高管平均薪酬水平差距对数衡量；ROA 是净利润与平均总资产的比值；LGTA 是企业总资产的对数值（以 10 为底）；FIRMAGE 是公司成立之日，至样本年度所经历过的年份数，月数四舍五入。

3.3.3 变量描述性统计与相关分析

研究变量描述性统计结果，见表 3－1。第一大持股比例的平均值为 33.8%；股权制衡的均值为 0.524，其他大股东相对于第一大股东处于相对偏弱势的状态；资产收益率的均值为 0.594%，可见中国制造业整体绩效水平明显偏低。如果该状态长此以往，人才与资金向其他行业外流的现象会愈发严重，由此而带来的制造业“空心化”的现象将更为突出。这不符合我国构建“制造业强国”的战略定位，不仅对经济发展将造成重大负面影响，甚至威胁国家安全；样本公司平均年龄为 16.21 岁；属于东部地区的上市公司占到样本 56%，而属于中部地区的样本公司占到 24%。

表 3－1　　变量描述统计量

变量代码	变量名称	N	极小值	极大值	均值	标准差
1. ECD	股权集中度	3 792	0.039	0.852	0.338	0.145
2. OBD	股权制衡	3 792	0.001	4.002	0.524	0.504

续表

变量代码	变量名称	N	极小值	极大值	均值	标准差
3. PAYG	内部薪酬差距	3 792	7.731	15.740	12.446	0.864
4. ROA	资产收益率	3 792	-25.935	26.819	0.594	2.839
5. LGTA	企业规模	3 792	7.977	11.618	9.572	0.516
6. FIRMAGE	公司年龄	3 792	4	71	16.212	5.711
7. MIDDLE	中部地区	3 792	0	1	0.241	0.425
8. EAST	东部地区	3 792	0	1	0.562	0.497
9. RSB	监事比例	3 792	0.101	0.381	0.222	0.053
10. SSB	监事会规模	3 792	3	15	5.47	1.227
11. CEOD	CEO 自主权	3 792	0.094	0.742	0.272	0.157
12. RDI	RD 投入强度	3 792	0.000	12.862	2.425	2.412

监事会规模最小为 3 人，最大为 15 人，平均规模为 5.47 人；监事会比例最小为 10%，最大为 38%。CEO 自主权指数的平均值为 0.272，R&D 投入强度的平均值为 2.425%，基本达到企业生存所需最低需求，比十年前不到 1% 的平均研发投入水平有明显提升，但是与 4% ~5% 的国际先进企业的投入水平相比，仍有显著差距。

研究变量的相关性分析结果见表 3-2。主要研究变量之间存在不同程度的相关性，其中，相关度最高的是中部地区（MIDDLE）和东部地区（EAST），相关系数是 -0.627（$P<0.01$）；其次是股权集中度（ECD）和股权制衡（OBD），相关系数为 -0.592（$P<0.01$）。针对可能存在的多重共线性问题，在多元回归分析中进行了多重共线性检验。四个变量在历次回归分析中，其膨胀因子（VIF）最高值为 1.779，可以接受。此外，尝试将股权制衡、东部地区剔除出回归模型，实证结果不变。此外，本章最为关注的监事会规模（SSB）与 R&D 支出强度（RDI）之间显著负相关（-0.089，$P<0.01$），监事会比例（RSB）与 R&D 支出强度（RDI）之间显著负相关（-0.076，$P<0.01$）。

表 3-2　研究变量相关性系数（Pearson 相关性）

	1. ECD	2. OBD	3. PAYG	4. ROA	5. LGTA	6. FIRMAGE	7. MIDDLE	8. EAST	9. RSB	10. SSB	11. CEOD	12. RDI
1. ECD	1											
2. OBD	-0.592**	1										
3. PAYG	-0.055**	0.074**	1									
4. ROA	-0.001	-0.005	0.186**	1								
5. LGTA	0.243**	-0.083**	0.346**	0.094**	1							
6. FIRMAGE	-0.139**	0.031	0.076**	0.065**	0.096**	1						
7. MIDDLE	-0.024	-0.019	-0.079**	-0.009	-0.001	-0.044**	1					
8. EAST	0.009	0.030	0.172**	0.041*	-0.020	-0.006	-0.627**	1				
9. RSB	-0.007	-0.034*	0.028	-0.014	-0.060**	0.061**	0.019	-0.048**	1			
10. SSB	0.056**	-0.031	0.042*	-0.024	0.231**	0.024	0.041*	-0.133**	0.700**	1		
11. CEOD	-0.168**	0.129**	0.300**	0.089**	0.047**	-0.039*	-0.037*	0.126**	0.095**	-0.065**	1	
12. RDI	-0.076**	0.087**	0.096**	0.084**	-0.097**	-0.125**	-0.041*	0.165**	-0.076**	-0.089**	0.132**	1

注：* 在 0.05 水平上显著；** 在 0.01 水平上显著。

3.3.4 实证模型设计

1. 以 RSB 为监事会特征变量，检验监事会的调节效应

为检验 H3－1，拟采用跨层次回归模型，分别以 RDI 为因变量，以 RSB 为主要解释变量，在考虑上述八个控制变量和三个年度虚拟变量的基础上，基于最小二乘法（OLS）设计模型（3－1）、模型（3－2）和模型（3－3）。其中，i 表示公司，t 表示年份（t＝2011，2012，2013，2014，2015），变量定义见上文。

$$
\begin{aligned}
RDI_{it} = {} & \alpha + \beta_1 ECD_{it} + \beta_2 OBD_{it} + \beta_3 PAYG_{it} + \beta_4 ROA_{it} + \beta_5 LGTA_{it} \\
& + \beta_6 FIRMAGE_{it} + \beta_7 MIDDLE_{it} + \beta_8 EAST_{it} + \beta_9 FIRMAGE_{it} \\
& + \beta_{10} CEOD_{it} + \sum YEAR + \varepsilon_{it}
\end{aligned} \tag{3-1}
$$

模型（3－1）中，β_{10}是 CEO 自主权关于研发投入强度的回归系数。如果β_{10}显著为正，则表明 CEO 自主权越高，企业 R&D 投入强度越高。反之则反是。

$$
\begin{aligned}
RDI_{it} = {} & \alpha + \beta_1 ECD_{it} + \beta_2 OBD_{it} + \beta_3 PAYG_{it} + \beta_4 ROA_{it} + \beta_5 LGTA_{it} \\
& + \beta_6 FIRMAGE_{it} + \beta_7 MIDDLE_{it} + \beta_8 EAST_{it} + \beta_9 FIRMAGE_{it} \\
& + \beta_{10} CEOD_{it} + \beta_{11} RSB_{it} + \sum YEAR + \varepsilon_{it}
\end{aligned} \tag{3-2}
$$

模型（3－2）中，β_{11}是监事比例关于研发投入强度的回归系数。如果β_{11}显著为负，则表明监事比例越高，则企业 R&D 投入强度越低。反之则反是。如果监事比例的加入，使得模型（3－2）比模型（3－1）的方差解释能力明显增强，则表明监事比例对 R&D 投入强度有显著直接影响。

$$
\begin{aligned}
RDI_{it} = {} & \alpha + \beta_1 ECD_{it} + \beta_2 OBD_{it} + \beta_3 PAYG_{it} + \beta_4 ROA_{it} + \beta_5 LGTA_{it} \\
& + \beta_6 FIRMAGE_{it} + \beta_7 MIDDLE_{it} + \beta_8 EAST_{it} + \beta_9 FIRMAGE_{it} \\
& + \beta_{10} CEOD_{it} + \beta_{11} RSB_{it} + \beta_{12} RSB_{it} \times CEOD_{it} + \sum YEAR + \varepsilon_{it}
\end{aligned} \tag{3-3}
$$

模型（3－3）中，β_{12}是监事比例和 CEO 自主权的交互项对研发投入强度的回归系数。如果交互项的加入使得模型（3－3）比模型（3－2）的方差解释能力明显增强，且 β_{12} 显著为负，则表明监事比例对 CEO 自主权与企业 R&D 投入强度的关系，有显著负向调节效应。H3－1 得到实证数据支持。

2. 以 SSB 为监事会特征变量，检验监事会的调节效应

拟采用跨层次回归模型，分别以 RDI 为因变量，以 SSB 为主要解释变量，在考虑上述八个控制变量和三个年度虚拟变量的基础上，基于最小二乘法（OLS）设计模型（3－1）、模型（3－4）和模型（3－5）。其中，i 表示公司，t 表示年份（t＝2011，2012，2013，2014，2015）。

$$\begin{aligned} RDI_{it} = {} & \alpha + \beta_1 ECD_{it} + \beta_2 OBD_{it} + \beta_3 PAYG_{it} + \beta_4 ROA_{it} + \beta_5 LGTA_{it} \\ & + \beta_6 FIRMAGE_{it} + \beta_7 MIDDLE_{it} + \beta_8 EAST_{it} + \beta_9 FIRMAGE_{it} \\ & + \beta_{10} CEOD_{it} + \beta_{11} SSB_{it} + \sum YEAR + \varepsilon_{it} \end{aligned} \tag{3-4}$$

模型（3－4）中，是监事会规模关于研发投入强度的回归系数。如果 β_{11} 显著为负，则表明监事会规模越高，企业 R&D 投入强度越低，反之则反是。如果监事会规模的加入使得模型（3－4）比模型（3－1）的方差解释能力明显增强，则表明监事会规模对研发投入强度有显著直接影响。

$$\begin{aligned} RDI_{it} = {} & \alpha + \beta_1 ECD_{it} + \beta_2 OBD_{it} + \beta_3 PAYG_{it} + \beta_4 ROA_{it} + \beta_5 LGTA_{it} \\ & + \beta_6 FIRMAGE_{it} + \beta_7 MIDDLE_{it} + \beta_8 EAST_{it} + \beta_9 FIRMAGE_{it} \\ & + \beta_{10} CEOD_{it} + \beta_{11} SSB_{it} + \beta_{12} SSB_{it} \times CEOD_{it} + \sum YEAR + \varepsilon_{it} \end{aligned} \tag{3-5}$$

模型（3－5）中，β_{12} 是监事会规模和 CEO 自主权的交互项对 R&D 投入强度的回归系数。如果交互项的加入使得模型（3－5）比模型（3－4）的方差解释方差增大，且 β_{12} 显著为负，则表明监事会规模对 CEO 自主权与企业 R&D 投入强度的关系，有显著负向调节效应。H3－1 再次得到实证数据支持。

3.4 实证分析

3.4.1 基于监事比例的假设检验

以模型（3－1）对研究样本进行数据拟合，结果见表 3－3。模型拟合优度良好，F 值为 40. 343，模型解释方差为 0. 128。CEOD 的回归系数显著为正（B = 1. 017，P < 0. 01），CEO 自主权对企业 R&D 投入具有显著正向影响。

表 3 – 3　　　　模型（3 – 1）回归结果：以 RDI 为因变量

模型		非标准化系数		标准系数	t	Sig.
		B	标准误差	β		
模型（3 – 1）	（常量）	4. 784	0. 733		6. 530	0. 000
	ECD	– 0. 169	0. 318	– 0. 011	– 0. 529	0. 597
	OBD	0. 248	0. 087	0. 056	2. 860	0. 004
	PAYG	0. 140	0. 047	0. 054	2. 980	0. 003
	ROA	0. 039	0. 014	0. 049	2. 855	0. 004
	LGTA	– 0. 545	0. 077	– 0. 126	– 7. 122	0. 000
	FIRMAGE	– 0. 065	0. 006	– 0. 166	– 10. 113	0. 000
	MIDDLE	0. 406	0. 106	0. 077	3. 828	0. 000
	EAST	0. 846	0. 092	0. 188	9. 169	0. 000
	YEARS	YES	YES	YES	YES	YES
	CEOD	1. 017	0. 239	0. 071	4. 255	0. 000
	R	0. 357	R^2	0. 128	Adjusted R^2	0. 125
	F	40. 343	Model Sig.	0. 000	N	3 792

表 3 – 3 显示，股权集中度对研发投入无直接影响效应（B = – 0. 169，P = 0. 597）；股权制衡对研发投入有直接正向影响（B = 0. 248，P < 0. 01）；高管内部薪酬差距对企业研发投入有直接正向影响（B = 0. 140，P < 0. 01）；以资产回报率为衡量指标的公司绩效，对企业研发投入有直接正向影响（B = 0. 039，P < 0. 01）；资产总额对数对企业研发投入具有显著负向影响效应（B = – 0. 545，P < 0. 01）；公司年龄对企业研发投入有直接负向影响效应（B = –0. 065，P < 0. 01）。处于中部地区和东部地区的企业，相对于西部地区企业，有更高的研发投入强度。其中，公司年龄对企业研发投入的影响表现出最强的影响效应。

以模型（3 – 2）对研究样本进行数据拟合，结果见表 3 – 4。模型拟合优度良好，F 值为 39.194，模型解释方差为 0.133。CEOD 的回归系数仍显著为正（B = 1.132，P < 0.01），CEO 自主权对企业 R&D 投入仍具有显著正向影响；RSB 的回归系数显著为负（B = -3.080，P < 0.01）。监事比例对企业 R&D 投入强度有显著负向影响。

表 3-4　　模型（3-2）回归结果：以 RDI 为因变量

模型		非标准化系数		标准系数	t	Sig.
		B	标准误差	β		
模型（3-2）	（常量）	5.607	0.752		7.456	0.000
	ECD	-0.145	0.318	-0.009	-0.457	0.648
	OBD	0.232	0.087	0.052	2.686	0.007
	PAYG	0.148	0.047	0.057	3.173	0.002
	ROA	0.037	0.014	0.047	2.719	0.007
	LGTA	-0.575	0.077	-0.133	-7.510	0.000
	FIRMAGE	-0.063	0.006	-0.161	-9.776	0.000
	MIDDLE	0.397	0.106	0.075	3.755	0.000
	EAST	0.819	0.092	0.182	8.880	0.000
	YEARS	YES	YES	YES	YES	YES
	CEOD	1.132	0.240	0.079	4.726	0.000
	RSB	-3.080	0.668	-0.073	-4.613	0.000
	R	0.365	R^2	0.133	Adjusted R^2	0.130
	F	39.194	Model Sig.	0.000	N	3 792

以模型（3-3）对研究样本进行数据拟合，结果见表 3-5。模型拟合优度良好，F 值为 39.194，模型解释方差为 0.133。CEOD 的回归系数仍显著为正（B = 1.132，P < 0.01），CEO 自主权对企业 R&D 投入具有显著正向影响；RSB × CEOD 的回归系数显著为负（B = -8.773，P < 0.05）。监事比例对 CEO 自主权与企业 R&D 投入强度的关系有显著负向影响。基于 RSB 的实证检验结果证实假设 H3-1。

表 3-5　　模型（3-3）回归结果：以 RDI 为因变量

模型		非标准化系数		标准系数	t	Sig.
		B	标准误差	β		
模型（3-3）	（常量）	5.064	0.796		6.365	0.000
	ECD	-0.149	0.317	-0.010	-0.470	0.638
	OBD	0.225	0.087	0.051	2.597	0.009
	PAYG	0.148	0.047	0.057	3.177	0.002
	ROA	0.037	0.014	0.047	2.733	0.006
	LGTA	-0.575	0.077	-0.133	-7.513	0.000
	FIRMAGE	-0.063	0.006	-0.160	-9.691	0.000
	MIDDLE	0.401	0.106	0.076	3.798	0.000
	EAST	0.820	0.092	0.182	8.902	0.000
	YEARS	YES	YES	YES	YES	YES
	CEOD	3.118	0.983	0.218	3.170	0.002
	RSB	-0.678	1.333	-0.016	-0.508	0.611
	RSB × CEOD	-8.773	4.215	-0.158	-2.081	0.037
	R	0.366	R^2	0.134	Adjusted R^2	0.130
	F	36.904	Model Sig.	0.000	N	3 792

3.4.2 基于监事会规模的假设检验

以模型（3-4）对研究样本进行数据拟合，结果见表 3-6。模型拟合优度良好，F 值为 36.677，模型解释方差为 0.128。CEOD 的回归系数仍显著为正（B=0.994，P<0.01），CEO 自主权对企业 R&D 投入具有显著正向影响；SSB 的回归系数在 0.1 的显著性水平上，显著为负（B=-0.052，P<0.1）。结果显示，监事会规模对企业 R&D 投入强度有微弱但显著的负向影响。

以模型（3-5）对研究样本进行数据拟合，结果见表 3-7。模型拟合优度良好，F 值为 39.194，模型解释方差为 0.130。CEOD 的回归系数仍显著为正（B=2.754，P<0.01），CEO 自主权对企业 R&D 投入具有显著正向影响；RSB × CEOD 的回归系数显著为负（B=-0.472，P<0.05）。监事会规模对 CEO 自主权与企业 R&D 投入强度的关系有显著负向影响。基于 SSB 的实证检验结果仍然证实假设 H3-1 成立。

表 3-6　　模型（3-4）回归结果：以 RDI 为因变量

模型		非标准化系数		标准系数	t	Sig.
		B	标准误差	β		
模型（3-4）	（常量）	4.732	0.733		6.455	0.000
	ECD	-0.177	0.318	-0.011	-0.556	0.578
	OBD	0.246	0.087	0.055	2.843	0.004
	PAYG	0.140	0.047	0.054	2.999	0.003
	ROA	0.038	0.014	0.048	2.807	0.005
	LGTA	-0.517	0.078	-0.119	-6.599	0.000
	FIRMAGE	-0.065	0.006	-0.166	-10.108	0.000
	MIDDLE	0.397	0.106	0.075	3.744	0.000
	EAST	0.827	0.093	0.183	8.891	0.000
	YEARS	YES	YES	YES	YES	YES
	CEOD	0.994	0.239	0.070	4.154	0.000
	SSB	-0.052	0.031	-0.027	-1.661	0.097
	R	0.358	R^2	0.128	Adjusted R^2	0.125
	F	37.677	Model Sig.	0.000	N	3 792

表 3-7　　模型（3-5）回归结果：以 RDI 为因变量

模型		非标准化系数		标准系数	t	Sig.
		B	标准误差	β		
模型（3-5）	（常量）	4.113	0.779		5.276	0.000
	ECD	-0.192	0.318	-0.012	-0.605	0.545
	OBD	0.241	0.087	0.054	2.786	0.005
	PAYG	0.147	0.047	0.057	3.138	0.002
	ROA	0.038	0.014	0.048	2.801	0.005
	LGTA	-0.510	0.078	-0.118	-6.511	0.000
	FIRMAGE	-0.064	0.006	-0.163	-9.909	0.000
	MIDDLE	0.399	0.106	0.076	3.762	0.000
	EAST	0.822	0.093	0.182	8.839	0.000
	YEARS	YES	YES	YES	YES	YES
	CEOD	2.754	0.794	0.193	3.470	0.001
	SSB	0.072	0.062	0.037	1.161	0.246
	SSB × CEOD	-0.472	0.203	-0.141	-2.325	0.020
	R	0.360	R^2	0.130	Adjusted R^2	0.126
	F	35.569	Model Sig.	0.000	N	3 792

3.4.3 基于分组回归的稳健性检验

1. 基于监事比例的分组回归分析

按照样本中监事比例的高低，在均值处（RSB = 0.224）将样本分为低监事比例样本和高监事比例样本。分别针对两个样本应用模型（3-1）进行数据拟合，结果分别见表3-8和表3-9。

表3-8 模型（3-1）回归结果：以RDI为因变量（高监事比例样本）

模型		非标准化系数		标准系数	t	Sig.
		B	标准误差	β		
模型（3-1）	（常量）	4.122	1.101		3.743	0.000
	ECD	0.776	0.492	0.049	1.577	0.115
	OBD	0.314	0.127	0.073	2.467	0.014
	PAYG	0.081	0.069	0.032	1.162	0.245
	ROA	0.037	0.021	0.045	1.756	0.079
	LGTA	-0.448	0.117	-0.104	-3.842	0.000
	FIRMAGE	-0.064	0.010	-0.166	-6.630	0.000
	MIDDLE	0.601	0.155	0.117	3.879	0.000
	EAST	0.853	0.136	0.192	6.271	0.000
	YEARS	YES	YES	YES	YES	YES
	CEOD	0.833	0.351	0.061	2.371	0.018
	R	0.334	R^2	0.111	Adjusted R^2	0.104
	F	15.342	Model Sig.	0.000	N	1 701

表3-8显示，在高监事比例样本中，CEO自主权对企业R&D投入强度的回归系数仍显著为正（B = 0.833，P < 0.05）。相比较全样本情况下的回归系数（B = 1.017，P < 0.01），绝对值和显著性水平都有所降低。初步表明，高监事比例情况下，CEO对企业R&D投入的倾向受到监事成员的负向影响。

表 3-9　　模型（3-1）回归结果：以 RDI 为因变量（低监事比例样本）

模型		非标准化系数		标准系数	t	Sig.
		B	标准误差	β		
模型（3-1）	（常量）	5.494	0.984		5.583	0.000
	ECD	0.761	0.147	0.137	5.172	0.000
	OBD	1.174	0.149	0.211	7.899	0.000
	PAYG	1.373	0.151	0.244	9.081	0.000
	ROA	1.388	0.164	0.244	8.452	0.000
	LGTA	-0.061	0.009	-0.154	-7.028	0.000
	FIRMAGE	0.210	0.145	0.039	1.446	0.148
	MIDDLE	0.785	0.127	0.173	6.193	0.000
	EAST	-0.652	0.102	-0.150	-6.416	0.000
	YEARS	YES	YES	YES	YES	YES
	CEOD	1.349	0.327	0.091	4.120	0.000
	R	0.385	R^2	0.149	Adjusted R^2	0.143
	F	26.537	Model Sig.	0.000	N	2 091

表 3-9 显示，在低监事比例样本中，CEO 自主权对企业 R&D 投入强度的回归系数显著为正（B=1.349，P<0.001）。相比较全样本情况下的回归系数（B=1.017，P<0.01），绝对值和显著性水平都有明显提升；与高监事比例样本中的回归系数相比，具有更大的差异性。该结果进一步表明，高管团队中较高的监事比例，能够对 CEO 与企业 R&D 投入的关系产生显著负向调节效应。假设 H3-1 得到数据支持。

2. 基于监事会规模的分组回归分析

按照样本中监事会规模的大小，在均值处（SSB=5.47）将样本分为小监事会规模样本和大监事会规模样本。分别针对两个样本应用模型（3-1）进行数据拟合，结果分别见表 3-10 和表 3-11。

表 3-10　模型（3-1）回归结果：以 RDI 为因变量（高监事比例样本）

模型		非标准化系数		标准系数	t	Sig.
		B	标准误差	β		
模型（3-1）	（常量）	6.777	1.186		5.715	0.000
	ECD	0.646	0.489	0.045	1.319	0.187
	OBD	0.225	0.133	0.053	1.689	0.091
	PAYG	0.054	0.073	0.022	0.739	0.460
	ROA	0.030	0.022	0.037	1.353	0.176
	LGTA	-0.662	0.123	-0.157	-5.387	0.000
	FIRMAGE	-0.063	0.011	-0.153	-5.602	0.000
	MIDDLE	0.446	0.150	0.093	2.969	0.003
	EAST	0.829	0.134	0.195	6.171	0.000
	YEARS	YES	YES	YES	YES	YES
	CEOD	0.454	0.398	0.032	1.141	0.254
	R	0.338	R^2	0.114	Adjusted R^2	0.106
	F	13.676	Model Sig.	0.000	N	1 493

表 3-11　模型（3-1）回归结果：以 RDI 为因变量（低监事比例样本）

模型		非标准化系数		标准系数	t	Sig.
		B	标准误差	β		
模型（3-1）	（常量）	3.075	0.966		3.184	0.001
	ECD	-0.722	0.420	-0.045	-1.721	0.085
	OBD	0.238	0.114	0.052	2.085	0.037
	PAYG	0.206	0.061	0.077	3.348	0.001
	ROA	0.042	0.017	0.054	2.464	0.014
	LGTA	-0.435	0.101	-0.096	-4.313	0.000
	FIRMAGE	-0.062	0.008	-0.163	-7.822	0.000
	MIDDLE	0.347	0.148	0.063	2.351	0.019
	EAST	0.784	0.128	0.167	6.128	0.000
	YEARS	YES	YES	YES	YES	YES
	CEOD	1.347	0.302	0.095	4.457	0.000
	R	0.367	R^2	0.135	Adjusted R^2	0.130
	F	26.126	Model Sig.	0.000	N	2 299

表3－10显示，在大监事会规模样本中，CEO 自主权对企业 R&D 投入强度的回归系数不再显著（$B=0.454$，$P=0.254$）。相比较全样本情况下的回归系数（$B=1.017$，$P<0.01$），绝对值和显著性水平都显著下降。该结果初步表明，监事会规模较大的情况下，CEO 对企业 R&D 投入的倾向受到监事成员的负向影响。

表3－11显示，在小监事会规模样本中，CEO 自主权对企业 R&D 投入强度的回归系数显著为正（$B=1.347$，$P<0.001$）。相比较全样本情况下的回归系数（$B=1.017$，$P<0.01$），绝对值和显著性水平都有明显提升；而且与大监事会规模样本的回归系数相比，更具有性质上的差异性。该结果进一步表明，监事会规模能够对 CEO 与企业 R&D 投入的关系产生显著负向调节效应。假设 H3－1 成立。

3.5 结果讨论与建议

3.5.1 监事会对 CEO 自主权与企业 R&D 投入关系的调节效应讨论

当前我国的公司治理研究文献中，针对如何完善股东大会和董事会对 CEO 监督的讨论较多，关注如何有效发挥监事会对 CEO 监督作用的内容却很少，尤其是探讨监事会如何影响和监督 CEO 的 R&D 投入决策的研究几乎处于缺位状态。对监事会功能定位理论认识上的模糊，加之治理实践中的职能交叉重叠，导致人们在实践中难以解决监事会的监督功能虚化问题，普遍存在弱化甚至取消监事会监督的倾向。

既有研究多表明，监事会监督效能不彰。其基本原因在于以下几点：首先，我国上市公司中监事会职权偏小，相关规定不健全且可操作性差，运营知情权、财务监督权和纠偏执行权受限，缺乏明确的监事会实施制度，使监事会无法有效实施其职能。其次，监事报酬的给付标准不明确。在大多数公司中，监事的报酬要远低于经理层，而且监事很少因为公司经营不善，或者披露信息虚假等不良行为受到惩罚。对监事的激励和惩戒措施缺位，导致监事缺乏工作积极性。再次，目前的监事会成员构成中，股东监事缺乏监督的独立性，而且缺乏充足的时间投入；而职工监事则不仅其任命与薪酬均受制于大股东甚至高管，而且普遍缺乏专业监督的技能与素质。因此，不论是股东监事，还是职工监事在履行监督职责时，都有其固有的不足。最后，机构设置重叠，职责界定不清，是监事会难以发挥正面监督效能的直接原因。目前，在中国上市公司内部治理结构中，除了监事会可实施财务监督职能外，由独立董事组成的审计委员会和内部审计机构亦有权实施该监督职能。三个财务监督机构的并存，并未给企业财务决策和财务安全提供了更好的三重保险，而是在事实上导致几个机构相互依赖、相互推诿，甚至是相互提防与敌视。三者并存，财务监督职能没有增强，反而显著弱化。

然而，本章的研究结果则进一步揭示了更严重的问题：当前监事会的运行对企业强化 R&D 投入，提升长期竞争力具有显著的负面抑制效应。换句话说，监事会在履行其控制盈余管理程度，提升信息披露质量与透明度，优化长短期投资结构，以及监督关联交易等各项法定的监督事务中，由于上述提及的种种原因，都无从与更为强势且有更强烈清晰意志的 CEO，或者股东、董事会等其他主体进行直接对抗与较量，从而导致正向的监督效能低下；而在涉及企业长期竞争力的 R&D 投入决策时，出于一种对自身存在感实现的释放需求，也是部分出于监事会自身功能定位中所固有的求稳定、控风险的天然需求，倾向于向 CEO 等当事各方传递对 R&D 投入的负面态度。与此同时，以 CEO 为首的高管团队恰恰对 R&D 投入并没有过于强烈的偏好，处于左右摇摆的一种心理状态，对其又爱又恨，举棋不定。因此，考虑到监事会的态度明朗，CEO 的正常选择往往是顺水推舟，退让一步，以换取监事会在其他决策事宜上保持更多默许与认同。此时，监事会的诉求得到实质性的体现，其自我存在感和价值创造感得到满足，而 CEO 在没有损害自身实质利益，或者没有违背自己强烈意愿的情况下，也获得了监事会更高的认同与配合。看似两全其美的结果，让各方在 R&D 投入决策上得到了各自需求的平衡与满足，但是最终导致的是中国上市公司 R&D 投入在外部大环境强烈释放强化技术创新需求信息的背景下，其增长仍不尽如人意。显然，这对中国制造业从“中国制造”向“中国智造”转型，从制造业大国向制造业强国转变是异常不利的。

3.5.2 技术创新投入视角下监事会制度改进的对策建议

根据研究结论，从提升企业 R&D 投入进而优化企业技术创新效率的角度出发，尝试提出以下建议：

第一，从职能定位层面，对监事会的职能定位进行适当调整。将控制风险的原有主要职能进行适当弱化，而强化其在确保企业决策合理性、合法性与合规性方面的职能。这将有利于改变监事的风险偏好，进而优化其对企业 R&D 投入的态度。

第二，从监督职责分工层面，监事会应保留更有限的咨询与建议职能，而董事会则应保留更少的监督职能，双方在职能划分上进一步分清界限。此时，将创新投入的监督与评价职能，划分调整给董事会下属的战略委员会，因为他们在这方面有更突出的专业技能；将以财务监督为主要内容的其他各项监督任务按照监督的时点要求进行合理配置，比如将事前和过程监督的职责赋予监事会，而将事后监督的职责赋予董事会领导下的审计委员会，这样双方就能够各司其职，有利于责任的划分。

第三，从监事的激励层面，强化落实对监事履行日常监督职能之外，更要突出对创新支持行为的激励，比如企业整体技术创新绩效较好时，对监事的薪酬给予适当的关联性上浮。这样监事才能真正放弃通过各种方式间接影响 CEO 的 R&D 投入态度的尝试，转而倾向于支持其投入更多的创新资源与精力。

第四，从监事甄选机制层面，强化对股东监事的时间投入机制的考核，强化对职工监事的专业背景与基本素质的考核。确保甄选的监事在品德上有投入和奉献精神，具有长期较好的人际口碑，最好要求监事人选具有较好的技术背景与行业知识背景，从而使得监事会在监督和评价企业经营和 R&D 投入决策的过程中，能够足够胜任和专业。

第五，从独立董事制度层面，将独立董事中拥有财务背景或者技术背景的独立董事转型成为独立监事，独立监事的薪酬由独立监事协会组织进行发放。独立监事绩效奖惩由独立监事协会负责，独立于所在企业之外。由此能够确保独立监事真正的独立性。此时，独立监事的任职资格的设计，以及绩效奖惩体系的设计，包括独立监事在不同企业间的流动机制将成为独立监事制度成败的关键。但是无论如何，独立监事与独立董事之间的责任划分需要进一步清晰化。

当然，如果构建了以独立监事和内部监事（股东监事、员工监事）为主要构成的监事会，必然会涉及新的监事会与董事会、股东会和高管团队之间的责权利划分的问题，需要一整套机制对此进行重新描述和界定。从整体上提升企业内部监督效能的角度，本章尝试提出以下建议：

1. 完善监事会监督流程：小事备案制 + 大事咨询制

在包含独立监事的监事会设置完成的基础上，法律法规要赋予监事会足够的权限，委托监事会（以独立监事为主），结合科学的工作分析方法与流程，建立适合本单位特点的内部控制体系，并且设置出合理有效的监督流程与制度规范，以求最大限度地减少或避免违规违纪现象的发生。对于 CEO 而言，管理就是决策。因此，监督 CEO，就是要监督其决策过程。建议采用备案制和咨询制两种方式协同构建、规范和填充监督的制度流程。该流程奉行的监督宗旨是：宁愿决策过程慢一些、谨慎一些，多走程序与流程，但是决策执行要果断而坚定，并且足够快。

小事备案制主要是指，但凡涉及本单位人、财、事的任何调动、使用与运作决策，都可以根据其涉及金额的大小、职位的高低、后果的严重程度分为战略性决策和日常决策。针对所有的日常决策，都必须实行备案制。备案中，需要将 CEO 作出本次决策的背景、依据、决策结果以及决策执行的预期成效描述和交代清楚，尽可能量化。备案描述文件，除根据业务执行需要发放给相关管理人员之外，还务必在监事会处有准确和完整的备份。对于没有备份的所有决策，不论执行效果如何、初衷如何，都视为 CEO 为首的高管团队滥用职权，作为犯错对待和处理。另外，还需提到的一点是：对于备案制下的决策议案，监事会只有知情权，没有干涉权。

而大事咨询制是指，某项决策根据事先已明确设计的标准体系，被认定为是战略性决策的，需要实施“咨询制”监督流程。该流程要求 CEO 在进行重大战略决策时，必须将全部的决策资料和备选方案通报给监事会，并征询其对决策的意见和建议；同时，最终的决策方案需要争取获得监事会的通过和确认。如果监事会确认之后，执行结果表明是错误决策，则将该决策归为意外事件，可以将其作为反面案例促进 CEO 的学习；但是，如果监事会对决策结果提出反对意见（记录在案），没有表决通过，而 CEO 一意孤行要推行该决策的话，根据执行决策结果的不同，监事会将有不同的应对。即如果被证明 CEO 决策是正确的，则对 CEO 能力的评价等级有显著提升，会有及时的精神嘉奖与鼓励，并且在未来的决策中，会适度扩大其决策自主权；如果 CEO 决策被证明确实是错误的，则会被追究决策责任和领导责任。

值得指出的是，基于现有理论研究结论与实践观察结果，CEO 面临的监督强度随着其任期的延续而不断减弱，即在任期之初，CEO 往往面临较高的监督强度；而在 CEO 长期在位之后，监督强度就明显衰减，监督机构和监督人员就形同虚设。本章设计的监督制约体系要注意构建相应的长效机制，并且增强对监事会成员的培训与警示，致力于在 CEO 任期内全程的提供高质量、高强度、始终如一的监督服务，使得 CEO 只要在位，就处于受控状态。

2. 完善监事会监督标准体系：失误界定标准 + 分类应对制度

作为 CEO，不论是出于主观意愿，还是限于客观条件，都难免出现决策失误。对于 CEO 的监督，集中于其决策过程和决策结果所表现出来的管理失误，因而需要完善对其管理失误的界定标准体系。

首先，针对 CEO 在决策过程和决策结果中可能出现的管理失误，主要可为以下几类：①决策过程失误：监事会需要负责制定严格的决策流程，在决策过程中，任何不遵从规定的决策流程，没有尽到遵从义务的行为都可归为决策过程失误；②决策结果失误：可以进一步细分为探索型失误、能力型失误和主观型失误。所谓探索型失误，是指 CEO 在进行创新决策时，或者进行战略变革时，摸着石头过河，在此过程中发生非主观型失误；而能力型失误是指，CEO 面临对本企业来说是新的或未知的决策条件，由于不具备新的知识、技能或经验，而发生的非主观型失误；其次，主观型失误是指，由于个人的主观意愿、道德水平和责任意识所导致的，对企业造成明显的负面后果的失误。也可以说是 CEO 本来可以做好，但是没有做好；或者突破道德、法律和规章制度约束，造成失误的情况，都属于主观型失误的范畴。

当然，确定了失误界定标准体系后，对于以上四类不同类型的失误，也应设定不同的应对举措，即制定一套分类应对制度。这样，当 CEO 犯错时，监事会据此对其采取相应合理得当的奖惩措施，也可让其心服口服，取得最佳激励效果。

(1) 对于最容易判定，同时也是 CEO 最不应该犯的决策过程型失误和主观型失误，监事会要依据问责制度，启动问责程序。

(2) 对于探索型失误（也可称为智慧型失误），监事会则要持正面积极的鼓励态度，不仅要构造条件和渠道，或者支配一定的资源（主要指非物质性的精神鼓励、荣誉称号等），通过各种方式给予 CEO 积极的反馈，维持其持续创新的闯劲和信心；还需要强化对其进行创新技能与创新意识的专业培训（此处主要是董事会的责任，作为专家身份其具有更充分的经验和具备更专业的知识、技能，可亲自提供培训或者提供培训资源）；更需要就创新失误带来的负面后果，向广大普通职工包括股东进行有效的解释和沟通，为 CEO 的创新打造宽松的舆论环境。

(3) 对于能力型失误，监事会需要给予批评性反馈，并尽量明确给出改进的期许和改进的可能途径。这些途径主要包括：监事会有权发起专门的失误诊断分析讨论会。该会议中，当事 CEO 必须出席，并共同讨论其欠缺的能力为何，欠缺到何种程度，可选择何种途径弥补该能力缺陷，在何时能够达到相应的能力水平，并承诺不再轻易重复类似的失误；另外，对于造成负面后果比较严重的（不论是舆论上还是财务上）能力型失误，由监事会主持并发起相应的调查与诊断，可以限定时间由 CEO 进行能力提升，并届时负责能力的考核。如果不能达到要求，监事会具有罢免其职位的建议权，并明确向董事会和股东会提出罢免建议；再者，对于屡次出现能力型失误，经过建议、帮助和提升仍无明显效果的 CEO，可以建立标准体系判定其不胜任，由监事会发起罢免该 CEO 的建议，提交董事会和股东会审批。如果董事会和股东会没有充分证据表明该建议不合适，则必须批准，否则必须拿出足够的客观证据来批驳。

3. 健全问责制度：多层次和多样化的问责形式 + 可置信的问责威胁

在对权力监督制约机制不断改革和创新中，在独立监事的专业指导下，企业的董事会和股东会需要对问责制度进行起草和不断的完善。在问责制度中，针对上述的 CEO 决策过程失误和主观型决策结果失误的严重程度，应设定多层次、多样化、有针对性的问责形式。主要的问责形式框架可以初步设计如下：①采取不同范围内的通报批评和自我检讨形式。针对失误造成的后果严重性，可将问责形式分为：高管团队内部通报、监事会内通报、董事会通报、内部通报、监事会通报，以及董事会和股东会系统内通报；②调低考核结果，降低绩效薪酬水平。关键事务决策上更多采用承诺制，CEO 达不到承诺时，其考核结果和薪酬按照承诺会有所反映；③根据失误的影响程度，将失误与晋升决策联系起来。重大失误者，可能在晋升决策时一票否决，轻微失误者，视情况综合权衡其最终晋升决策结果；④制定明确的标准，用以规定在何种错误下，CEO 需要引咎辞职。对于是否达到引咎辞职的条件，决策判断权在于监事会，而董事会拥有最终裁决权。但是如果要推翻监事会的辞退判断和建议，需要给出充分的证据。此时，董事会与监事会的分工可以借鉴德国公司合规核查中的董事会与监事会的分级合作制（杨大可，2006）[38]；⑤多次造成失误，影响到职业声誉和管理效率，但是又未达到辞职或者解聘标准的情形下，监事会将被赋予更大的监督和制衡权限。在关键事务决策上，不论该 CEO 是否接受反对意见，监事会有否决权；⑥离任考核和审计要考虑延迟效应。在离任之后，三年以内都不能放松对离任“一把手”的审计与考核，如果查出问题，仍将追究其责任。尤其是对于一些关键决策（范围可由监事会协同董事会共同制定），建议采取终身负责制。

4. 建立独立监事遴选与考评制度：德能兼备、以德为先＋宁缺毋滥、严进严出＋利益独立、精神嘉奖

独立监事的产生可由国家设立新的半官方的机构“独立监事协会”，由其面向全国范围内征选合适的监事会人选。当然对于独立监事的选择，除了要求其需具备专业知识、工作经验、相对于具体利益的独立性之外，对其人品的要求是至关重要的一点。比如需要求为人必须诚信、有正义责任感、不畏势权、敢于打抱不平、无不良处分记录，等等。监事会的构建与运行，使得公权力处于公信力的监督制约之下，为许多原本关心国事、情系公众福利，拥有专业知识、专业技能，但却“报国无门”，只能空发牢骚的“清谈之士”

提供了发挥其专业能力和社会公信力，并据以直接影响公众利益、提升社会公平程度的平台。

委员会成立后，可根据各成员所具备的专业知识、任职经历、个性特点等因素，将其分配至各上市公司。每个上市公司可分配 3～5 名独立监事，构建独立于该公司高管团队的监事会。对于独立监事成员监督效果与监督能力的评价，可主要依据以下三种绩效指标：①常规型绩效指标。主要是所提供的公共服务的质量、速度、效率、效果等日常性、常规性的指标。对于该指标的考核，将对应外部独立监事的勤勉等级和能力等级，并视最终结果给予相应的津贴。②奖励型绩效指标。主要是指独立监事所制止、发现或者纠正 CEO 所犯的较为严重和典型的错误，能够预防错误和挽回损失的标志性事件，可以作为独立监事特别嘉奖的依据。③惩罚型绩效指标：主要是指独立监事未能尽到勤勉的职责，未能有效提前避免 CEO 滥用权力并导致显著的经济和社会损失，或者与 CEO 相互勾结失去利益和立场独立性，最终被其他机构或者人员通过其他途径查出或者负面事情自己水落石出被上级主管机构掌握的情形，可以作为对独立监事追责的依据。

这里不得不提到的一点是，对独立监事的奖励应该更强调非物质性奖励，比如颁发荣誉称号，提高其社会地位，获得社会尊重等；物质上可以采取由“独立监事协会”颁发津贴的形式。当然，独立监事在监督过程中一旦犯错，没有尽到监督责任，受到的惩罚也会是非常严厉的，一出问题，建立职业诚信档案，并将其失职记录在案，终身取消独立监事的任职资格，并大范围告知。

5. 完善监事奖励与认可机制：SUPER SMART 原则

任何一个组织除了要有严厉的约束机制外，还要建立激励机制，激励组织成员为组织利益和目标全身心投入。上述 8 条严厉的措施堵住了监事捞“灰钱”和“黑钱”的后门，本条建议就是要开放其获取正式收入和利益的正门。既要堵，更要疏。如果没有正门，即使后门关闭，监事也会尝试翻墙获取利益。货币薪酬是外在激励，没有货币薪酬肯定不行。但如果激励监事全靠货币薪酬：一是成本太高；二是效果不好。不但边际效应递减，而且会产生外在激励驱逐内在激励动机的问题：靠货币薪酬激励，就必须持续地增加，不增加就会不满，增加了也不见得满意，这个过程永无止境。此外，靠货币薪酬激励监事会造成负面的社会后果。在成本约束条件下，董事会和股东（大）会需要寻求能够带来更大内在满足而且低成本的激励方式：认可与奖励。比如，可以在组织内开展“优秀明星监事”评比活动；日常决策活动中，给予其更高的自主权，让其施展自身能力的机会更多等。

本章在关于实施对监事“奖励与认可计划”时，尝试提出如下“SUPER SMART（超级聪明）”原则，独立监事协会、董事会和股东（大）会可尝试遵循，并创造性地发挥。

（1）S－Sincere：真诚原则。真正从监事的感受、需求出发，发自内心的赞美和认可监事，承认其卓越的贡献与付出，而不是敷衍，更不是高高在上的施舍。真诚原则，是监事认可计划有效的第一原则，伴随着这一原则，有一些关键词需要被强调：信任、透明、公平、平等、尊重。

（2）U－Unending：持续性原则。只有开始，没有结束。认可监事是持之以恒的事情，要坚持夸、持续夸，不是三天打鱼两天晒网，更不是临时抱佛脚。坚持下去，有延续，有跟踪，使认可成为习惯，董事会和股东（大）会要致力于成为“认可控”。长此以往，才可能真正产生效果，也有利于形成监事良好的行为习惯，构建稳定的认可激励氛围。比如，在认可监事当期贡献时，可以回顾其得意的历史业绩，一并再次给予认可和鼓励（提及即可，不需要物质投入），虽然那些历史业绩已经得到足够的认可和回报。

（3）P－Personal：个性化原则。拟定由那些与监事有切身利害关系的董事或者高管（最好是独立监事协会成员或领导），来授予和执行监事自身最为重视的认可和奖励。事先调查监事的个性化需求，了解其重视的事项以及感兴趣回报，从监事自身偏好的角度出发，落实相应的奖励形式。在此过程中，执行奖励与认可的机构（主体）最忌从自身偏好出发，自己想要什么就给什么，甚至是自己想给什么就给什么、什么方便给什么。每一次认可，尤其是重要的认可奖项，最好伴有正规的仪式，比如企业范围内的颁奖仪式、颁奖晚宴以及颁奖聚会，等等。要在工作场所内大张旗鼓、郑重其事，而不是默默无闻地实施奖励和认可。不仅是让被认可者很受鼓舞，更重要的是，让围观者看到标杆和榜样，从而引发更多监事追求卓越贡献的态度、行为，更多地重复受认可监事的行为，也可能会独辟蹊径，创新工作方法，尝试做出更大的贡献。

（4）E-Eligible：适用性原则（资格界定原则）。每一项认可与奖励项目，都必须明确地指定其适用的监事群体。如果不指定，则意味着所有的监事都有资格以公平的机会获取奖励与认可。各类、各级监事，包括少数派群体（比如女性、少数民族、非党员、残疾人等），甚至处于不同绩效等级的监事，都应当至少有一项到数项专门的认可奖项。尤其需要指出的是，认可计划不能只针对监事长或者绩效最好的个别监事，更应当将较多的精力应投入到那些普通监事："红花还需绿叶衬"。认可与奖励不能忘了"绿叶"，既然不能在资金上向他们倾斜，但是情感上、关怀上多花点精力应该是底线。

（5）R-Relevant：绩效相关原则。明确认可的绩效标准。哪些行为、态度、贡献是与组织企业目标相关的，按照等级顺序尽可能明确地制定、罗列出来，并公之于众。不但监事自身知道，而且对监事具有主要考核责任的独立监事协会更应当清楚。作为认可授予的基本依据，让监事有明确的、共同的目标。有共同目标的监事团队更容易相互信任。

（6）S-Specific：具体性原则。认可、承认与奖励监事的贡献、奉献与态度时，要具体明确地指出，该监事在什么时间、什么地点、什么事件中，采用了何种行为与方法，做了什么，对企业的贡献到底是什么，其贡献最好能够量化陈述。

（7）M-Multiple：多样化原则。奖励和认可的形式最好多种多样。不同奖励形式之间，相互组合，配合使用，才能效果更佳。比如，"书面认可（感谢信）+荣誉证书+庆祝酒宴+个性化小礼品+现金奖励（可以很少）"，这种多样化的奖励组合，耗费心力和精力，但是对于财力的支出并无太多硬性要求，给监事一记"组合拳"，更有冲击力。奖励要能够留下证据，监事见到这些证据，就会再一次激起荣誉感，而不是简单地把奖金花掉了，把东西吃掉了，就很快忘记了。此外，多样化的奖励计划，使得监事认可更具有"有趣性""新鲜感"，更容易产生意料之外的惊喜。每次做到奖励的标准，都一定会有奖励。但奖励内容和形式到底是什么，则每一次都应当是未知之数，这种"不确定性"更具有激励性。

（8）A-Adaptable：动态性原则。独立监事的认可标准、认可形式和认可手段应是可升级、可优化的，需要满足动态调整的要求。监事认可计划中，应包含正式认可项目与非正式认可项目。正式的监事认可项目，是制度化的认可项目，即一旦触发制度规定的条件，将按照既定流程由独立监事委员会启动认可程序，具有权威性；非正式的监事认可项目，则是由公司监事会成员之间自发形成并执行的、非制度性的互助性认可方式，其数量与形式取决于监事会内部的工作氛围与团队习惯。监事认可计划，不论是正式还是非正式，其丰富程度与合理程度，应随着时间的推移、认可需求的深入挖掘、工作业绩标准的精确化，以及其他各种内外部条件的变化，而不断发生变化与升级，以满足动态性原则。动态性原则有助于确保认可计划能够跟上形势发展，能够动态优化并推陈出新，有利于避免监事在接受认可时形成“审美疲劳”。

（9）R－Reasonable：合理性原则。监事认可的标准当然应该是合理，除了与企业目标相关度很高之外，也要能够确保有监事可以达成，过高或者过低都不太好，对于多数的认可业绩标准，比较好的状态是“努力蹦一蹦才够得着”；合理性还体现在监事认可经费支出要在合理范围之内，认可奖励本身并不以“货币薪酬的数量”取胜；监事认可对象确定和授予的程序应当是合理的，不能罔顾公平，以个别董事的主观意见确定监事认可对象；监事认可与奖励程度要与监事贡献大小相匹配，不能失衡，否则就起到反向激励作用。

（10）T－Timely：及时性原则。从监事行为被识别到最终奖励和认可兑现，这一时间段越短越好。即时强化对监事最有意义，最好是当场奖励，当场兑现，效果最好。如果做不到，最起码能够在现场给予非正式的口头认可，然后尽量加快正式认可兑现的进程。

认可是催化剂，货币薪酬支出量很小，但是效果显著。没有认可，只靠货币薪酬维持监事积极性，代价太大，边际效益递减。资金的支出并不少，还往往导致监事牢骚满腹；但是只有催化剂，也不行。只谈非物质认可与奖励，不谈钱，那是“忽悠”。一天两天行，一次两次也可以，但是长期如此，只说好话，只给小恩小惠，不见实质性的货币薪酬与物质，很少有监事能接受。因而，货币薪酬还是不能不谈。薪酬体系应该能与监事认可体系有效衔接，比如：明确规定多次获得认可奖励的监事，将有更大的机会获得晋级提薪的机会，并切实落实该规定。认可计划能够让货币薪酬发挥更大的效用。

3.6 结论与展望

本章主要考察监事会对 CEO 自主权和企业 R&D 投入关系的调节效应。理论分析与实证数据结果表明，监事会对企业 R&D 投入具有微弱且并不稳定的直接负向作用，而却对 CEO 自主权与企业 R&D 投入关系具有显著且稳定的负向调节效应。该结论为解释我国企业 R&D 投入整体水平持续偏低提供了新的理论视角，并且丰富了对监事会影响效应研究。

根据研究结论，监事会规模或者监事会比例均能够显著负向调节 CEO 自主权与企业 R&D 投入的关系。这表明监事会目前的运行状态不仅没能够有效地促进企业内部监督效能，亦未能提升企业短期业绩，而且对企业长期竞争力和生存能力更是有显著的负向作用。因此，针对监事会在公司治理的角色，研究结论揭示了一个令人惊异的结论：监事会的存在不仅是没有起到制度设计预期的正向作用，反而阻碍企业的创新绩效的提升。针对以上结论，本章提出了相应治理对策。

本研究的不足之处在于两点：一是，除监事会规模和监事比例之外，监事会特征包括监事会性别构成、监事会独立性、监事会会议次数、监事薪酬激励等诸多因素，本章只着重考察了监事会规模和监事比例对 CEO 自主权和企业 R&D 投入强度的关系，而忽略了其他各种重要特征。这是未来研究需要重点深入进行研究的方向。二是，研究样本在范围上只涵盖了沪、深主板上市公司，而没有考虑到中小板上市公司，更没有考虑数量更为庞大的非上市公司，未来研究应该扩大研究样本的范围；从时间上只涵盖了 2010 ~ 2015 年的上市公司数据，而对 2010 年之前和 2015 年之后的数据则未加考虑，未来研究应当考虑更长的样本周期，尝试从时间序列的角度纵向考察监事会对 CEO 自主权与企业 R&D 投入的关系，并借以检验中国上市公司治理质量的动态演进。

本章参考文献

[1] 黄孝山. 关于我国上市公司治理结构模式的探讨 [J]. 生产力研究, 2009 (11): 79-81 (转 105).

[2] 王新红. 论股份有限公司监事会制度的完善 [J]. 经济体制改革, 2003, 15 (2): 55-59.

[3] 王世权. 上市公司大股东与监事会治理 [J]. 山西财经大学学报, 2006, 28 (2): 90-94.

[4] 胡铭. 我国上市公司监事会与经营绩效的实证分析 [J]. 吉林省经济管理干部学院学报, 2001, 15 (6): 6-9.

[5] 李维安, 郝臣. 中国上市公司监事会治理评价实证研究 [J]. 上海财经大学学报, 2006, 8 (3): 78-84.

[6] 卿石松. 监事会特征与公司绩效关系实证分析 [J]. 首都经济贸易大学学报, 2008, 10 (3): 53-57.

[7] 刘名旭. 监事会、公司治理与公司绩效——基于民营上市公司的研究 [J]. 华东经济管理, 2007, 21 (10): 95-98.

[8] 王淑慧, 童宁, 周昭. 我国上市公司监事会治理评价实证研究 [J]. 河北大学学报, 2009, 34 (4): 61-65.

[9] 吴昊洋. 监事会成员特质与监事会治理绩效相关性分析 [J]. 财会通讯, 2013 (7): 72-75.

[10] 刘蓉, 燕田子. 监事会人力资本、股权性质与公司业绩的关系研究 [J]. 会计师, 2014 (2): 7-9.

[11] 马施, 李毓萍. 监事会特征与信息披露质量——来自深交所的经验证据 [J]. 东北师大学报 (哲学社会科学版), 2009 (6): 99-103.

[12] 余银波. 监事会治理对公司信息披露质量的影响——基于深市民营上市公司的实证研究 [J]. 科技情报开发与经济, 2009, 19 (21): 116-118.

[13] 韩葱慧, 沈琳. 上市公司监事会有效性的研究——基于会计信息质量视角 [J]. 财会通讯, 2010 (2)下: 91-94.

［14］赵西卜，徐爱莉．产权性质、监事会特征与信息披露质量——来自深交所的经验数据［J］．兰州学刊，2013，11：85－93.

［15］张逸杰，王艳，唐元虎，蔡来兴．监事会财务监督有效性的实证研究［J］．山西财经大学学报，2006，28（2）：32－36.

［16］郝云宏，任国良．监事会特征对上市公司高管变更影响的实证研究［J］．财经论丛，2010（4）：87－92.

［17］胡永惠，卢新国．监事会特征对内部控制有效性的影响［J］．盐城工学院学报（社会科学版），2015，28（4）：29－32.

［18］胡欢．监事会人员特征和国有上市公司社会责任履行关系研究［J］．会计师，2014，8：3－4.

［19］姚伟峰，鲁桐．监事会建设与企业效率［J］．南京社会科学，2010（7）：21－25.

［20］高雷，宋顺林．董事会、监事会与代理成本——基于上市公司2002～2005年面板数据的经验证据［J］．经济与管理研究，2007（10）：18－24.

［21］冉光圭，罗帅，方巧玲．独立董事和监事会：替代抑或互补？——基于公司风险的治理效率检验［J］．西部论坛，2015，25（6）：77－89.

［22］任海云．股权结构与企业R&D投入关系的实证研究——基于A股制造业上市公司的数据分析［J］．中国软科学，2010（5）：126－135.

［23］Tao Zeng，and Horn-Chern Lin. Ownership structure and R&D spending：evidence from China's listed firms［J］. Chinese Management Studies，2011，5（1）：82－93.

［24］Pearece II，J. A. and S. A. Zahra. The relative power of CEOs and boards of directors：Associations with corporate performance［J］. Strategic Management Journal，1991，12（12）：135－153.

［25］Pfeffer，J. Managing with power：Politicas and influence in organizations［M］. 1992，Boston MA：Harvard Business Press.

［26］Daily，C. M. and J. L. Johnson. Sources of CEO power and firm financial performance：A longitudinal assessment［J］. Journal of Management，1997，23（2）：97－117.

[27] Rokiah Ishak. Corporate Performance, CEO Power and CEO Turnover: Evidence from Malaysian Public Listed Companies [C]. 2nd International Conference on Business and Economic Research (2nd Icber 2011) Proceeding, 2011, 2480 – 2491.

[28] Zhang Changzheng. Manipulation Effect of Managerial Discretion on Managerial Compensation: Evidence from Listed Firms in China [M]. New York: Nova Science Publishers, 2011.

[29] Zhang Changzheng. Manipulation Effects of Managerial Discretion on Executive Compensation: A Comparative Study between Fresh CEOs and Senior CEOs [M]. New York: Nova Science Publishers, 2016.

[30] 李有根. 公司治理中的经理自主权研究 [D]. 西安交通大学博士学位论文, 2002.

[31] 张长征, 吕悦凡. 经理自主权对高管薪酬差距的操纵效应——基于知识合作需求的调节效应视角 [J]. 福建江夏学院学报, 2016 (4): 1 – 13.

[32] 张长征, 李怀祖, 赵西萍. 企业规模、经理自主权与 R&D 投入关系研究——来自中国上市公司的经验证据 [J]. 科学学研究, 2006, 6: 432 – 438.

[33] 罗正英, 李益娟, 常昀. 民营企业的股权结构对 R&D 投资行为的传导效应研究 [J]. 2014 (3): 167 – 176.

[34] 李春涛, 宋敏. 中国制造业企业的创新活动: 所有制和 CEO 激励的作用 [J]. 经济研究, 2010 (5): 55 – 68.

[35] 成力为, 戴小勇. 研发投入分布特征与研发投资强度影响因素的分析——基于中国 30 万个工业企业面板数据 [J]. 中国软科学, 2012 (8): 152 – 265.

[36] 张杰, 刘志彪, 郑江淮. 中国制造业企业创新活动的关键影响因素研究——基于江苏省制造业企业问卷的分析 [J]. 管理世界, 2007 (6): 64 – 74.

[37] 刘笑霞, 李明辉. 企业研发投入的影响因素——基于中国制造企业调查数据的研究 [J]. 科学学与科学技术管理, 2009 (3): 17 – 23.

[38] 杨大可. 德国公司合规审查实践中董/监事会的分级合作及启示 [J]. 证券法律与监管, 2006, 11: 69 – 78.

第4章 CEO任期对CEO自主权与企业R&D投入关系的调节效应研究

4.1 引　　言

为应对知识经济时代的机遇与挑战，中共十八大报告明确提出：“应致力于构建以企业为主体、市场为导向、产学研相结合的技术创新体系。”根据2014 年中国科技经费投入公报，当年中国 R&D 支出达到13 400 亿元，比2013 年增加1 550 余亿元；R&D 投入占 GDP 比重达到2.1%，比2013 年提高0.2 个百分点。与此同时，数据显示，企业 R&D 支出占全社会 R&D 支出比重达76%，为新常态下社会经济稳步创新与发展做出了积极贡献（胡明霞，2015）[1]。可见，中国能否成功构建创新型国家、圆满实施好创新驱动发展战略、实现从“中国制造”转向“中国智造”乃至“中国创造”，在更大程度上，其实取决于企业层面的创新能力与创新绩效。然而，企业虽已在总量上成为中国技术创新投入的主体，但其平均投入水平与意愿与国际平均水平相比，仍存在显著差距。据我国科技部创新体系建设办公室统计，2014 年我国规模以上工业企业 R&D 经费支出仅占主营业务收入的0.98%，而主要发达国家该比例同期为4.4%。缺乏足够数量的创新投入，就谈不上足够质量的技术创新。虽然中国已涌现出一批有国际竞争力的创新型企业，但总体上看，企业创新能力依然薄弱，许多领域缺乏具有自主知识产权的核心技术，企业尚未真正承担起引领技术创新的角色，投入意愿缺乏仍是中国企业创新之痛（舒谦、陈治亚，2014）[2]。

围绕企业 R&D 投入的决定机理，既有文献从多个角度进行了大量探索。高管个体特征、组织治理特征、外部行业及制度特征等三个层面的因素被深入挖掘和探讨，推动该领域涌现出大量卓有成效的研究成果。然而，CEO 自主权理论被引入该领域研究之前，企业 R&D 投入的能动性微观决定机理基本处于“黑箱”状态，且实证文献中对其方差变异的解释力欠佳。推敲其原因，早期研究多孤立地、静态地关注某个层面的变量，缺乏综合性视角以同时涵盖和联通高管个体特征、组织治理特征、外部行业及制度特征等三个层面的因素，并据以全面且深入地探讨企业 R&D 投入的决定机理。CEO 自主权是联结公司治理与企业管理的中枢（李有根、赵西萍，2004）[3]，既取决于CEO个体特征（文芳，2008）[4]，又根植于公司治理机制（Finkelstein S. & Hambrick D. C.，1990）[5]，还受到行业特征和宏观制度的制约与引导（Finkelstein S. & Boyd B. K.，1998）[6]，是高管个体特征、组织治理特征和外部行业及制度特征等诸多因素在博弈过程中形成的CEO在公司各项事务上的动态决策空间，能够融汇中国与西方、联结宏观制度环境和微观企业实践（张三保、张志学，2014）[7]，是企业实践中最具综合性和潜在影响力的变量，对企业中各种关键组织现象具有举足轻重的决定性作用（Finkelstein & Boyd，1998）[6]。有鉴于此，从CEO自主权理论视角探讨企业R&D投入决定机制的文献越来越多，并日益成为该领域研究的主流。

CEO自主权理论应用于企业R&D投入决定机制研究，肇始于20世纪90年代，发展于21世纪初，近五年则属于该研究的集中爆发期，几近成熟。目前，CEO自主权理论已从新兴的R&D投入决定机制研究视角，日渐发展成为主流研究视角，为公司治理和技术创新管理领域的理论研究与企业实践提供了深刻洞见和卓越贡献。迄今，CEO自主权与企业R&D投入关系研究虽已经取得丰硕成果，但远未达成共识，主要有以下四种结论：①负相关。比如，张长征、李怀祖和赵西萍（2006）[8]以中国2004年披露了研发投入的制造业上市公司为样本，发现以职位权、薪酬权与经营权测度的CEO自主权对R&D投入强度有显著负向影响；而许春（2014）[9]则使用世界银行对中国企业的调查数据分析发现，当CEO自主权受限，CEO更倾向于促进企业创新投入。此外，诸多其他学者的研究也都直接或间接地支持了该结论，典型的文献包括巴克和穆勒（Barker & Mueller，2002）[10]、克扎尼特斯基和克拉夫特（Czarnitzki & Kraft，2003）[11]、董和苟延南（Dong & Yan-nan Gou，2010）[12]、李和沃雅特（Lee & Wyatt，1999）[13]等。②正相关。比如，哈姆扎等（Hamza et al.，2014）[14]以贝叶斯网络法（Bayesian Network Method）分析220名突尼斯CEO的调研数据，发现以所有权为核心的CEO自主权提升了CEO对企业未来发展业绩的长期承诺和信心，促进了CEO自主权运作的长期导向与利企性特征，从而提升企业R&D投入意愿；而胡明霞（2015）[1]则以中国沪深A股市场2009～2012年上市公司为样本，对CEO自主权、技术创新投入与企业绩效三者之间的关系进行实证研究，结果发现以专家权和所有权衡量的CEO自主权对技术创新有显著正向影响。同时，亦有其他研究采用不同的度量方式和实证模型，在不同程度上证实了二者的正相关性，典型文献包括李国勇、蒋文定和牛冬梅（2012）[15]、陈琪（2013）[16]、张三保和张志学（2012）[17]、苏文兵等（2010）[18]、迪·维托等（Di Vito, J. et al.，2010）[19]，以及莫萨（Mousa）和周德胡瑞（Chowdhury，2014）[20]等。③曲线相关。该观点认为 CEO 自主权对企业 R&D 投入具有非线性影响效应。在 CEO 自主权处于较低水平时，获取更大的影响力和自主决策空间将成为 CEO 的关键诉求。由于 R&D 活动风险更大、更难以观测和监督，需要企业展现更强的专业性技能和更快速的危机应对能力，可以自然地赋予 CEO 自身更大的独立于董事会和股东的自主权，因而此时 CEO 自主权与与 R&D 投入活动正相关；而当 CEO 自主权处于较高水平时，增加 R&D 投入带来的自主权提升效用将被 CEO 职位风险和收益风险的快速提升而削弱甚至抵消，此时，CEO 倾向于适度抑制 R&D 投入的增加。该阶段将表现为二者轻度负相关。比如，乔里恩等（Jolien et al.，2013）[21]和陈兰向（Hsiang-Lan Chen，2014）[22]都分别发现了 CEO 自主权与 R&D 的曲线关系。④无相关性。除以上三种主流观点外，亦有少数学者实证发现以股权集中度负向衡量的 CEO 自主权与企业 R&D 投入不相关（Francis & Smith, 1995; Tribo, Berrone & Surroca, 2007）[23-24]，以董事会规模负向衡量的 CEO 自主权与企业 R&D 投入无关（Linck, J. S. et al.，2008）[25]。

可见，既有研究对 CEO 自主权与 R&D 投入关系持多种观点，处于高度争议状态。该事实阻碍了企业 R&D 投入决定机制的研究进展，并导致以提升企业 R&D 投入为目标的 CEO 自主权配置实践陷于迷茫。根据贝仁斯等（Berens, G. et al.，2005）[26]的观点，如果多个学者采用规范的实证研究，发现两个变量之间呈现高度争议的相关性，此时可推断这两个变量之间的关系本质上是一种依赖于特定情境变量的权变关系。基于此，有理由推测 CEO 自主权与 R&D 投入关系主要应是一种权变效应，而非纯粹的绝对效应。换句话说，不同情境变量下，CEO 自主权将呈现出不同的 R&D 投入倾向和动机。在此观点下，如果忽视关键情境变量，CEO 自主权与 R&D 的投入关系将随样本选择的偏差而呈现多元化的实证结果。鉴于已有文献表明高管决策动机将因任期不同而动态变化（Finkelstein S. & Hambrick D. C.，1990；Salanick GR & Pfeffer J.，1980）[4][27]，本研究认为 CEO 任期就是其中最关键的情境变量。现有研究的主要局限就在于忽视了新任 CEO 与资深 CEO 自主权运作动机的比较差异，新任 CEO 自主权与企业 R&D 投入的关系迄今仍鲜见文献报道。

从客观环境看，新任 CEO 处于“聚光灯下”，客观上其行为空间、权利能力明显与资深 CEO 不同（Christine et al. ，2007）[28]；从主观意愿看，相较于前辈资深 CEO 群体，新任 CEO 群体的行为方式、权力意图亦明显与资深 CEO 迥异（Abu & Alexandros P. ，2012）[29]，有更强的做好企业的主观愿望。不论从客观条件还是从主观意愿判断，相比资深 CEO，新任 CEO 个人利益函数与企业利益函数有更高的重合度。换言之，新任 CEO 自主权决策的基本出发点，更多的成分应该是利企，而非利己。有鉴于此，本研究尝试在既有研究的基础上开创性地引入 CEO 任期为关键情境变量，采用规范的、形式化的数理模型构建与推导的研究方法，探讨不同任期背景下 CEO 自主权与企业 R&D 投入的关系，试图刻画与比较新任 CEO 自主权与资深 CEO 自主权操纵企业 R&D 投入的差异性，剖析新任 CEO 在企业 R&D 投入决策过程中的利企动机。研究结果表明，新任 CEO 自主权与企业 R&D 投入正相关，而资深 CEO 自主权则对企业 R&D 投入有显著负向影响。

本研究的理论贡献在于，首次发现新任 CEO 与资深 CEO 对技术创新投入的动机差异，合理解释了既有文献针对 CEO 自主权与企业 R&D 投入关系的争议，打开了不同资历 CEO 各自运用其自主权操纵 R&D 投入的作用机理“黑箱”，并从企业 R&D 投入决策视角论证了新任 CEO 自主权运作的利企动机；实践贡献在于：有助于构建基于 CEO 任期（和动机）差异的多元化的 CEO 自主权配置与监管体系，尤其是为 CEO 更替后的自主权配置策略变更以及企业 R&D 投入决策机制调整提供了明确理论指导，从而促进 CEO 更替的成功率并优化企业 R&D 投入倾向，并为深入探索新任 CEO 利企动机在整个任期内的持续保鲜机制提供了理论支持。本书其余内容安排如下：第二部分是模型假定与模型构建，第三部分是模型求解与模型分析，第四部分是模型结果讨论与对策建议，最后是结论。

4.2 模型假定与构建

借鉴 Gonzalez-Consuelo 模型的基本假定，某特定行业由 $n(n\to\infty)$ 个企

业共同组成。各企业皆产出具有各自品牌特征的产品（Gonzalez & Consuelo，2004）[30]。企业k的具体产量（Output）为o_k，而且针对企业k的每个具体产量水平都存在与之匹配的产品质量（Quality）为$q_k(k=1, 2, \cdots, n)$。虽然中国有部分行业仍处于垄断经营状态，但从宏观趋势看，大多数行业的市场化程度越来越高，行业中参与公平竞争的企业数量日益增加。目前已有相当多的行业符合这一假定要求，比如计算机行业、手机行业、传统机械制造业、纺织行业以及家电行业等。因此，本模型具备较好的现实普适性。假定该行业消费者为同质性群体，该群体具有共同的效用函数。借鉴同类研究的传统做法，消费者的通用效用函数采用Dixit-Stiglitz模型中的效用函数形式（Dixit & Stiglitz，1977；Gabszewicz & Thisse，1979；Shaked & Sutton，1982）[31-33]，具体表达为公式（4-1）。

$$U(o, s) = \left[\sum_{k=1}^{n}(o_k q_k^{\sigma})^{\rho}\right]^{\frac{1}{\rho}} \tag{4-1}$$

$$0<\rho<1,\ \sigma>0$$

公式（4-1）中，$o=(o_1, o_2, o_3, \cdots, o_n)$，$q=(q_1, q_2, \cdots, q_n)$，而σ表示消费者的产品质量偏好系数。

假定该行业市场总体容量为Y，则Y实质上表示该行业全体消费者愿意而且能够支付的支出水平。根据李（Lee C. Y.，2002）[34]、李（Lee，2012）[35]、共扎莱兹和康苏埃洛（Gonzalez & Consuelo，2004）[30]的具体推导方法与步骤，可给出在该支付水平Y的约束下，消费者效用要达到最大化，企业k的产品需求函数。具体见公式（4-2）。

$$o_k(p, q) = y p_k^{-\phi} q_k^{\varphi} \tag{4-2}$$

$$y = YP^{-1},\ P = \sum_{k=1}^{=n}\left(\frac{p_k}{q_k^{\sigma}}\right)^{1-\phi}$$

公式（4-2）中，$p=(p_1, p_2, \cdots, p_n)$，表示该行业中各企业的产品价格水平（Price）；$q=(q_1, q_2, \cdots, q_n)$，表示该行业中各企业的产品质量水平；P表示该行业调整产品质量因素后的总体价格指数（Quality-adjusted price index）；y表示行业市场容量与调整产品质量因素后的总体价格指数的比值；$\phi=\frac{1}{1-\rho}$，表示消费者价格需求弹性；$\varphi=\sigma(\phi-1)$，则表示各企业产品间的质量替代性弹性，亦可视为消费者质量需求弹性。需求函数中，$\frac{\partial o_k}{\partial q_k}>0$。为保证消费者需求与产品质量的关系满足$\frac{\partial^2 o_k}{\partial q_k^2}\leqslant 0$，本模型中假定$\sigma\leqslant\frac{1}{\phi-1}$。该假定并不影响模型对现实问题的解释效力，在文献中被现有研究广泛接受(Gonzalez & Consuelo, 2004)[30]。

行业中参与竞争的企业数量 $n\rightarrow\infty$，基本符合经济学中对完全竞争市场的界定条件。根据极值运算思想，结合完全竞争市场的价格形成及运行机理，可断定行业中个别企业的价格与质量决策，对 P 不会产生可感知的影响，见公式（4-3）。这就意味着各企业所感知的价格需求弹性和质量需求弹性皆为 ϕ 和 φ。

$$\lim_{n\rightarrow\infty}P(n)=\lim_{n\rightarrow\infty}P(n-1) \tag{4-3}$$

借鉴阿罗（Arrow K.，1962）[36]和梅特卡夫（Metcalfe S.，1996）[37]的观点，假定企业 R&D 投入将遵循特定的技术规律导致产品质量提升。该技术规律突出表现为以下两个特点：首先，鉴于 R&D 资源的不可分割性，加之 R&D 资源利用的非充分性，R&D 投入具有显著的规模效应。企业低于某个最小规模的 R&D 投入是无效的。模型将该最小规模定义为企业 R&D 投入门槛($\bar{r}$)；其次，企业 R&D 投入对产品质量的提升效应符合边际效用递减规律。根据以上两个特点，可以认为企业 R&D 投入如果低于 $\bar{r}$，产品质量不会得到改进，此时企业将只能产出与以往产品质量相同的产品。反之，如果企业 R&D 投入高于 $\bar{r}$，则产品质量以边际效用递减的方式获得改善。由此，可构建基于 R&D 投入的产品质量函数，如公式（4-4）所示。

$$q(r_k)=\begin{cases}\bar{r}^{\theta} & \text{if}\quad 0\leqslant r_k\leqslant\bar{r}\\ r_k^{\theta} & \text{if}\quad r_k\geqslant\bar{r}\end{cases} \tag{4-4}$$

公式（4-4）中，r_k 表示企业 k 投入的 R&D 资源规模；$\theta<1$，表示企业 R&D 投入的质量弹性，可用来衡量企业的研发能力或研发资源利用效率。根据公式（4-4）的刻画，当企业 R&D 投入超过 $\bar{r}$ 时，产品质量的确随着 R&D 投入的增加而提升，但其提升效果边际递减。

关于高质量产品的单位生产成本，理论界有不一致的观点。苏顿（Sutton，1998）[38]指出，R&D 投入所致的技术创新可能会导致产品生产工艺更复杂，生产设备要求精度更高，并且需要对生产工人提供更多技术与工艺培训，因此创新之后产品生产成本增加；顿克和奇尔格莱（Dunk & Kilgore, 2004）[39]、徐欣（2013）[40]研究发现 R&D 投入能够积极影响未来产品成本的变动趋势，并显著增加企业营业成本下降的变动幅度。与以上研究结论不同，分别通过实际观测数据和理论逻辑推演，克莱特（Klette，2000）[41]、共扎莱兹和康苏埃洛（Gonzalez & Consuelo，2004）[30]提出技术创新技术一经应用于高质量产品生产，一般而言与产品质量提升之前相比基本不需要额外的生产资源或生产成本。本研究认为，不论是从结论的现实普遍性而言，还是从模型数理推导的简便性来判断，第三种观点更适合。因此，模型假定每个高质量产品的生产成本在 R&D 投入前后一致，记为 c。

如果不考虑 CEO 与股东的利益差异，将企业视为独立的决策单元，则在给定行业内竞争对手策略的前提下，企业 k 需同时选择最优产品价格（p_k）和最优 R&D 投入水平（r_k），以追求利润最大化。此时，企业 k 利润最大化的理性决策函数可表示为公式（4-5）。

$$\underset{p_k r_k}{\mathrm{Max}}\pi_k = (p_k - c)o_k[p_k, q(r_k)] - r_k \tag{4-5}$$

公式（4-5）中，π_k 表示企业 k 的净利润。等号右边第一项表示产品 k 的总体边际利润，第二项则表示企业 R&D 投入。既有理论模型多以该式作为企业合理进行 R&D 投入决策的依据，然而其合理性是建立在股东与 CEO 利益一致的假定基础上的。实际上，企业是多个利益相关者之间的契约关系集合，并非是有着唯一目标的决策单元。本章尝试聚焦于股东与 CEO 的契约关系，试图将二者在 R&D 投入决策过程中的角色及其互动机理在高度抽象的基础上纳入模型中。

将现代公司治理结构高度抽象化为股东与 CEO 的委托代理契约关系：股东赋予 CEO 一定的自主权，委托其在自主权范围内负责企业经营运作，同时为了避免 CEO 自主权滥用以致损害其自身利益，股东将对 CEO 自主权的运行施以适度的监控。此时，股东和 CEO 对企业各种重大决策事项均具有部分决策权限（张长征、李阳，2012）[42]，即双方都将根据自身利益偏好对决策事项施加影响。由于 R&D 投入对企业长期竞争力和短期利润皆具举足轻重的影响效应，股东和 CEO 对此都颇为关注。治理实践中，R&D 投入决策通常是由 CEO 启动、评价和实施，由股东大会（和董事会）最终批准（Lehn & Zhao，2006）[43]。因此，双方将在各自的动态权限范围内共同决定 R&D 投入策略（孙耀吾等，2016）[44]。根据李有根和赵西萍（2004）[2]、施奈德（Schneider，2013）[45]的观点，CEO 的自主决策权限（空间）即可视为 CEO 自主权。现有的企业 R&D 投入决策模型，除极少数个例之外，缺乏对 CEO 自主权的关注。有鉴于此，引入 CEO 自主权变量探讨企业 R&D 投入决策模型具有理论与现实的必要性。

本章的创新在于首次提出，CEO 任期不同将导致 CEO 在决定 R&D 投入的过程中表现出不同的自主权运作动机和行为。就股东视角而言，股东偏好企业利润最大化。因此，股东目标可以合理地设定为以尽可能低的成本获取既定的销售额，其决策偏好是成本最小化（Williamson，1988）[46]。可见，股东对成本的敏感性要大于对销售额的敏感性。本模型中，将后者设定为 1，而将前者设定为 $T\beta$。其中，$\beta>1$，T 表示 CEO 任期。该假定意味着 T 越大，股东对成本的敏感性越高。原因在于随着 CEO 任期的延长，企业规模日益增大，业务复杂度更高，CEO 专用性人力资本日益成熟，这些变化导致 CEO 对企业的掌控力度越来越强，而股东则对 CEO 的监督能力和动机都相应明显降低。此时股东原本具有的对资深 CEO 的决策监督和决策咨询功能近乎丧失。为了维护自身利益，避免被资深 CEO 完全绑架和套牢，股东唯有强化最易操作和实现的成本控制以制约 CEO 自主权滥用。因此，随着 CEO 任期增加，股东的成本敏感性增加。考虑到模型计算的简便性，将其关系设定为线性正相关。该假设与许多学者的观点相吻合（Mark，Robert & Laura，2001；Ryan et al.，2009）[47-48]。根据以上假定，企业 k 的股东效用最大化函数可表示为公式（4-6）。

$$\underset{p_k r_k}{\mathrm{Max}} U_{Sk} = p_k o_k[p_k, q(r_k)] - T\beta\{co_k[p_k, q(r_k)] + r_k\} \tag{4-6}$$

就 CEO 角度而言，其偏好与动机将随其任期增加而发生显著变化。根据已有研究结果，新任 CEO 具有较强的利企动机，而资深 CEO 则具有较强的利己动机（Zhang，Mu & Gao，2015）[49]。资深 CEO 为实现其利己动机，便于操纵企业资源满足个人私利，并巩固其职位安全，将更加偏好销售额最大化，追求企业规模最大化，而对成本的关注力度则次之。相比较资深 CEO，新任 CEO 则与股东利益更加一致，对风险和成本的考量与股东有更小的背离，从而对销售额的关注力度相对较低。因此，模型将资深 CEO 为生产成本的敏感性设定为 1，对销售额的敏感性设定为 $T\alpha$，$\alpha>1$。该设定表明随着 CEO 任期增加，CEO 对销售额的敏感性上升。考虑到模型计算的简便性，将其关系设定为线性正相关。该假设也得到部分学者的观点支持（Long Zhang et al.，2011；Yihui Pan et al.，2014）[50-51]。根据以上假定，企业 k 的 CEO 效用函数可设定为公式（4-7）所示。

$$\underset{p_k r_k}{\mathrm{Max}} U_{Ck} = T\alpha p_k o_k[p_k, q(r_k)] - \{co_k[p_k, q(r_k)] + r_k\} \tag{4-7}$$

R&D 决策实践中，CEO 与股东共同掌控决策权。此时，决策结果需双方根据自身的效用函数，利用其掌握的控制权通过博弈的过程最终确定。模型假定，双方博弈的均衡结果是以各自掌控的控制权比例满足各自的效用最大化诉求。CEO 的控制权对应该企业的 CEO 自主权（D），而股东对应的控制权则为“1-D”（李有根、赵锡斌，2003；Pingying Zhang，2013）[52-53]。根据这一假定，企业 k 效用最大化函数可表述为公式（4-7）。

$$\begin{aligned}\underset{p_k r_k}{\mathrm{Max}} U_{Fk} &= D\,\underset{p_k r_k}{\mathrm{Max}} U_{Ck} + (1-D)\underset{p_k r_k}{\mathrm{Max}} U_{Sk} \\ &= [(1-D) + DT\alpha]p_k o_k[p_k, q(r_k)] - [T\beta(1-D) + D] \\ &\quad \{co_k[p_k, q(r_k)] + r_k\}\end{aligned} \tag{4-8}$$

公式（4-8）中，令［$(1-D)+DT\alpha$］等于 υ，则 υ 的含义是股东和 CEO 对销售额的综合敏感性，亦即企业的销售额敏感性；令［$T\beta(1-D)+D$］等于 ω，则 ω 的含义是股东和 CEO 对成本的综合敏感性，亦即企业的成本敏感性。将 ω 和 υ 代入公式（4-8），则可将其简化为公式（4-9）。

$$\underset{p_k r_k}{\mathrm{Max}} U_{Fk} = (\upsilon p_k - \omega c)o_k[p_k, q(r_k)] - \omega r_k \tag{4-9}$$

企业将在产品质量函数（公式（4-4））和整体效用函数（公式（4-9））的共同约束下，选择合理的产品价格与 R&D 投入组合（p_k^e，r_k^e）。该组合的联合决策逻辑可用公式（4-10）表示。

$$(p_k^e, r_k^e) = \begin{cases} (p_k^*, r_k^*) & \text{if} \quad U_{Fk}(p_k^*, r_k^*) > U_{Fk}(p_k^{**}, 0) \\ (p_k^{**}, 0) & \text{if} \quad U_{Fk}(p_k^*, r_k^*) \leqslant U_{Fk}(p_k^{**}, 0) \end{cases} \tag{4-10}$$

公式（4-10）中，p_k^* 是整体效用最大化条件下的最优价格，r_k^* 为此时的最优 R&D 投入，p_k^{**} 表示企业决定不进行 R&D 投入时制定的产品价格。

4.3 模型求解与分析

第一步：令 $r_k \neq 0$，对公式（4-9）进行求解。具体方法是针对公式（4-9）

计算企业 k 综合效用函数关于 p_k 的一阶偏导，可得公式（4-11）。

$$\frac{\partial U_{Fk}}{\partial p_k} = (1-\phi)y^{\upsilon}p_k^{-\phi}r_k^{\varphi\theta} + \phi y\omega c p_k^{-\phi-1}r_k^{\varphi\theta} \tag{4-11}$$

令上述一阶偏导等于零，结合模型中关于二阶导数小于零的假定，得到企业 k 在决定进行 R&D 投入条件下追求效用最大的最优价格（p_k^*）。其结果如公式（4-12）所示。

$$p_k^* = \frac{\omega c\phi}{\upsilon(\phi-1)} \tag{4-12}$$

以同样的逻辑对公式（4-9）计算企业 k 的综合效用函数关于 r_k 的偏导数，令其为零。应用修正后的 Dorfman-Steiner 条件求解法则（Dorfman R. & Steiner P. O., 1954; Stacey Brook, 2005）[54, 55] 对该偏导方程进行综合求解。求解结果表明，在最优价格为 p_k^* 的情况下，最优 R&D 投入水平可表示为公式（4-13）。

$$r_k^* = \frac{(\omega\theta\varphi)^{\frac{1}{1-\theta\varphi}}}{(\upsilon\phi\zeta)^{\frac{1}{1-\theta\varphi}}}\bar{r} \quad 其中：\zeta = \frac{\bar{r}}{p_k^* o_k(p_k^*, s_0)} \tag{4-13}$$

第二步：令 $r_k = 0$，对公式（4-9）进行求解。具体方法是针对公式（4-9）计算企业 k 的综合效用函数关于 p_k 的一阶偏导，可得公式（4-14）。

$$\frac{\partial U_{Fk}}{\partial p_k} = (1-\phi)y^{\upsilon}p_k^{-\phi}\bar{r}^{\varphi\theta} + \phi y\omega c p_k^{-\phi-1}\bar{r}^{\varphi\theta} \tag{4-14}$$

令上述一阶偏导等于零，结合模型中关于二阶导数小于零的假定，可得到企业 k 在决定不进行 R&D 投入的条件下追求效用最大化的最优价格（p_k^{**}）。其结果如公式（4-15）所示。

$$p_k^{**} = \frac{\omega c\phi}{\upsilon(\phi-1)} \tag{4-15}$$

对比公式（4-12）与公式（4-15），可知企业 k 不论是否决定进行 R&D 投入，其最优产品价格并无差异。分别将 p_k^* 和 p_k^{**} 带入公式（4-9），再次遵循修正后的 Dorfman-Steiner 条件求解法则，可分别得到公式（4-16）与公式（4-17）。

$$U_{Fk}(p_k^*, r_k) = \left(\frac{1}{\phi} - \frac{\omega\theta\varphi}{\upsilon\phi}\right)yp_k^{*(1-\phi)}r_k^{\theta\varphi} \tag{4-16}$$

$$U_{Fk}(p_k^{**}, 0) = \left(\frac{1}{\phi}yp_k^{*(1-\phi)}r_k^{\theta\varphi}\right) \tag{4-17}$$

当公式（4-16）与公式（4-17）的值相等时，r_k 是企业 k 的 R&D 投入均衡值。此时，R&D 投入的综合效用与不进行任何 R&D 投入相同。因此，只有当 $r_k^* > r_k$ 时企业 k 才会决定开展 R&D 活动。结合公式（4-16）和公式（4-17）可得出企业 k 的 R&D 投入均衡值（r_k）如公式（4-18）所示。

$$r_k = \frac{\bar{r}}{\left(1 - \frac{\omega\theta\varphi}{\upsilon}\right)^{\frac{1}{\theta\varphi}}} \tag{4-18}$$

显然，只有当 $r_k^* > r_k$ 时，企业才会选择投入资源进行研发活动。根据 r_k 的表达式（公式（4-18））和 r_k^* 的表达式（公式（4-13）），可以推导出企业将选择的产品价格和 R&D 投入的最优组合（p_k^e，r_k^e），其表达式如公式（4-19）所示。

$$(p_k^e, r_k^e) = \begin{cases} (p_k^*, r_k^*) & \text{if} \quad \frac{1}{\upsilon\phi\zeta} > (\omega\theta\varphi)^{-1}\left(1 - \frac{\omega\theta\varphi}{\upsilon}\right)^{\frac{1-\theta\varphi}{\theta\varphi}} \\ (p_k^*, 0) & \text{if} \quad \frac{1}{\upsilon\phi\zeta} > (\omega\theta\varphi)^{-1}\left(1 - \frac{\omega\theta\varphi}{\upsilon}\right)^{\frac{1-\theta\varphi}{\theta\varphi}} \end{cases} \tag{4-19}$$

基于企业 k 的 R&D 投入概率决定公式（4-19），结合最优 R&D 投入水平函数（公式（4-12））以及该最优 R&D 投入水平下产品价格函数（公式（4-13）），可以得到企业 k 的最优 R&D 投入强度（$E_{r_k}^*$）表达式，如公式（4-20）所示。

$$E_{r_k}^* = \frac{r_k^*}{p_k^* o_k^*} = \frac{\omega\theta\varphi}{\upsilon\phi} \quad \text{if} \quad \frac{1}{\upsilon\phi\zeta} > (\omega\theta\varphi)^{-1}\left(1 - \frac{\omega\theta\varphi}{\upsilon}\right)^{\frac{1-\theta\varphi}{\theta\varphi}} \tag{4-20}$$

根据公式（4-19），企业 k 决定启动研发活动的概率与其销售额综合敏感性（υ）负相关，与其生产成本的综合敏感性（ω）正相关。为厘清 CEO 自主权（D）与企业 k 启动研发活动的概率的关系，此处以公式（4-21）和公式（4-22）给出 υ 和 ω 关于 D 的表达式。根据模型假定，公式（4-21）和公式（4-22）显然成立。

$$\upsilon = [(1-D) + DT\alpha] \tag{4-21}$$

$$\omega = [T\beta(1-D) + D] \tag{4-22}$$

当模型只考虑销售额综合敏感性时，根据公式（4-21），如果 $T\alpha > 1$，υ 与 D 正相关，则 CEO 自主权与企业 k 启动研发活动的概率负相关；如果

$T\alpha<1$，υ 与 D 负相关，则 CEO 自主权与企业 k 启动研发活动的概率正相关。对于承担 CEO 职位远未满一个任期的 CEO 而言（本模型将其视为新任 CEO），其 T 值在［0，1］之间，此时，虽然 $\alpha>1$，但是只要 T 值足够小，仍可能满足 $T\alpha<1$，此时 CEO 自主权与企业 k 启动研发活动的概率正相关。随着 CEO 任期的延长，$T\alpha>1$ 的情况终会到来（模型将其视为资深 CEO），此时 CEO 自主权与企业 k 启动研发活动的概率负相关。此时，以 $Link_{\upsilon}$（D，RP）表示只考虑销售额综合敏感性情况下，CEO 自主权（D）与企业 k 启动研发活动的概率（RP）的相关性，可以将其形式化表述为公式（4－23）。

$$Link_{\upsilon}(D, RP)\begin{cases} >0 & \text{if} \quad T<\dfrac{1}{\alpha} \\ <0 & \text{if} \quad T>\dfrac{1}{\alpha} \end{cases} \tag{4-23}$$

只考虑生产成本综合敏感性时，根据公式（4－22），如果 $T\beta>1$，ω 与 D 负相关，即 CEO 自主权与企业 k 启动研发活动的概率负相关；如果 $T\beta<1$，ω 与 D 正相关，即 CEO 自主权与企业 k 启动研发活动的概率正相关。显然，对承担 CEO 职位超过一个任期的 CEO 而言（模型将其视为资深 CEO），如果 T 值足够大，则可能满足 $T\beta>1$，此时 CEO 自主权与企业 k 启动研发活动的概率负相关；对于履职未满一个任期的新任 CEO 而言，此时 CEO 自主权与企业 k 启动研发活动的概率正相关。此时，以 $Link_{\omega}$（D，RP）表示只考虑生产成本综合敏感性情况下 CEO 自主权（D）与企业 k 启动研发活动的概率（RP）的相关性，可形式化表述为公式（4－24）。

$$Link_{\omega}(D, RP)\begin{cases} >0 & \text{if} \quad T<\dfrac{1}{\beta} \\ <0 & \text{if} \quad T>\dfrac{1}{\beta} \end{cases} \tag{4-24}$$

由此，当 T 足够小，能够共同满足 $T\alpha<1$ 和 $T\beta<1$，则 CEO 自主权与企业 k 启动 R&D 投入活动的概率正相关。比如，按照常见的三年 CEO 任期测算，对于刚上任 1 年左右的 CEO 其 T 值大概是 0.33 左右；而作为 α 和 β，即使其设定值大于 1，也一般会小于 3。此时就能够满足以上条件，从而 CEO 自主权越高，则企业 k 越可能启动创新活动；当 T 足够大，能够共同满足 $T\alpha>1$ 和 $T\beta>1$，则此时 CEO 自主权与企业 k 启动 R&D 投入活动的概率负相关。此时，

CEO 自主权越高，则企业 k 越倾向于选择不进行创新投入。综合公式（4-24）和公式（4-23），可得到 Link(D, RP) 的表达式如公式（4-25）所示。

$$\text{Link}(D,\ RP)\begin{cases} >0 & \text{if} \quad T<\text{Min}\left(\frac{1}{\alpha},\ \frac{1}{\beta}\right) \\ \text{Unknown} & \text{if} \quad \text{Min}\left(\frac{1}{\alpha},\ \frac{1}{\beta}\right)\leqslant T\leqslant \text{Max}\left(\frac{1}{\alpha},\ \frac{1}{\beta}\right) \\ <0 & \text{if} \quad T>\text{Max}\left(\frac{1}{\alpha},\ \frac{1}{\beta}\right) \end{cases} \quad (4-25)$$

同样的逻辑，根据公式（4-20），企业最优 R&D 投入强度与其销售额综合敏感性（υ）负相关，与其生产成本的综合敏感性（ω）正相关。重复上文探讨 CEO 自主权（D）与企业 k 启动 R&D 投入活动概率（RP）的关系的基本步骤和方法，容易得到 CEO 自主权（D）与企业 k 最优 R&D 投入强度（$E_{r_k}^*$）的关系 Link（D，$E_{r_k}^*$），如公式（4-26）所示。

$$\text{Link}(D,\ E_{r_k}^*)\begin{cases} >0 & \text{if} \quad T<\text{Min}\left(\frac{1}{\alpha},\ \frac{1}{\beta}\right) \\ \text{Unknown} & \text{if} \quad \text{Min}\left(\frac{1}{\alpha},\ \frac{1}{\beta}\right)\leqslant T\leqslant \text{Max}\left(\frac{1}{\alpha},\ \frac{1}{\beta}\right) \\ <0 & \text{if} \quad T>\text{Max}\left(\frac{1}{\alpha},\ \frac{1}{\beta}\right) \end{cases} \quad (4-26)$$

4.4 模型结果讨论与建议

公式（4-25）和公式（4-26）是模型最终推导结果。公式（4-25）表明，当 CEO 任期足够小时$\left(T<\text{Min}\left(\frac{1}{\alpha},\ \frac{1}{\beta}\right)\right)$，CEO 自主权与企业 R&D 活动的启动概率正相关，亦即对新任 CEO 而言，随着 CEO 自主权的扩大，企业启动 R&D 活动的概率越高；当 CEO 任期足够大时$\left(T>\text{Max}\left(\frac{1}{\alpha},\ \frac{1}{\beta}\right)\right)$，CEO 自主权与企业 R&D 活动的启动概率负相关，亦即对资深 CEO 而言，CEO 自主权的扩大将抑制企业 R&D 投入意愿，从而降低企业启动 R&D 活动的概率；当 CEO 任期处于二者中间状态$\left(\text{Min}\left(\frac{1}{\alpha},\ \frac{1}{\beta}\right)\leqslant T\leqslant \text{Max}\left(\frac{1}{\alpha},\ \frac{1}{\beta}\right)\right)$，

CEO 自主权与企业 R&D 活动的启动概率呈不确定关系。该结果表明，CEO 任期显著负向调节 CEO 自主权与企业 R&D 活动启动概率的关系。

公式（4-26）表明，当 CEO 任期足够小时$\left(T < \mathrm{Min}\left(\frac{1}{\alpha}, \frac{1}{\beta}\right)\right)$，CEO 自主权与企业 R&D 最优投入强度正相关。亦即对新任 CEO 而言，随着 CEO 自主权的扩张，企业将投入更高比例的 R&D 资源开展创新活动；当 CEO 任期足够大时$\left(T > \mathrm{Max}\left(\frac{1}{\alpha}, \frac{1}{\beta}\right)\right)$，CEO 自主权与企业 R&D 最优投入强度负相关。亦即对资深 CEO 而言，CEO 自主权的扩张将降低企业创新投入强度；当 CEO 任期处于二者中间状态$\left(\mathrm{Min}\left(\frac{1}{\alpha}, \frac{1}{\beta}\right) \leqslant T \leqslant \mathrm{Max}\left(\frac{1}{\alpha}, \frac{1}{\beta}\right)\right)$，CEO 自主权与企业最优 R&D 投入强度关系不确定。该结果表明，CEO 任期显著负向调节 CEO 自主权与企业最优 R&D 投入强度的关系。

模型结论表明，作为企业战略决策的决定性影响因素，CEO 自主权确实对企业 R&D 投入存在显著影响效应，而 CEO 任期则是二者关系的重要调节变量。随着任期的变化，CEO 在其自主权运作过程中将展现对企业 R&D 投入的不同态度，二者关系将发生本质性逆转。具体而言，新任 CEO 对企业 R&D 投入呈现更积极的态度和乐观的预期，加之 R&D 投入的成果与新任 CEO 的长期职业生涯发展更紧密契合，因此新任 CEO 倾向于利用其自主权提升启动 R&D 活动的概率并优化 R&D 投入水平；而资深 CEO 则对企业 R&D 投入呈现较消极的态度和悲观的预期，倾向于利用其自主权降低启动 R&D 活动的概率并削弱 R&D 投入水平。本章结论验证了一句俗语，“江湖越老，胆子越小”，即针对 CEO 群体而言，面对兼具高风险、多环节和时滞性等特征的企业 R&D 投入活动，资深 CEO 因为在创新活动领域有太多经验教训与心得体会，反而会瞻前顾后、谨慎保守，而新任 CEO 则往往紧跟时代创新潮流，在企业 R&D 投入上表现为大刀阔斧、锐意果决。该结论有力解释了以往文献关于 CEO 自主权与企业 R&D 投入关系远未达成共识的根本原因：正是由于各研究文献所选样本企业的 CEO 任期具有显著的差异，才导致 CEO 自主权与 R&D 投入之间呈现各种不同的关系。虽然直接比较新任 CEO 和资深 CEO 自主权与企业 R&D 投入关系的实证研究缺位，但仍有个别实证文献能间接佐证本章研究结论。比如，陈（Chen，2013）[56] 以我国台湾电子制造业上市公司为样本，发现 CEO 任期与企业 R&D 投入之间存在显著的倒“U”型关系。可见，该实证结论在一定程度上从侧面印证了本模型推导果的合理性。逻辑分析结果表明，之所以不同任期 CEO 在企业 R&D 投入决策中呈现截然不同的动机，可以从客观环境和主观意愿两个方面解释。

从客观环境看，新任 CEO 处于“聚光灯下”，各利益相关者群体有足够的动机关注其权力运作，各种针对新任 CEO 决策的信息披露、决策咨询、汇报解释等正式沟通与监督机制安排会得到更严格的执行，从而新任 CEO 面临更大的监督强度和愤怒成本，客观上其行为空间、权利能力明显与资深 CEO 不同（Christine et al.，2007）[28]。此时，新任 CEO 的理性选择是在各项决策事项上善用其自主权，让各利益相关者认可其作为 CEO 的职业能力，并信任其作为 CEO 的职业态度与操守。具体到 R&D 投入决策事项上，鉴于大量实证文献证实企业 R&D 投入水平显著正向提升企业 CEO 的声望，并有助于强化各利益相关者对 CEO 能力和动机的正向评价（Jian & Lee，2011）[57]，加之处于职业生涯初期的新任 CEO 更注重自己的个人品牌与声望以谋求更大的长期利益和自我成就，因此相较于资深 CEO 而言，新任 CEO 更倾向于加大企业 R&D 投入强度。

从主观意愿看，相较于前辈资深 CEO 们，当前新任 CEO 群体普遍接受了更为系统规范的学历与职业教育，其职业素养更高，多充满工作热情和职业理想，而且与企业并没有历史遗留的“应得未得”的利益纠纷，有更强的做好企业的主观愿望，其行为方式、权力意图明显与资深 CEO 不同（Abu M. & Alexandros，2012）[29]。换言之，新任 CEO 决策的基本出发点更多的是利企，而非利己。新任 CEO 的成长背景和职业阅历与资深 CEO 有显著差异。资深 CEO 依靠跟随战略或者模仿战略在历史上能够获得不错的生存空间，加之对 R&D 投入风险的过高估计，因而养成了他们在技术创新上的惰性。相比资深 CEO，新任 CEO 自就任 CEO 以来就处于红海厮杀之中。换言之，新任 CEO 群体成长过程中面临更高的市场化程度，更快速的消费者需求变化，以及更为成熟度的经理人市场。因此，为了能够获取竞争优势，甚至仅仅是为了争取生存的可能，新任 CEO 群体主观认识到必须强化技术创新以应对变化和竞争，其创新的压力和激情不仅是由外而内，更是深入骨髓。此外，相比较资深 CEO，新生代 CEO 更加注重成就感和挑战感的满足，更乐意于投身于更具刺激意义的行为，而根据扎延希等（Jayanthi et al.，2015）[58]的实证发现，启动并主导企业 R&D 活动是最能满足 CEO 寻求刺激和成就感需要的管理活动。因此，新任 CEO 迥异于资深 CEO 的深层人格特质亦在一定程度上决定了新任 CEO 自主权将强化其 R&D 投入倾向。

鉴于已有文献关于 CEO 自主权和企业 R&D 投入关系存在多种矛盾性结论，以理论建模与数学推导的方式，首次引入 CEO 任期为调节变量，形式化地论证了 CEO 自主权和企业 R&D 投入关系的权变性本质，刻画了 CEO 任期对二者关系的调节效应，剖析了新任 CEO 在企业 R&D 投入决策过程中迥异于资深 CEO 的利企性动机。新任 CEO 具有更强的利企性动机这一观点在其他文献中也曾在不同程度上从不同侧面得到印证。比如，张、穆和高（Zhang，Mu & Gao，2015）[48]以中国制造业上市公司为样本，以 CEO 任期为调节变量，发现 CEO 任期能够正向调节 CEO 自主权与高管—员工薪酬差距的关系，并且促进高管—员工薪酬差距的绩效后果，证实新任 CEO 在影响高管—员工薪酬差距过程中的利企性动机；本等（Ben W. et al.，2013）[59]以美国企业对碳排放披露法令（Carbon Disclosure Project）的遵守情况为研究背景，比较了新任 CEO 与资深 CEO 在应对制度性环境披露规定方面的差异，结果发现新任 CEO 更愿意主动性地遵守法令要求进行高质量信息披露。马祖里纳和丹尼斯（Mazurina & Dennis，2014）[60]也证实了新任 CEO 在信息披露决策中的利企性动机；张等（Zhang et al.，2014）[49]探讨了新任 CEO 背景下高管团队内部知识外化有效性问题，发现新任 CEO 致力于提升高管团队内部知识合作氛围，从而新任 CEO 自主权越大，则高管团队内部知识外化有效性越高，论证了新任 CEO 在知识管理决策中的利企性动机；克里斯蒂纳等（Cristina et al.，2015）[61]、崔等（Choi et al.，2014）[62]分别以美国 1992 ~ 2009 年 1 023 家企业和韩国 2001 ~2010 年 1 409 家企业为研究样本，实证探讨了 CEO 任期与企业盈余管理的关系，结果发现新任 CEO 倾向于采用利企性的盈余管理策略，而资深 CEO 则更倾向于为满足私利采用过度盈余管理策略，证实了新任 CEO 在盈余管理决策过程中的利企性动机；穆罕默德和史蒂文（Mahmoud & Steven，2008）[63]、托尔斯顿等（Torsten et al.，2014）[64]分别以美国企业和德国企业为研究样本，探讨了 CEO 任期与企业绩效的关系，并发现 CEO 任期的初始阶段企业绩效一般有较好表现，从正面初步证实了新任 CEO 在促进企业经营绩效方面的利企性动机。而罗等（Luo et al.，2013）[65]则在其《哈佛商业评论》上的一篇文章中直接提出了长任期 CEO 伤害企业绩效的论断，强化了资深 CEO 利己动机的同时，反面论证了新任 CEO 的利企性动机。

具体到 R&D 投入决策，本研究丰富了 CEO 自主权领域的研究成果，论证了新任 CEO 在企业 R&D 投入决策的利企性动机。本研究结论与上述文献结合起来，相互印证，证实新任 CEO 在薪酬决策、信息披露决策、知识管理决策、盈余管理决策，以及最为综合的企业经营绩效决策等方面均呈现更强的利企性动机，夯实了“新任 CEO 在各项企业决策事务上具有更强利企性动机”的结论。以往研究多基于 CEO 利己假设，坚持认为由于 CEO 与股东之间存在利益目标的差异性，作为经济人的 CEO 在面对特定决策问题时，会以自身（经济）利益为先，而牺牲股东利益。就 R&D 投入决策而言，CEO 会利用自主权对 R&D 投入决策施加不正当影响，人为扭曲其正常设定过程和结果以牟取私利，而罔顾股东和其他利益主体的意愿与利益。本章研究则突破这一局限，发现在企业 R&D 投入决策过程中，新任 CEO 自主权的运作动机中有更强的利企成分，论证了 CEO 自主权运作的利企性动机，为 CEO 自主权的合理配置与监督提供了新的视角和理论基础。研究结论为实践中 R&D 投入决策权归属问题提供了直接的依据：新任 CEO 背景下，企业 R&D 投入决策权应归属 CEO；资深 CEO 背景下，企业 R&D 投入决策权要牢牢掌控在股东（和董事会）手中为好。具体而言，根据本章研究结论，有以下基本建议：

（1）针对新任 CEO 和资深 CEO，宜采取差异化的自主权配置策略。鉴于新任 CEO 自主权运作的利企动机显著高于资深 CEO，反思公司治理实践中过度约束新任 CEO 决策自由度的惯例，赋予新任 CEO 更大的自主权，不但可以更好地激发新任 CEO 的工作积极性并充分利用其在企业经营管理方面的专长，从而最大化自主权配置的收益，而且可以有效规避过高自主权配置所可能引起的代理冲突，从而最小化自主权配置的成本；对资深 CEO 而言，鉴于其权力相对稳固而且面临的内外部监管力度相较于新任 CEO 而言明显弱化，其自我防御、以权谋私等自利性行为往往以更大概率发生，因此适度限制资深 CEO 自主权空间，杜绝现实中常见的对资深 CEO 过度的纵容以及毫无依据的信任和缺乏底线的退让，并尝试以当前新任 CEO 面临的监督机制为标杆，强化对资深 CEO 的监督，杜绝“日久见人心”这一非理性认知模式对董事会监督强度的侵蚀。

（2）在企业 R&D 决策事宜上，针对资深 CEO，应强调进一步完善公司治理，更好地制衡 CEO 权力。对资深 CEO 而言，应更强调董事会的独立性，CEO 不能兼任战略委员会主席，而且董事长与总经理应分任，并从制度上强化董事会和监事会对资深 CEO 的监督和制约能力；针对新任 CEO，需更多借重于新任 CEO 管理专家的角色，授权其完善企业 R&D 投入决策，改进企业技术创新活动组织与绩效考评办法和流程，致力于建立以技术创新投入回报为核心的高管绩效评价与奖惩激励体系，使企业技术创新投入和技术创新活动更加科学合理。而资深 CEO 时期的企业技术创新政策应则主要由独立的战略委员会依据其新任时期所制定的方案和原则进行适当的调整，从而弱化资深 CEO 对企业 R&D 投入和 R&D 项目组织管理政策潜在的负面影响力。

模型有效性很大程度上取决于模型假定的合理性。在该领域传统模型的假定基础上，本模型引入了 CEO 自主权和 CEO 任期变量，更多考虑了公司治理和 CEO 特征的现实因素，提升了模型假定的合理性。然而，鉴于模型计算的方便性和模型求解的可行性需要，本模型仍在以下几个方面进行了高度抽象和简化。首先，安尼塔和路易斯（Annetta & Lois，2014）[66]发现 CEO 任期对企业研发效率具有显著影响，因此在设定企业研发能力 θ 时，理论上更合理的方式应将其形式化为 CEO 任期 T 的函数而非常数；其次，中国关于企业 R&D 投入会计处理准则发生变化后，研发投入可以有条件地进行资本化处理，这必然导致 CEO 对企业研发成本敏感性的显著降低，CEO 效用函数的复杂度与本模型中的设定（公式（4－7））相比将呈现指数式增长；再次，产品生产成本一般包括固定成本和边际成本，而且边际成往往随着 R&D 投入强度和效率的不同发生动态变化（Michael et al.，2012）[67]，因此，产品生产成本理论上应是 R&D 投入的动态函数而非常数；最后，CEO 的过度自信会导致 CEO 对 R&D 投入效率的主观评估结果不一致（Chia-Feng Yu，2014；Sheng-Syan Chen et al.，2013；Luca & Raimondello，2015）[68－70]，从而产品质量关于研发投入的函数应随 CEO 过度自信程度不同而应发生变化，即在公式（4－6）中应引入 CEO 过度自信程度这一新的变量更符合事实逻辑。可见，虽然本模型相较于以往传统模型在假定上更接近现实，但仍存在以上诸多问题，而这可能对模型的有效性产生直接影响。未来研究如能进一步将以上四个方面的问题整合到模型假定中，并能够在模型推导和求解方面解决由此而剧增的模型复杂性问题，将是对本研究主题的重大贡献。

4.5 结论与展望

中国企业 CEO 自主权面临着因过度放纵导致的内部人控制和过度控制导致的内部人不作为两种极端现象并存的问题，也同时面临着企业 R&D 投入意愿不足的问题，二者都是制约中国企业发展的关键“瓶颈”。CEO 自主权配置是联结公司治理与企业管理的枢纽，是微观通向宏观的桥梁，是最具综合性和潜在影响力的组织变量，而 R&D 投入则是决定企业技术创新成效的关键组织现象，刻画了企业获取长期竞争优势的可能性。在此背景下，理论界涌现出大量文献尝试从 CEO 自主权理论视角研究企业 R&D 投入决定机制，试图引导企业采用协同整合的视角，系统性地解决中国企业发展的两大痛点。由于研究者多忽视了新任 CEO 与资深 CEO 自主权特征及其运作机制的鲜明差异，新任 CEO 自主权与企业 R&D 投入关系缺乏文献报道，因此导致理论界对二者关系认知存在严重分歧。在现有文献中，CEO 自主权与企业 R&D 投入关系呈现正相关、负相关、曲线相关乃至无相关性等多种结果，远未达成共识。

在此理论背景下，本章借鉴 Gonzalez-Consuelo 模型基本假定，引入 CEO 任期作为关键情境变量，构建并分析了基于 CEO 自主权运作动机差异的企业 R&D 投入决策模型。分析结论表明 CEO 任期对 CEO 自主权的运作动机有显著负向调节效应。具体而言，当 CEO 任期足够小时，CEO 自主权与企业 R&D 投入强度以及 R&D 活动的启动概率呈正相关关系，亦即对新任 CEO 而言，随着 CEO 自主权的扩大，企业启动 R&D 活动的概率越高，且 R&D 投入强度亦更高；当 CEO 任期足够大时，CEO 自主权与企业 R&D 投入强度以及 R&D 活动的启动概率呈现负相关关系，亦即对资深 CEO 而言，CEO 自主权的扩大将抑制企业 R&D 投入意愿，从而降低企业启动 R&D 活动的概率，并抑制 R&D 投入强度；当 CEO 任期处于二者的中间状态，CEO 自主权与企业 R&D 活动的启动概率以及 R&D 投入强度呈现不明确关系。根据该结论，当样本中 CEO 任期普遍较大时，实证结果将支持二者的负相关关系，当 CEO 任期普遍较小时，实证结果将支持二者的正相关性等。因此，该结论合理解释了现有实证研究中 CEO 自主权与企业 R&D 投入关系的多元结论：正是各研究文献的实证样本中 CEO 拥有不同的任期组合，才导致各样本中的 CEO 整体上呈现出各自不同的 R&D 投入倾向。进一步的剖析表明，新任 CEO 在企业 R&D 投入决策中表现出比资深 CEO 更强的利企性动机。理论上，模型结论填补了该研究领域的空白，丰富了现有 CEO 自主权与技术创新等研究领域的理论成果；实践上，该结论有利于构建分别针对新任 CEO 和资深 CEO 的差异化的自主权配置机制和监督机制。根据本章结论，董事会应将更多的 R&D 投入决策权授予新任 CEO，扮演好决策咨询与资源支持的角色，力求为新任 CEO 利企动机营造更好的实现平台；而面对资深 CEO，董事会应尝试尽可能与其共享 R&D 投入决策权，致力于扮演战略决策和监督激励的角色，力求有效抑制资深 CEO 利己动机可能会为企业带来的损失。

本章对理论界的贡献在于开创性地描述、剖析了新任 CEO 关于 R&D 投入决策的利企动机，填补了现有研究领域关于新任 CEO 自主权与企业 R&D 投入关系的空白，并刻画了新—老 CEO 自主权的 R&D 投入效应在强度、机理与动机方面的差异，很好地调和了传统委托代理理论和现代管家理论对企业管理者动机界定的争议，丰富了 CEO 自主权的理论体系，完善了企业技术创新领域理论研究的视角。本章对实业界的贡献，一是有助于提升企业 R&D 投入意愿，二是有利于构建分别针对新任 CEO 和资深 CEO 的差异化的自主权配置机制和监督机制，为新任 CEO 利企动机营造更好地实现平台和制度环境，有效抑制资深 CEO 利己动机可能会为企业带来的损失，并有利于进一步打造新任 CEO 向资深 CEO 转化过程中其原有利企动机的保鲜机制。“贡献一”是本章的研究主旨所在，而“贡献二”则超越了技术创新领域研究本身，其实具有更广泛的公司治理实践意义。

从中国企业实践看，不仅 R&D 投入意愿不足是亟待改善的现实问题，而与此同时 CEO 更替日益凸显其关键性。自 2000 年来，我国 CEO 更替愈加频繁，2012 年超过 10% 的企业发生了 CEO 更替，部分行业和地区甚至达到

20%。这表明，CEO 更替已经成为中国公司治理中不可忽视的新兴现象。随着 2013 年我国十八届三中全会“强化企业市场经济主体地位”政策方向的，未来市场竞争必将日趋激烈、技术创新亦会更为频繁，在此兼具动态性、复杂性和无序性特征的经营环境中，企业的生存与发展对 CEO 提出更高要求，未来势必有更多企业将寄希望于更换 CEO 以谋求竞争优势。CEO 变更之初，公司治理新框架中的各相关主体的责权利有待重新界定，但由于理论研究缺位，不论是 CEO 还是董事会或股东，对如何配置新任 CEO 自主权和确定创新投入等不可回避的关键事宜，缺乏明确的理论指导，当事各方皆是一片迷茫，导致更换 CEO 的成效较少达到预期目标。因此，在大量 CEO 更替和企业技术创新投入低迷的双重现实背景下，研究新任 CEO 自主权对 R&D 投入的操纵效应，剖析新—老 CEO 自主权运作动机差异有助于应对该现实问题，促进 CEO 更替成功。

本章不足之处主要在研究结论仅依赖于形式化的数理模型推导，而且模型的部分前提假定建立在对现实高度抽象和简化的基础上，可能弱化了研究结论的可靠性并局限了结论的适用范围。未来应当采用规范的计量统计方法和较大样本的数据继续在实证方面针对本结论开展研究，争取形成更可靠的高质量的研究成果。此外，如何在确认新任 CEO 利企性动机的前提下，有效构建新任 CEO 整个任期内利企动机的保鲜机制亦是未来的重要研究方向。

本章参考文献

[1] 胡明霞. 管理层权力、技术创新投入与企业绩效 [J]. 科学学与科学技术管理，2015，36 (08)：140－149.

[2] 舒谦，陈治亚. 治理结构、研发投入与公司绩效——基于中国制造型上市公司数据的研究 [J]. 预测，2014，22 (03)：45－50.

[3] 李有根，赵西萍. 大股东股权、经理自主权与公司绩效 [J]. 中国软科学，2004，4：86－92.

[4] 文芳. 上市公司高管团队特征与 R&D 投资研究 [J]. 山西财经大学学报，2008，8：82－88.

[5] Finkelstein S. and Hambrick D. C. Top-Management-Team Tenure and Organizational Outcomes: the Moderating Role of Managerial Discretion [J]. Administrative Science Quarterly, 1990, 35: 484-503.

[6] Finkelstein S. and Boyd B. K. How Much Does the CEO matter? The Role of Managerial Discretion in the Setting of CEO Compensation [J]. The Academy of Management Journal, 1998, 41: 179-199.

[7] 张三保，张志学. 管理自主权：融会中国与西方、连接宏观与微观 [J]. 管理世界，2014，3：102-118.

[8] 张长征，李怀祖，赵西萍. 企业规模、经理自主权与R&D投入关系研究——来自中国上市公司的经验证据 [J]. 科学学研究，2006，24 (3)：432-438.

[9] 许春. 打开非相关多元化与企业创新投入关系的黑箱——基于经理自主权的分析 [J]. 研究与发展管理，2014，26 (4)：1-11.

[10] Barker, V. L. and G. C. Mueller. CEO Characteristics and Firm R&D Spending [J]. Management Science, 2002, 48 (6): 782-801.

[11] Czarnitzki, D. and Kraft, K. Management control and innovative activity [J]. Review of Industrial Organization, 2003, 24 (1): 1-24.

[12] Jing Dong and Yan-nan Gou. Corporate governance structure, managerial discretion, and the R&D investment in China [J]. International Review of Economics and Finance, 2010, 19: 180-188.

[13] Lee Rosenstein and Wyatt, J. G. The value of financial outside directors on corporate boards, International Review of Economic and Finance, 1999, 8: 421-431.

[14] Hamza, F. Azouzi, M. A. and Jarboui, A. CEO's commitment bias and its firm R&D level Bayesian: Network Method: Evidence form Tunisia [J]. Global Journal of Management and Business Research Finance, 2013, 11: 31-44.

[15] 李国勇，蒋文定，牛冬梅. CEO特征与企业研发投入关系的实证研究 [J]. 统计与信息论坛，2012，27 (1)：77-83.

[16] 陈琪. 产权性质、经理自主权与研发投资——来自我国中小板上市公司的经验证据 [J]. 中南财经政法大学学报，2013，5：123-129.

[17] 张三保，张志学．区域制度差异，CEO 管理自主权与企业风险承担——中国30省高新技术产业的证据 [J]. 管理世界，2012，4：101-114.

[18] 苏文兵，李心合，徐东辉，许佳．经理自主权与 R&D 投入的相关性检验——来自中国证券市场的经验证据 [J]. 研究与发展管理，2010，22 (4)：30-38.

[19] Di Vito, J. C. Laurin and Y. Bozec. R&D activity in Canada: does corporate ownership structure matter? [J]. Canadian Journal of Administrative Sciences, 2010, 27 (2): 107-121.

[20] Mousa, F. T. and Chowdhury, J. Organizational slack effects on innovation: the moderating roles of CEO tenure and compensation [J]. Journal of Business Economics and Management, 2014, 15 (2): 369-383.

[21] Jolien Huybrechts, Wim Voechkers and Nadine Lybaert. Entrepreneurial risk taking of private family firms: the influence of a nonfamily CEO and the moderating effect of CEO tenure [J]. Family Business Review, 2013, 26 (2): 167-179.

[22] Hsiang-Lan Chen. Board Capital, CEO Power and R&D Investment in Electronics Firms [J]. Corporate Governance: An International Review, 2014, 22 (5): 422-436.

[23] Francis, J. and Smith, A. Agency costs and innovation: Some empirical evidence [J]. Journal of Accounting and Economics, 1995, 19: 383-409.

[24] Tribo, J. A. Berrone, P. and Surroca, J. Do the type and number of block-holders influence R&D investments? New evidence from Spain [J]. Corporate Governance: An International Review, 2007, 15 (5): 828-842.

[25] Linck, J. S. J. M. Netter and T. Yang. The determinants of board structure [J]. Journal of Financial Economics, 2008, 87 (2): 308-328.

[26] Berens, G. C. B. M. van Riel and G. H. Van Bruggen. Corporate associations and consumer product responses: The moderating role of corporate brand dominance [J]. Journal of Marketing, 2005, 69: 35-48.

[27] Salanick G. R., and Pfeffer J. Effects of Ownership and Performance on Executive Tenure in U. S. Corporations. Academy of Management Journal, 1980,

23: 653 -664.

[28] Christine H. Mooney, Dan R. Dalton, Catherine M. Dalton, S. and Trevis Certo. CEO Succession as a Funnel: The Critical, and Changing, Role of Inside Directors [J]. Organizational Dynamics, 2007, 36 (4): 418 -428.

[29] Abu M. Jalal and Alexandros P. Prezas. Outsider CEO succession and firm performance [J]. Journal of Economics and Business, 2012, 64 (6): 399 -426.

[30] Xulia Gonzalez and Consuelo Pazo. Firms' R&D Dilemma: To Undertake or not to Undertake R&D [J]. Applied Economics Letters, 2004, (11): 55 -59.

[31] Dixit, Avinash K. and Joseph E. Stiglitz. Monopolistic Competition and optimum product diversity [J]. American Economic Review, 1977, 67: 297 - 308.

[32] Gabszewicz, J. and Thisse, J. F. Price Competition, Quality and Income Disparities [J]. Journal of Economic Theory, 1979, 20: 310 -359.

[33] Shaked, A. and Sutton, J. Relaxing Price Competition Through Product Differentiation [J]. Review of Economic Studies, 1982, XLIX: 3 -19.

[34] Lee C. Y. A simple Model of R&D: An extension of the Dorfman-Steiner Theorem [J]. Applied Economic Letters, 2002 (9): 449 -452.

[35] Chang-Yang Lee. Learning-by-doing in R&D, knowledge threshold, and technological divide [J]. Journal of Evolutionary Economics, 2012, 22 (1): 109 -132.

[36] Arrow K. Economic Welfare and the Allocation of Resources for Inventions—The Rate and Direction of Inventive Activity [M]. Princeton NJ: Princeton University Press, 1962.

[37] Metcalfe S. The Economic Foundations of Technology Policy, Equilibrium and Evolutionary Perspectives: Handbook of the Economics of Innovation and Technological Change [M]. Blackwell: Stoneman Press, 1996.

[38] Sutton, John. Technology and Market Structure: Theory and History [M]. Cambridge, MA: MIT Press, 1998.

[39] Alan S. Dunk and Alan Kilgore. Financial factors in R&D budget setting: the impact of interfunctional market coordination, strategic alliances, and

the nature of competition [J]. Accounting & Finance, 2004, 44 (2): 123 - 138.

[40] 徐欣. 技术升级投资与产品成本优势效应的实证研究——基于产品技术生命周期与工艺创新的视角 [J]. 科研管理, 2013, 34 (8): 82 - 89.

[41] Klette, Griliches. Empirical Patterns of Firm Growth and R&D Investment: A Quality Ladder Model Interpretation [J]. Economic Journal, 2000, 110: 363 - 387.

[42] 张长征, 李阳. 基于现代企业运营复杂性的 CEO 职责界定研究 [J]. 经济与管理期刊, 2013, 2 (3): 76 - 86.

[43] 孙耀吾, 王利强, 朱雄鹰. 信息不完全下高技术企业研发投资决策建模优化与仿真 [J]. 系统工程, 2016, 34 (6): 24 - 30.

[44] Lehn, K. M. and M. Zhao. CEO Turnover after Acquisitions: Are Bad Bidders Fired? [J]. The Journal of Finance, 2006, 61 (4): 1759 - 1811.

[45] Schneider, Paul J. The Managerial Power Theory of Executive Compensation [J]. 2013, 67 (3): 17 - 46.

[46] Williamson, O. E. Corporate finance and corporate governance [J]. The journal of finance, 1988, 43 (3): 567 - 591.

[47] Mark R. Huson, Robert Parrino, and Laura T. Starks. Internal Monitoring Mechanisms and CEO Turnover: A Long-Term Perspective [J]. The Journal of Finance, 2001, 56 (6): 2265 - 2297.

[48] Ryan, Harley E. Wang, Lingling and Wiggins, Roy A. Board-of-Director Monitoring and CEO Tenure (February 25, 2009) [Z]. SSRN Paper, Available at SSRN: http: //ssrn. com/abstract = 992857 or http: //dx. doi. org/10. 2139/ssrn. 992857.

[49] Changzheng Zhang, Xin Mu, and Zhuoqin Gao. Manipulation effects of managerial discretion on executive-employee pay gap: A comprehensive study between the senior CEOs and the fresh CEOs [J]. Corporate Board: Role, Duties and Composition, 2015, 11 (3): 43 - 66.

[50] Long Zhang, Wen Ji, Jinli Tao and Qun Wang. Who Shall Leave? How CEO Preference and Power Affect Executive Turnover in Chinese Listed Com-

panies [J]. Corporate Governance: An International Review, 2011, 19 (6): 547 - 561.

[51] Yihui Pan, Tracy Yue Wang, and Michael S. Weisbach. CEO Investment Cycles [Z]. Ohio State University, Working Paper, Oct. 6, 2014, Avaiable at: http: //u. osu. edu/weisbach. 2/files/2015/01.

[52] 李有根，赵锡斌. 国外经理自主权研究及测量 [J]. 外国经济与管理，2003，(12)：2 -6.

[53] Pingying Zhang. Power and trust in board-CEO relationships [J]. J Manag Gov, 2013, 17: 745 - 765.

[54] Dorfman R, Steiner P O. Optimal Advertising and Optimal Quality [J]. American Economic Review, 1954, (44): 826 - 836.

[55] Stacey Brook. Is the Dorfman-Steiner Rule Always Optimal? [J]. The American Economist, 2005, 49 (2): 75 - 77.

[56] Hsiang-Lan Chen. CEO Tenure, Independent Directors and Corporate Innovation [J]. Journal of Applied Finance & Banking, 2013, 3 (5): 187 - 197.

[57] Jian, M. and K. W. Lee. Does CEO reputation matter for capital investments? [J]. Journal of Corporate Finance, 2011, 17: 929 - 946.

[58] Jayanthi Sunder, Shyam V. Sunder, and Jingjing Zhang. Pilot CEOs and Corporate Innovation [Z], Social Science Electronic Publishing, 2015, 6: 1 - 48.

[59] Ben W. Lewis, Judith L. Walls, and Glen W. S. Dowell. Difference in degrees: CEO characteristics and firm environmental disclosure [J]. Strategic Management Journal, 2014, 35 (5): 712 - 722.

[60] Mazurina Mohd Ali and Dennis Taylor. Corporate Risk Disclosure in Malaysia: The Influence of Predispositions of Chief Executive Officers and Chairs of Audit Committee [J]. Research Journal of Finance and Accounting, 2014, 5, (2): 92 - 106.

[61] Cella, Cristina and Ellul, Andrew and Gupta, Nandini. Learning Through a Smokescreen: Earnings Management and CEO Compensation over Tenure [Z].

Kelley School of Business Research Paper No. 15-18. May 1, 2015. Available at SSRN: http: //ssrn. com/abstract =2544262 or http: //dx. doi. org/10. 2139/ssrn. 254 4262.

[62] Jong-Seo Choi , Young-Min Kwak and Chongwoo Choe. Earnings Management Surrounding CEO Turnover: Evidence from Korea [J]. Abacus, 2014, 50 (1): 25 -55.

[63] Mahmoud M. Nourayi and Steven M. Mintz. Tenure, firm's performance, and CEO's compensation [J]. Managerial Finance, 2008, 34 (8): 524 -536.

[64] Torsten Wulf, Stephan Stubner, Jutta Miksche, and Kati Roleder. Performance Over the CEO Lifecycle - A Differentiated Analysis of Short and Long Tenured CEOs [Z]. HHL - Arbeitspapier (HHL Working Paper), 2014, No. 88.

[65] Luo Xueming, Vamsi K. Kanuri, and Michelle Andrews. Long CEO Tenure Can Hurt Performance [Z]. Harvard business review. 03/2013.

[66] Annetta Fortune, and Lois M. Shelton. Age matters: Disentangling the effect of R&D investment in the global chemical products industry [J]. Business Management Dynamics, 2014, 3 (11): 35 -54.

[67] Michael D. König, Stefano Battiston, Mauro Napoletano, and Frank Schweitzer. The efficiency and stability of R&D networks [J]. Games and Economic Behavior, 2012, 75 (2): 694 -713.

[68] Chia-Feng (Jeffrey) Yu. CEO Overconfidence and Overinvestment Under Product Market Competition [J]. Managerial and Decision Economics, 2014, 35 (8): 574 -579.

[69] Sheng-Syan Chen, Keng-Yu Ho and Po-Hsin Ho. CEO Overconfidence and Long-Term Performance Following R&D Increases [J]. Financial Management, 2014, 43 (2): 245 -269.

[70] Luca Lambertini and Raimondello Orsini. Quality improvement and process innovation in monopoly: A dynamic analysis [J]. Operations Research Letters, 2015, 43 (4): 370 -373.

第5章 CEO自主权各维度及其交互作用对企业R&D投入的影响研究

5.1 引　　言

在组织行为、公司治理与战略管理文献中，自主权一般被定义为个体的授权行动空间（Susan Key，1997；Finkelstein & Boyd）[1][2]。基于组织的纵向层级与授权体系设计，在企业中处于任何层级、任何职位的员工或管理者，均具备其不同程度、不同范围的自主权。同一层级的员工或管理者，将因为其所在企业的管理风格的不同，或者其自身能力和意愿的差异，而被授予差异化的自主权配置。就 CEO 群体而言，自主权在本质上是一个多维度的综合性概念。CEO 自主权代表 CEO 在企业战略运营与日常运作过程中，综合了结构职位权、专家声望权、股份所有权、薪酬回报权以及资源运作权等各种权力形式和权力来源，在与董事会、股东、监事会乃至其他各利益相关者的互动博弈过程中形成的一种动态的影响力，是 CEO 在各项公司事务上所取得的、能够完全自主的行为空间。之所以赋予 CEO 适当的自主权，一方面，是期望通过满足 CEO 自身所固有的影响（或掌控）环境和他人并获取成就感的内在个体倾向性（Thompson，1981）[3]，激励 CEO 在履职时更努力；另一方面，所有权与经营权的日益分离，CEO 拥有越来越大的自主权已经成为不可规避的客观事实。CEO 自主权对组织内部各种重要的结果与过程变量都有关键性影响，在企业 R&D 投入决策事项上亦不例外。

CEO 自主权领域的研究仍处于动态发展阶段，即使是起源更早的关于 CEO 自主权与企业绩效之间关系的研究，目前国内外学者仍远未达成共识（Hagen Wülferth，2013）[4]。因此，起步更晚的针对 CEO 自主权与企业 R&D 投入之间关系的研究，则更是处于各家争鸣阶段，需要更为深入和具体的实证分析。以上各章已经探讨了 CEO 自主权作为一个整体概念对企业 R&D 投入决策的影响，也探讨了股权集中度、监事会、CEO 任期、独立董事等关键公司治理因素作为调节变量对与二者关系的影响。然而，到目前为止，既有研究对该主题的探讨基本都停留在 CEO 自主权整体层面，而没有深入到其相对独立的各子维度层面（张长征、吕悦凡，2016）[5]。鉴于各子维度的权力性质和来源之间均具有实质性的差异，其权力运作形式与运作动机亦将各有不同。本研究尝试深入探讨构成 CEO 自主权的各子维度对企业 R&D 投入的影响，并进一步探索各子维度之间的交互作用如何作用于企业 R&D 投入决策。

研究结果发现，CEO 自主权的五个子维度中，专家声望权、股份所有权和资源运作权对企业 R&D 投入强度具有显著正向影响，其中资源运作权对企业 R&D 投入强度的影响不论是在强度上还是在显著度上都是最高的，而股份所有权对企业 R&D 投入强度的影响在强度与显著性水平上则是三者最低的；结构职位权对企业 R&D 投入强度呈现统计上不显著的负向影响；薪酬回报权则对企业 R&D 投入强度呈现显著的负向影响。从 CEO 自主权各维度的二元交互效应来看，职位结构权与资源运作权的交互、结构职位权与专家声望权的交互、资源运作权与股份所有权的交互、资源运作权与专家声望权的交互对企业 R&D 投入强度具有显著的正向促进效应，而结构职位权与薪酬回报权的交互则对企业 R&D 投入强度具有显著的负向抑制效应；从 CEO 自主权各维度的三元交互效应来看，结构职位权、资源运作权与专家声望权的交互、股份所有权、资源运作权与专家声望权的交互对企业 R&D 投入强度具有显著正向促进效应，而结构职位权、资源运作权与薪酬回报权的交互则对企业 R&D 投入强度具有显著负向抑制效应。

本章后续内容安排如下：第二部分在文献回顾与逻辑分析的基础上，发展出关于 CEO 自主权各子维度及其交互作用对企业 R&D 投入的影响效应的研究假设；第三部分则是研究设计与样本数据；第四部分是实证分析，探讨并比较 CEO 自主权各维度及其交互与企业 R&D 投入的关系，对研究假设进行检验；第五部分是研究结论。

5.2 文献回顾与假设发展

基于系统性的文献梳理与回顾，整体上而言，CEO 自主权与企业 R&D 投入关系的研究结论呈现出一种显著的变化趋势，即二者关系从最初的以负相关为主，逐渐演变成以正相关为主（Jing Donga & Yan-nan Goub，2010；Pol Herrmann et al.，2010）。[6][7]究其原因，一方面可以解释为，随着 CEO 群体的年轻化、高素质化进程的加快，其风险承担意愿、风险控制能力和管理自信显著提升，对企业技术创新活动的态度逐步发生了本质性的变化，从原本相对消极回避的态度转变成为积极欢迎的态度；另一方面，也可以认为，外部竞争环境和消费者需求的不断变化与升级，使得企业技术创新的战略性地位更加凸显，维持企业基本生存能力的研发投入门槛值越来越高，导致 CEO 原本对 R&D 投入的负面态度受到显著抑制。

部分学者从 CEO 个体特征的角度，探讨了不同 CEO 个体特征对企业 R&D 活动的影响，间接地表明，CEO 自主权各维度对企业 R&D 投入可能具有不同的影响效应。比如，严（Yan，2010）[8]研究发现 CEO 持股（CEO 自主权构成中，股份所有权的常用度量指标）与企业 R&D 支出有显著正相关关系，CEO 两职兼任（CEO 自主权构成中，结构职位权的常用度量指标）与企业 R&D 支出显著负相关，CEO 教育水平（CEO 自主权构成中，专家声望权的常用度量指标）与企业 R&D 支出正相关；克莱克兹等（D. Kraiczy et al.，2015）[9]证实 CEO 年龄与 CEO 教育背景对中小企业的 R&D 投入强度有显著影响。本书第一章研究结论也直接指出，CEO 自主权各维度对企业研发投入的具体作用在程度上有一定的差异性。因此，本研究将系统地深入到 CEO 自主权各维度对企业 R&D 投入强度的影响。

5.2.1 结构职位权与 CEO 的 R&D 投入倾向

结构职位权，其权力来源于 CEO 在公司治理结构中占据的正式职位。该职位赋予 CEO 在法律上和公司制度规章上的正式决策权限空间与决策职责，该权力的基础是合法性和权威性。CEO 对企业面临的挑战与机遇拥有最多的专用性知识（Fama & Jensen，1992[10]），当其两职兼任时，过大的结构职位权其实分散了 CEO 的注意力，减轻了 CEO 的专业表现欲望，而且缺乏有效制衡的结构职位权可能导致 CEO 的管理惰性，并激发其短期行为的动机。此时，CEO 运营公司的焦点就更可能背离股东利益最大化的目标，转而寻求专属自身的“商业帝国”的构建以及个人私利的追逐。比如，大量的证据表明，当 CEO 两职兼任时，CEO 薪酬更高，CEO 离职的绩效敏感性更低等（Core，Holthausen & Larcker，1999；Goyal & Park，2002）[11][12]。

可见，CEO 履行其运作结构职位权的最大动机，是进一步扩大该权力的范畴，稳固该权力的基础，并以此为前提最大化自身的经济利益。既有研究表明，职位的安全性与企业规模、业务复杂性具有最为直接的正向关联，而与企业的风险、业绩的波动性具有较为直接负向关系。过往的诸多商业案例其实也表明，企业 R&D 投入强度过高甚至会给企业发展带来致命的风险。以柯达为例，该公司耗费巨资研发取得的突破性技术创新数码技术，不但没有提升和巩固柯达的市场优势地位，反而断送了企业的未来，颠覆了企业存在的根基。无独有偶，IBM 在 20 世纪七八十年代斥巨资开发的个人计算机，在颠覆了计算机行业格局的同时，也几乎葬送了 IBM 自己的生存之基，将 IBM 置于危险的境地。因此，由于研发活动本身的不确定性，以及研发成果可能对企业带来的颠覆性危机，CEO，尤其是在位企业的 CEO，对根本性的技术创新投入是心存疑忌的。恰恰是因为，此类活动不论成功与否，都将威胁到企业的生存，进而威胁 CEO 的职位安全。

因此，在针对企业 R&D 投入这一决策事宜上，鉴于 R&D 投入活动对企业带来的风险提升与可能的业绩波动，CEO 理论上应当是持有较为负面的态度的。只不过考虑到外部环境的整体趋势，对提升创新活动的呼声越发高涨，加之企业 R&D 投入可能在未来引发的新业务的拓展与企业规模的扩大，CEO 结构职位权对企业 R&D 投入的负面态度理应不会过于强烈。因此，本研究有以下假设：

H5 - 1：结构职位权对企业 R&D 投入无显著倾向性。

5.2.2 资源运作权与 CEO 的 R&D 投入倾向

资源运作权，取决于企业内部可供 CEO 相对自由地运作的资源是否具有足够的丰富性和冗余性。企业内部各种类型的资源中，流动资产、营运资金、货币资金、短期投资等各种流动性更强的资产，往往处于 CEO 的自由掌控之下。CEO 针对该类资产的运作大多无须经由股东大会和董事会的严格审查或批准；各种股权类资产，比如所有者权益，相比较债券类资产，在资产使用的过程中面临更少的限制与约束，CEO 可以相对自由的处置；而类似商誉、人力资本、知识产权等各种无形资产，相较于包括固定资产在内的有形资产而言，其处置与运作需要更加专业的技能与知识储备，以及嵌入于企业内部经营运作网络的专用性人力资本，董事会与股东对该类资产运作的监督和审查存在更强的业务复杂性和信息不对称性（Hans Degryse & Abe de Jong，2006）[13]，因而赋予了 CEO 实质上相对更大的自主权。

以上三类资产越丰富或者占比越高，则意味着 CEO 拥有更加丰富的可自由运作的资源，其资源运作权越大。此时，一方面，客观上 CEO 有足够的资源可以投入到企业 R&D 活动中；另一方面，较高的资源冗余度使得 CEO 在完成各类其优先选择和偏好的经营事项之后，比如拓宽业务范围，提升高管薪资或者兼并同行竞争对手等，仍有足够的资源剩余，为 R&D 经费的投入提供了现实的可能性。因此，基于未吸收冗余资源的运作权有助于更有效地打破创新资源约束，为 R&D 活动提供充足的资源支持（George，2005）[14]。此时，本章有以下假设：

H5 -2：资源运作权对企业 R&D 投入有显著的正向影响。

5.2.3 股份所有权与 CEO 的 R&D 投入倾向

股份所有权，来源于 CEO 对企业资产实质性的占有和处置权，以及由此而产生的心理所有权。中国上市公司 CEO 所持有的股份数量普遍相对较少，而少量的股份占有，虽不足以促使 CEO 与股东之间保持一致性的利益偏好与目标协同，但是由此引发的心理所有权会促使 CEO 产生对企业的归属感和忠诚度（Bart Henssen et al.，2014）[15]，并更可能愿意为企业的长远发展牺牲个人的短期利益。这也就意味着由股份所有权所引起的心理所有权将更有可能促进 CEO 的研发投入倾向。

与此同时，CEO 持有企业股份，往往意味着股东和董事会对 CEO 的贡献、能力与忠诚的高度认同（Xingli Li et al.，2016）[16]，这亦将引发 CEO 的高度职业荣誉感，诱发更高的职业成就欲望。体现在企业 R&D 投入决策上，鉴于现有研究已经证实 R&D 投入活动更能满足个体的职业成就感和自我效能感（Reinoud D. Stoel et al.，2006）[17]，此时 CEO 将表现出更明显的正向支持态度；此外，已有研究证实，心理所有权会导致个人创新行为增加（Hazel Melanie Ramos et al.，2014）[18]，而在 CEO 层面，其个体创新行为必将表现为对企业 R&D 支出的更大支持。因此，本章有以下假设：

H5 -3：股份所有权对企业 R&D 投入有显著的正向影响。

5.2.4 专家声望权与 CEO 的 R&D 投入倾向

专家声望权，来源于 CEO 自身的专业素养、职业资历与业界口碑，表现为被领导者对其发自内心的自愿性追随与服从性爱戴。CEO 的专业素养足够高，有助于科学判断企业 R&D 投入强度的需求，并且有足够的能力驾驭风险较高的技术创新活动，因而能够促进 CEO 对 R&D 投入的自信心（Till von den Driesch et al.，2015）[19]；CEO 的职业资历足够丰富，一方面将表现出对行业技术发展有良好的洞察力，从而对企业 R&D 投入的方向有更准确的把握能力；另一方面，则表现为在业内拥有更丰富的人脉资源和关系资源，而这些额外的资源联结在很大程度上能够为技术创新的人才和资金投入过程进行有效地保驾护航（Chen Lin et al.，2011）[20]，并促进技术创新活动的成功概率；CEO 的业界口碑好，则需要更卓越的业绩、长远的战略性眼光以及长期以来的利企性行为作为背书，以谋求未来职业生涯更大的成功。以上三个方面目标的达成，最具有代表意义的行为就是强化企业的 R&D 投入，至少在此项投入上能够高于行业平均水平才有可能被赋予更好的口碑，否则业界口碑无疑会下降。

因此，专家声望权将毫无疑问地有助于显著促进 CEO 对企业 R&D 支出的支持。依据以上论述，本章有以下假设：

H5 -4：专家声望权对企业 R&D 投入有显著的正向影响。

5.2.5 薪酬回报权与 CEO 的 R&D 投入倾向

薪酬回报权，表现为 CEO 对自身及企业内其他人薪酬水平与结构的自由掌控能力。在中国传统文化中，薪酬水平高低可以相当准确地衡量个人在组织当中的地位、贡献及影响力。CEO 薪酬水平与高管薪酬水平乃至员工薪酬水平的差距可以很好地衡量薪酬回报权。薪酬差距越大，一方面，表明股东对 CEO 的人力资本和贡献认可度显著高于对高管的认可度；另一方面，则表明 CEO 利用自身影响力干涉，甚至操纵薪酬设定的能力更强。无论何种情况，都能够说明 CEO 薪酬回报权更大，高管与员工为了获得更高的薪酬与评价，必须更好地服从 CEO 的领导，维护其领导权威。

由于权力运作的跨领域延伸性，在薪酬设定上的权力将很容易会被 CEO 自由延伸到其他各项决策领域（Tongxia Li et al.，2017）[21]，比如企业 R&D 投入决策。薪酬回报权越高，表明 CEO 倾向于将更多的精力放在对短期业绩的关注上，或者更多是通过强化自身地位与权力满足其个人利益的需求，而将企业的长远利益与战略发展放在相对次要的位置。从企业 R&D 活动的有效性而言，较大的内部薪酬差距实际上不利于企业更具长期战略利益的企业 R&D 活动的有效开展。换句话说，内部薪酬差距除了可以衡量 CEO 薪酬回报权之外，还可以在一定程度上与企业的短视倾向紧密联系在一起。因此，本章有以下假设：

H5－5：薪酬回报权对企业 R&D 投入有显著的负向影响。

5.2.6 各自主权维度的交互作用与 CEO 的 R&D 投入倾向

CEO 自主权各维度不仅能够作为相对独立的个体变量，直接作用于企业 R&D 投入决策，而且各维度之间的交互作用亦可能对企业 R&D 投入决策具有举足轻重的影响。以结构职位权与资源运作权的交互为例，高结构职位权的 CEO 对企业内部资源具有更大的掌控力，其职位安全更有保障，因此有更大的精力投入到企业长期发展战略的战略思考活动中；而高资源运作权则为结构职位权提供了更大的资源运作空间，能够让高职位结构权 CEO 在满足长期投资决策需求和短期运营决策需求之间有更大的资源冗余度，亦可以让其在满足股东利益与自身报酬最大化的选择之间有较大的回旋余地，不至于非此即彼。因此，结构职位权与资源运作权的交互能够正向促进企业 R&D 投入强度。依据同样的逻辑，本章可以推测，CEO 自主权不同维度之间的交互作用对企业 R&D 投入强度具有差异化的影响。因此我们有以下假设：

H5－6：CEO 自主权各维度间的交互作用能够对企业 R&D 投入产生不同的显著影响。

5.3 样本与数据

5.3.1 样本设计

以 2010 ~ 2015 年中国制造业上市公司为研究对象（样本框），选择严格符合以下标准的上市公司为研究样本：①样本年度正常上市的公司，即剔除 ST、PT、*ST 公司；②样本年度经营情况无剧烈波动的上市公司，即剔除当年严重亏损的上市公司；③样本年度审计意见至少为保留意见及以上的上市公司；④本章所需的主要研究数据均完全披露的上市公司；⑤CEO 薪酬与员工平均薪酬的差距在 10 000 元以上的上市公司。

本章主要数据来源于国泰安数据库以及 WIND 数据库。部分资料和数据，比如 R&D 支出、CEO 兼职数量等来自上市公司年报和巨潮互联资讯网，并对其进行了必要的手工处理。为检验来自国泰安数据库和 WIND 数据库数据的真实可靠性，从中随机抽取 1% 数据样本，并将其与手工收集的上市公司年报中的统计数据相比较，结果基本一致。依据以上标准，可以得到符合要求的准研究样本 4 090 个。

为使样本的分布更接近于正态分布，分别按照 14 个连续变量将样本排序，并各自删除掉最高和最低水平样本 10 个，即共删除样本数 280 个，得到包含 3 810 个观测数据的最终样本。为进一步消除极端值对数据分析结果的扭曲，对 CEO 自主权的五个维度变量和 R&D 投入强度变量按 5% 进行了 Winsorize 极值处理。最终得到有效研究样本数据 3 810 个。数据处理以统计分析软件 SPSS19.0 为主要工具。

5.3.2 变量设计

（1）被解释变量：R&D 投入强度（RDI）。参照张长征、李怀祖和赵西萍（2006）[22]、曾和林（Zeng & Lin，2011）[23]等学者的做法，以上市公司年报披露的企业研究开发支出与营业收入的比值作为 R&D 投入强度的度量指标。

(2) 解释变量：借鉴权小锋、吴世农和文芳 (2010)[24]、施奈德 (Schneider Paul J., 2013)[25]、申 (Shin, 2013)[26]、张长征和李怀祖 (2008)[27]、张长征和吕悦凡 (2016)[5]等文献的基本观点，本章以 CEO 自主权的五个常用维度为相对独立的被解释变量，分别为结构职位权、资源运作权、专家声望权、股份所有权以及薪酬回报权。具体的变量度量操作方法设计如下：

结构职位权 (SPP)：分别以两职兼任情况、董事会规模倒数和权力集中度三个指标衡量。其中，当样本公司中董事长与总经理为一人兼任，则两职兼任情况设定为 1，否则为 0；董事会规模越大，则 CEO 掌控董事会的难度会提升。因此，董事会规模倒数可以有效衡量 CEO 的职位权力；权力集中度是员工人数与高管团队规模比值的对数，该数值越高，则意味着客观上每个高层管理者所必须有效管辖的员工数越大，亦即企业的权力越集中于高层，尤其是集中于 CEO。SPP 为三个指标标准化值的算术平均数①。

资源运作权 (ROP)：分别以流动资产比例、运营资金比例和无形资产比例三个指标综合衡量。其中，运营资金比例首先进行标准化处理，而无形资产比例测算中，无形资产需减去土地使用权再除以总资产。三个指标值都正向衡量 CEO 对企业资源的可自由支配程度。ROP 最终为三个指标的算术平均数。

专家声望权 (EPP)：分别以 CEO 年龄、CEO 经历职位数、CEO 媒体曝光率三个指标综合衡量。其中，CEO 年龄是 CEO 真实年龄的标准化值；CEO 经历职位数，系指年报中披露的 CEO 自进入职场所经历的职位数目与目前兼任的外部职位数目之和，低于 10，按照真实数量，而高于 10，则全部记为 10。该值最终需标准化处理；CEO 媒体曝光率，在百度中按照"CEO 姓名 + 上市公司代码"进行新闻搜索，根据截止样本年份的搜索结果数量衡量其媒体曝光率。曝光率越高，则在一定程度上表示其受关注程度越高，其圈内专家声望权更高。将媒体曝光率数值在样本均值以上的设置为 1，否则，设置为 0。EPP 是三个指标的算术平均值。

① 本章标准化值的计算公式为"(样本值 - 样本最小值)/(样本最大值 - 样本最小值)"。

股份所有权（SOP）：以 CEO 持有股份数目加 1 的对数为衡量指标。因为相当一部分 CEO 并不持有公司股份，因此在进行对数运算时，需要对持有股份数进行加 1 的处置。该指标同时考虑了是否持股以及持有股份的具体数量，能够更有效地表征 CEO 的股份所有权。SOP 最终需对该指标进行标准化处理。

薪酬回报权（CRP）：以 CEO 薪酬与高管平均薪酬的比值为衡量指标。该比值越大，则 CEO 拥有的薪酬奖惩权越大，其由此而得到的基于下属考核与奖惩的管理权威就更高。CRP 最终取此指标进行标准化处理后的结果。

（3）控制变量。参考现有文献，并借鉴前述章节中的研究发现，选择公司成立时间（FIRMAGE）、中部地区（MIDDLE）、西部地区（WEST）、资产总额（LGTA）、股权集中度（ECD）、国有股比例（RSS）、技术人员比例（RTP）、股权制衡（BDE）、独立董事比例（RID）、每股收益（EPS）为本章的控制变量。其中需要说明的是，LGTA 为资产规模的对数，ECD 为第一大股东持股比例，BDE 为第二至第五大股东持股比例之和与第一大股东持股比例的比值（见表 5－1）。

表 5－1　　　　研究变量一览

变量类型	变量编号	变量代码	变量名称	测度方法
控制变量	1	FIRMAGE	公司年龄	公司至样本年份经历的时间
	2	MIDDLE	中部地区	公司是否位于中国中部地区
	3	WEST	西部地区	公司是否位于中国西部地区
	4	LGTA	资产总额	公司资产总额的对数值
	5	EOC	股权集中度	第一大股东持股比率
	6	RSS	国有股比例	国有股占总股本的比率
	7	RTP	技术人员比例	技术人员数量与员工总数的比值
	8	BDE	股权制衡	第二至第五大股东持股比例之和与第一大股东持股比例的比值
	9	RID	独立董事比例	独立董事个数与董事会规模的比值
	10	EPS	每股收益	净利润与股份总数的比值

续表

变量类型	变量编号	变量代码	变量名称	测度方法
自变量	11	SPP	结构职位权	两职兼任情况、董事会规模倒数和权力集中度标准化值的平均数
	12	ROP	资源运作权	流动资产比例、运营资金比例和无形资产比例标准化值的平均数
	13	SOP	股份所有权	CEO 持有股份数目加 1 的自然对数
	14	EPP	专家声望权	CEO 年龄、CEO 经历职位数、CEO 媒体曝光率标准化值的平均数
	15	CRP	薪酬回报权	CEO 薪酬与高管平均薪酬的比值
因变量	16	RDI	研发投入强度	研究开发支出与营业收入的比值

5.3.3 变量描述性统计与相关性分析

使用 SPPS19.0 对研究变量进行描述性统计分析，结果见表 5－2。表 5－2 显示，公司年龄最小值为 5 年，最大值为 63 年，平均年龄为 16 年，整体上我国上市公司是非常年轻的；样本公司属于中部地区占到 24%，属于西部地区的占到 19%，而其他 57% 则属于东部地区，这与整体上的上市公司区域分布基本吻合；从股权集中度来看，第一大股东持股比例平均为 34.4%，与以往一股独大的状况相比，当前的股权分散化成效是显著的；从国有股比例看，样本公司平均国有股比例为 33.7%，在制造业领域国进民退的现象是显著的。但是，从另一个侧面来看，国有股在利润较薄的制造业企业逐步缩水，而将更大的资本与精力投入到金融、房地产等非实体经济。这其实意味着，国有资本在一定程度上正逐步放弃其原本应当承担的实业强国的责任，而开始只着眼于逐利（尤其是短期经济利益），这与国有资本的社会责任定位并不吻合；技术人员比例的样本平均值为 15.1%，最低为 0.3%，最高为 80.5%，表明不同制造企业在技术人员投入上差异明显；股权制衡的均值为 0.507，表明整体上其他大股东对第一大股东的制衡能力并不充分；每股收益的平均值为 0.285，意味着制造业平均每股为股东带来的回报为 0.285 元。该事实再次表明，中国制造业整体上的利润创造能力是薄弱的，制造业升级势在必行。本样本中，整体上企业 R&D 投入强度平均为 2.6%。

研究变量在样本中的相关系数矩阵见表 5－2。其中，研发投入强度与公

表5-2 变量描述性统计与相关性系数

变量	均值	标准差	1	2	3	4	5	6	7	8	9	10	11	12	13	14	15	16
1. FIRMAGE	16.060	5.270	1															
2. MIDDLE	0.240	0.427	-0.031	1														
3. WEST	0.190	0.396	0.061**	-0.276**	1													
4. LGTA	9.562	0.482	0.037*	0.035*	0.012	1												
5. EOC	0.344	0.144	-0.155**	-0.036*	0.010	0.259**	1											
6. RSS	0.034	0.108	0.011	0.013	0.014	0.060**	0.024	1										
7. RTP	0.151	0.114	-0.066**	-0.073**	-0.084**	0.029	0.004	0.035*	1									
8. BDE	0.507	0.482	0.014	-0.027	-0.035*	-0.112**	-0.600**	0.004	0.025	1								
9. RID	0.357	0.091	-0.138**	-0.037*	0.033*	-0.015	0.030	-0.002	-0.037*	0.032	1							
10. EPS	0.285	0.402	0.030	-0.020	-0.036*	0.287**	0.075**	0.002	0.040*	0.056**	-0.022	1						
11. SPP	0.186	0.109	-0.050**	-0.074**	-0.012	-0.391**	-0.187**	0.005	0.059**	0.114**	0.155**	-0.095**	1					
12. ROP	0.258	0.103	-0.076**	-0.051**	-0.058**	-0.329**	-0.075**	0.037*	0.230**	0.065**	0.007	0.147**	0.175**	1				
13. SOP	0.231	0.327	-0.082**	-0.077**	-0.103**	0.014	-0.198**	-0.030	0.053**	0.172**	0.111**	0.067**	0.185**	0.103**	1			
14. EPP	0.541	0.119	0.006	0.039*	-0.065**	0.199**	0.018	-0.074**	0.050**	-0.005	0.051**	0.066**	-0.091**	-0.017	0.104**	1		
15. CRP	0.127	0.140	0.027	0.016	-0.111**	-0.097**	-0.104**	-0.036*	-0.056**	0.051**	0.052**	-0.023	0.142**	-0.023	0.024	0.014	1	
16. RDI	0.026	0.028	-0.111**	-0.011	-0.031	-0.195**	-0.063**	0.021	0.202**	0.054**	0.027	-0.053**	0.068**	0.263**	0.050**	0.073**	-0.042**	1

注：n=3 810；*、**、***分别表示在0.10、0.05和0.01水平上显著。

司年龄、资产总额、股权集中度、每股收益、薪酬回报权等变量呈现显著度不同的负相关关系，与股权制衡、技术人员比例、结构职位权、资源运作权、股份所有权与专家声望权等变量呈现显著度不同的正相关性，而中部地区、西部地区、国有股比例、独立董事比例等控制变量则并未显示出显著相关性。CEO 自主权各维度与企业 R&D 投入强度之间从相关性而言，的确呈现方向不同、程度不同的关系，然而假设是否成立有待于更准确的回归分析。

此外，控制变量与解释变量之间的相关性多小于 0.500，只有股权制衡与股权集中度之间的相关系数为 -0.600（$P<0.01$）。进一步的多重共线性检验表明，其膨胀因子（VIF）最高值为 1.801，统计上可以接受。在后续的历次回归分析中，尝试将股权制衡剔除出回归模型，实证结果不变。因此，本章的实证分析模型中多重共线性问题可以接受，不影响实证结果的可靠性。

5.3.4 实证分析模型

为检验假设 H5－1 至假设 H5－5，拟基于最小二乘法（OLS），以研发投入强度为因变量，以 CEO 自主权各维度为解释变量，加入上文设计的控制变量，构建多元线性回归模型（5－1）。

$$\begin{aligned}RDI_{it} = \alpha &+ \beta_1 FIRMAGE_{it} + \beta_2 MIDDLE_{it} + \beta_3 WEST_{it} + \beta_4 LGTA_{it} + \beta_5 ECO_{it} \\ &+ \beta_6 RSS_{it} + \beta_7 BDE_{it} + \beta_8 RID_{it} + \beta_9 EPS_{it} + \beta_{10} CEOD_{ait} + \varepsilon_{it} \qquad (5-1)\end{aligned}$$

实证模型（5－1）中，$CEOD_a$ 中的“a”表示 CEO 自主权五个维度中的任意一个。当 a 为 1 时，$CEOD_a$ 表示结构职位权，当 a 为 2 时，$CEOD_a$ 表示资源运作权，当 a 为 3 时，$CEOD_a$ 表示股份所有权，当 a 为 4 时，$CEOD_a$ 表示专家声望权，当 a 为 5 时，$CEOD_a$ 表示薪酬回报权。i 表示具体样本公司，t 表示样本年份。因此，公式（5－1）实际上会根据 a 取值的不同，分别代表五个不同的实证模型，用来分别检验假设 H5－1 至假设 H5－5。如果 β_{10} 显著为负，则表明某个自主权维度对企业 R&D 投入有负向影响效应；反之，则表示，该自主权维度对企业 R&D 投入有正向影响效应。

$$\begin{aligned}RDI_{it} = \alpha &+ \beta_1 FIRMAGE_{it} + \beta_2 MIDDLE_{it} + \beta_3 WEST_{it} + \beta_4 LGTA_{it} + \beta_5 ECO_{it} \\ &+ \beta_6 RSS_{it} + \beta_7 BDE_{it} + \beta_8 RID_{it} + \beta_9 EPS_{it} + \beta_{10} CEOD_{ait} + \beta_{11} CEOD_{bit} \\ &+ \beta_{12} CEOD_{ait} \times CEOD_{bit} + \varepsilon_{it} \qquad (5-2)\end{aligned}$$

实证模型（5－2）中，$CEOD_a$、$CEOD_b$ 中的 a、b 均与模型（5－1）中的“a”一样，都表示 CEO 自主权五个维度中的任意一个。在实证模型整体上通过 F 值检验的条件下，二元交互项的回归系数 β_{12} 如果显著为正，表明对应的两个维度的交互项能够正向促进企业 R&D 投入；如果 β_{12} 显著为负，则表明对应的两个维度的交互项能够负向抑制企业 R&D 投入决策。

$$RDI_{it} = \alpha + \beta_1 FIRMAGE_{it} + \beta_2 MIDDLE_{it} + \beta_3 WEST_{it} + \beta_4 LGTA_{it} + \beta_5 ECO_{it} + \beta_6 RSS_{it} + \beta_7 BDE_{it} + \beta_8 RID_{it} + \beta_9 EPS_{it} + \beta_{10} CEOD_{ait} + \beta_{11} CEOD_{bit} + \beta_{12} CEOD_{cit} + \beta_{13} CEOD_{ait} \times CEOD_{bit} \times CEOD_{cit} + \varepsilon_{it} \quad (5-3)$$

实证模型（5－3）中，$CEOD_a$、$CEOD_b$、$CEOD_c$ 中的 a、b、c 均与模型（5－1）中的“a”意义一样，都表示 CEO 自主权五个维度中的任意一个。当然，这三者不能同时代表某一个维度，即三者必须分别代表三个不同的自主权维度。三元交互项的回归系数 β_{13} 如果显著为正，表明对应的三个维度的交互效应能够正向促进企业 R&D 投入；如果 β_{13} 显著为负，则表明对应的三个维度的交互效应能够负向抑制企业 R&D 投入决策。

5.4 实证分析与结果讨论

5.4.1 CEO 自主权各维度与企业 R&D 投入强度关系检验

1. 基于结构职位权的检验

在实证模型（5－1）中，以结构职位权（SPP）代入 $CEOD_a$，应用样本数据进行模型拟合。结果见表 5－3。第 14 行第 5 列数据显示，SPP 的标准化回归系数为 －0.031（P＝0.076），表明结构职位权对企业 R&D 投入强度的直接影响效应是，强度微弱但统计上显著的负向影响。换句话说，当前制造业上市公司的 CEO，在运作其结构职位权时，其权力运作的动机与强化企业参与技术创新活动、提升企业技术创新能力的目标是有所背离的。基于结构职位权的 CEO 自主权，其运作的根本动机是强化其权力基础，并尽可能利用该权力攫取个人私利。因此，结构职位权的运作更加关注盈余管理、短期投资、企业分红以及高管薪酬等可以立即作用于其职位安全，并且影响其薪酬收益的各种事务决策，而对企业 R&D 投入活动并不会过于热衷。加之考虑到 R&D 投入活动伴随的高风险性，以及对当前现金流的占用程度，CEO 的结构职位权对 R&D 投入活动持有负面的态度是可以理解的。H5－1 未得到验证。

表 5－3　　模型 5－1 回归结果：以 SPP 解释变量

模型		非标准化系数		标准系数	t	Sig.
		B	标准误差	β		
模型（5－1）	（常量）	0.145	0.010		14.007	0.000
	FIRMAGE	－0.001	0.000	－0.098	－6.093	0.000
	MIDDLE	0.000	0.001	－0.005	－0.279	0.780
	WEST	0.000	0.001	－0.006	－0.384	0.701
	LGTA	－0.012	0.001	－0.207	－11.525	0.000
	EOC	－0.005	0.004	－0.025	－1.216	0.224
	RSS	0.006	0.004	0.022	1.443	0.149
	RTP	0.051	0.004	0.204	13.009	0.000
	BDE	0.001	0.001	0.021	1.069	0.285
	RID	0.006	0.005	0.019	1.199	0.230
	EPS	0.000	0.001	－0.005	－0.328	0.743
	SPP	－0.008	0.004	－0.031	－1.776	0.076
	R	0.314	R^2	0.099	Adjusted R^2	0.096
	F	34.676	Model Sig.	0.000	N	3 810

注：a. 回归系数均仅取小数点之后三位数，因此此处“.000”并非意味着回归系数就是零。下同。

2. 基于资源运作权的检验

在实证模型（5－1）中，以资源运作权（ROP）代入 $CEOD_a$，应用本章设计的样本数据进行模型拟合。结果见表 5－4。第 5 列数据表明，ROP 的标准化回归系数为 0.210（P＝0.000），表明资源运作权对企业 R&D 投入强度的直接效应，表现为较强的显著正向影响。企业内部可供 CEO 直接操控的流动资源和冗余资源越丰富，则 CEO 越有可能在满足其优先决策事项对资源需求的基础上，更多正面考虑 R&D 投入活动对资源的需求。假设 H5－2 得到验证。

表 5－4　　　　模型（5－1）回归结果：以 ROP 解释变量

模型		非标准化系数		标准系数	t	Sig.
		B	标准误差	β		
模型（5－1）	（常量）	0.076	0.011		7.265	0.000
	FIRMAGE	0.000	0.000	－0.085	－5.407	0.000
	MIDDLE	0.000	0.001	0.003	0.157	0.875
	WEST	－5.333E－6	0.001	0.000	－0.005	0.996
	LGTA	－0.006	0.001	－0.110	－6.114	0.000
	EOC	－0.004	0.004	－0.020	－0.993	0.321
	RSS	0.003	0.004	0.012	0.762	0.446
	RTP	0.038	0.004	0.154	9.696	0.000
	BDE	0.001	0.001	0.021	1.092	0.275
	RID	0.003	0.005	0.010	0.624	0.533
	EPS	－0.004	0.001	－0.059	－3.564	0.000
	ROP	0.055	0.005	0.210	12.080	0.000
	R	0.362	R^2	0.131	Adjusted R^2	0.129
	F	47.867	Model Sig.	0.000	N	3 810

3. 基于股份所有权的检验

在实证模型（5－1）中，以股份所有权（SOP）代入 $CEOD_a$，应用样本数据进行模型拟合。结果见表 5－5。第五列数据显示，SOP 的标准化回归系数为 0.033（P＝0.040）。这表明，股份所有权对企业 R&D 投入强度的直接效应是微弱但显著的正向影响。显然，持有企业股份的 CEO，在运作其自主权时，体现了对技术创新投入的正向态度，表明股份所有权对提升 CEO 的心理所有权和组织承诺的提升的确具有积极的正向影响，但是该影响比较微弱。这可能与中国上市公司 CEO 持股数量不足有一定的关系。但是，更重要的原因可能还在于，各企业当前授予 CEO 股份的依据和形式不够透明和科学，而且 CEO 与高管之间的持股数量的差距尚未有效拉开，存有高管团队内部共同“吃大锅饭”的现象。此外，与 CEO 股份所有权相配套的心理所有权构建与促进机制，并没有得到重视和有效落实。这是未来进一步改善基于股份所有权的 CEO 技术创新投入倾向的关键突破口。假设 H5 -3 得到相对微弱的数据支持。

表 5 -5　　　　模型（5 -1）回归结果：以 SOP 解释变量

模型		非标准化系数		标准系数	t	Sig.
		B	标准误差	β		
模型（5 -1）	（常量）	0. 137	0. 009		14. 573	0. 000
	FIRMAGE	-0. 001	0. 000	-0. 094	-5. 835	0. 000
	MIDDLE	3. 215E -6	0. 001	0. 000	0. 003	0. 998
	WEST	0. 000	0. 001	-0. 003	-0. 203	0. 839
	LGTA	-0. 012	0. 001	-0. 199	-11. 723	0. 000
	EOC	-0. 003	0. 004	-0. 014	-0. 685	0. 493
	RSS	0. 006	0. 004	0. 023	1. 467	0. 142
	RTP	0. 050	0. 004	0. 201	12. 824	0. 000
	BDE	0. 001	0. 001	0. 020	1. 009	0. 313
	RID	0. 004	0. 005	0. 011	0. 721	0. 471
	EPS	-0. 001	0. 001	-0. 008	-0. 500	0. 617
	SOP	0. 003	0. 001	0. 033	2. 052	0. 040
	R	0. 315	R^2	0. 099	Adjusted R^2	0. 096
	F	34. 774	Model Sig.	0. 000	N	3 810

4. 基于专家声望权的检验

在实证模型（5 -1）中，以专家声望权（EPP）代入 $CEOD_a$，应用样本数据进行模型拟合。结果见表5 -6。第14 行第5 列显示，EPP 的标准化回归系数为0. 122(P =0. 000)，表明专家声望权对企业 R&D 投入强度的直接作用表现为显著的正向影响。

表5-6　　模型（5-1）回归结果：以EPP解释变量

模型		非标准化系数		标准系数	t	Sig.
		B	标准误差	β		
模型（5-1）	（常量）	0.136	0.009		14.556	0.000
	FIRMAGE	-0.001	0.000	-0.098	-6.163	0.000
	MIDDLE	0.000	0.001	-0.006	-0.393	0.695
	WEST	-9.144E-6	0.001	0.000	-0.008	0.994
	LGTA	-0.013	0.001	-0.221	-12.940	0.000
	EOC	-0.003	0.004	-0.016	-0.811	0.417
	RSS	0.009	0.004	0.032	2.098	0.036
	RTP	0.049	0.004	0.196	12.590	0.000
	BDE	0.001	0.001	0.022	1.107	0.268
	RID	0.002	0.005	0.007	0.439	0.661
	EPS	0.000	0.001	-0.007	-0.434	0.664
	EPP	0.029	0.004	0.122	7.756	0.000
	R	0.335	R^2	0.112	Adjusted R^2	0.109
	F	39.942	Model Sig.	0.000	N	3 810

相比较而言，专家声望权对企业R&D投入强度的正向影响高于股份所有权的影响，但是低于资源运作权的影响。随着中国职业经理人市场的日益成熟，职业声誉对CEO的职业生涯影响越来越强。既有研究表明，超出同行业水平进行R&D投入，在业内各方的解读往往意味着更强的事业心，更强的风险掌控能力和管理自信，以及更明显的为股东谋利益的职业道德，从而会提升CEO的未来声誉。这就意味着，未来的专家声望权对企业R&D投入的影响效应会逐步提升，甚至会超越资源运作权的影响。假设H5-4得到数据支持。

5. 基于薪酬回报权的检验

在实证模型（5-1）中，以薪酬回报权（CRP）代入$CEOD_a$，应用样本数据进行模型拟合。结果见表5-7。CRP的标准化回归系数为-0.047(P=0.003)，表明薪酬回报权对企业R&D投入强度的直接效应，是较微弱但显著的负向影响作用。

表 5-7　　　　模型（5-1）回归结果：以 CRP 解释变量

模型		非标准化系数		标准系数	t	Sig.
		B	标准误差	β		
模型（5-1）	（常量）	0.140	0.009		14.807	0.000
	FIRMAGE	-0.001	0.000	-0.096	-5.982	0.000
	MIDDLE	0.000	0.001	-0.004	-0.249	0.803
	WEST	-0.001	0.001	-0.012	-0.739	0.460
	LGTA	-0.012	0.001	-0.199	-11.776	0.000
	EOC	-0.005	0.004	-0.026	-1.268	0.205
	RSS	0.005	0.004	0.021	1.332	0.183
	RTP	0.050	0.004	0.199	12.732	0.000
	BDE	0.001	0.001	0.020	1.020	0.308
	RID	0.005	0.005	0.017	1.107	0.269
	EPS	0.000	0.001	-0.006	-0.368	0.713
	CRP	-0.009	0.003	-0.047	-2.976	0.003
	R	0.316	R^2	0.100	Adjusted R^2	0.097
	F	35.203	Model Sig.	0.000	N	3 810

基于薪酬奖惩的 CEO 自主权，能够扩展 CEO 决策空间，带来高管和下属员工更多基于物质利益的服从，并为其带来更大的私人利益。该权力的运作动机是维持其薪酬奖惩的权力基础，并致力于攫取更大的私人利益。过高的 R&D 投入强度，一方面限制了 CEO 对当期薪酬总额的控制，另一方面也客观上要求 CEO 对下属进行适当放权，为高管和员工提供更多实现其价值的机会，从而导致其操控薪酬差距的空间会受到限制。因此，薪酬回报权会呈现出与企业 R&D 投入的负相关的关系。H5-5 得到数据支持。

6. 基于 CEO 自主权五个维度的检验

在模型（5-1）中，令五个 CEO 自主权维度变量同时进入回归方程，构建回归模型（5-1）*。以实证模型（5-1）*对样本数据进行回归分析，结果见表 5-8。第五列数据显示，SPP 的标准化回归系数为 -0.037（P=0.032），ROP 的标准化回归系数为 0.200（P=0.000），SOP 的标准化回归系数为 0.010（P=0.550），EPP 的标准化回归系数为 0.107（P=0.000），而 CRP 的标准化回归系数为 -0.040（P=0.010）。可见，当同时考虑五个维度对企业

R&D 投入的影响效应时，除了股份所有权的回归系数不再显著之外，其他四个维度的影响并没有发生变化。由此，可以进一步有以下研究结论：

表 5-8　模型（5-1）* 回归结果：以全部五个维度解释变量

模型		非标准化系数		标准系数	t	Sig.
		B	标准误差	β		
模型（5-1）*	（常量）	0.091	0.011		8.061	0.000
	FIRMAGE	0.000	0.000	-0.084	-5.368	0.000
	MIDDLE	-6.606E-5	0.001	-0.001	-0.062	0.951
	WEST	0.000	0.001	0.004	0.225	0.822
	LGTA	-0.009	0.001	-0.153	-7.935	0.000
	EOC	-0.004	0.004	-0.021	-1.023	0.306
	RSS	0.006	0.004	0.021	1.393	0.164
	RTP	0.038	0.004	0.151	9.555	0.000
	BDE	0.001	0.001	0.021	1.104	0.270
	RID	0.003	0.005	0.009	0.576	0.565
	EPS	-0.004	0.001	-0.057	-3.447	0.001
	SPP	-0.009	0.004	-0.037	-2.141	0.032
	ROP	0.052	0.005	0.200	11.457	0.000
	SOP	0.001	0.001	0.010	0.598	0.550
	EPP	0.025	0.004	0.107	6.885	0.000
	CRP	-0.008	0.003	-0.040	-2.574	0.010
	R	0.381	R^2	0.145	Adjusted R^2	0.141
	F	40.223	Model Sig.	0.000	N	3 810

结构职位权和薪酬回报权对企业 R&D 投入强度有微弱但显著的负向影响；资源运作权和专家声望权对企业 R&D 投入强度有较强的显著正向影响；而股份所有权则对企业 R&D 投入强度有不稳定的微弱正向影响。

5.4.2 CEO 自主权二元交互项与企业 R&D 投入关系的实证检验

将五个 CEO 自主权维度两两相乘，构造十个二元交互项。分别以这十个二元交互项替代模型（5-2）中的 $CEOD_a \times CEOD_b$，应用样本数据进行模型拟合，以检验 CEO 自主权每两个维度的交互项对企业 R&D 投入强度的影响效应（H5 -7）。结果显示，结构职位权与资源运作权的交互项、结构职位权与专家声望权的交互项、结构职位权与薪酬回报权的交互项、资源运作权与股份所有权的交互项，以及资源运作权与专家声望权的交互项对企业 R&D 投入具有性质不同、强度不同的影响效应。下文将只给出这六个回归分析结果，而其余四个分析结果，由于二元交互项的回归系数不显著，考虑到本章的篇幅问题，将不详细给出。

1. 基于结构职位权与运作权的交互项的检验

在实证模型（5 -2）中，以 SPP × ROP 代入 $CEOD_a \times CEOD_b$，应用样本数据进行模型拟合。结果见表 5 -9。第 16 行第 5 列显示，SPP × ROP 的标准化回归系数为 0.143(P =0.005)，证实结构职位权与资源运作权的交互作用对企业 R&D 投入强度有显著正向影响。该结果表明，资源运作权较高情况下，赋予 CEO 较高的结构职位权，有助于企业提升对技术创新活动的资源投入。

表 5 -9　　模型（5 -2）回归结果：以 SPP × ROP 为解释变量

模型		非标准化系数		标准系数	t	Sig.
		B	标准误差	β		
模型（5 -2）	（常量）	0.094	0.012		8.133	0.000
	FIRMAGE	0.000	0.000	-0.085	-5.431	0.000
	MIDDLE	7.749E -5	0.001	0.001	0.073	0.942
	WEST	-2.728E -5	0.001	0.000	-0.024	0.981
	LGTA	-0.008	0.001	-0.130	-6.830	0.000
	EOC	-0.005	0.004	-0.027	-1.364	0.173
	RSS	0.003	0.004	0.013	0.847	0.397
	RTP	0.039	0.004	0.158	9.928	0.000
	BDE	0.001	0.001	0.016	0.851	0.395
	RID	0.005	0.005	0.016	0.999	0.318
	EPS	-0.004	0.001	-0.054	-3.275	0.001
	SPP	-0.037	0.010	-0.148	-3.538	0.000
	ROP	0.036	0.008	0.140	4.489	0.000
	SPP × ROP	0.092	0.033	0.143	2.779	0.005
	R	0.367	R^2	0.134	Adjusted R^2	0.131
	F	42.131	Model Sig.	0.000	N	3 810

推敲起来，其基本理由可能在于，较高的资源运作空间使得高结构职位权 CEO 能够在操纵资源以满足短期利益诉求的前提下，有更大的可能投入相对冗余的资源进行技术创新活动，以追求可观的长期或有性未来利益。尤其是在当前实业界优质资产不足、投资机会匮乏的现实背景下，CEO 与其将冗余资源闲置影响股东与外界对其管理能力与运营专业性的质疑，不如将其投入到技术创新活动中，以博取可能的创新收益。因此，从促进企业技术创新投入的角度而言，高资源运作权的企业应当赋予 CEO 更高的结构职位权。

2. 基于结构职位权与专家声望权的交互项的检验

在实证模型（5-2）中，以 SPP × EEP 代入 $CEOD_{a*}CEOD_b$，应用样本数据进行模型拟合。结果见表 5-10。第五列数据显示，SPP × EPP 的标准化回归系数为 0.123（P = 0.063），证实结构职位权与专家声望权的交互作用对企业 R&D 投入强度有显著正向影响。根据该结果，专家声望权较高情况下，拥有更高结构职位权的 CEO 有更强的技术创新投入动机。

表 5-10　　模型（5-2）回归结果：以 SPP × EPP 为解释变量

模型		非标准化系数		标准系数	t	Sig.
		B	标准误差	β		
模型（5-2）	（常量）	0.148	0.011		14.054	0.000
	FIRMAGE	-0.001	0.000	-0.098	-6.148	0.000
	MIDDLE	-0.001	0.001	-0.009	-0.568	0.570
	WEST	-3.673E-5	0.001	-0.001	-0.031	0.975
	LGTA	-0.013	0.001	-0.229	-12.656	0.000
	EOC	-0.004	0.004	-0.019	-0.922	0.357
	RSS	0.009	0.004	0.033	2.116	0.034
	RTP	0.050	0.004	0.198	12.719	0.000
	BDE	0.001	0.001	0.021	1.079	0.281
	RID	0.003	0.005	0.010	0.663	0.507
	EPS	-0.001	0.001	-0.008	-0.472	0.637
	SPP	-0.036	0.016	-0.144	-2.260	0.024
	EPP	0.018	0.007	0.075	2.552	0.011
	SPP × EPP	0.055	0.029	0.124	1.859	0.063
	R	0.337	R^2	0.114	Adjusted R^2	0.110
	F	34.735	Model Sig.	0.000	N	3 810

推敲其基本原因，应是因为专家声望权本身有通过强化 R&D 投入以谋求更高职业声誉与口碑的内在动机，高专家声望权 CEO 具有更高的管理自信与管理道德，而较高的结构职位权又为 CEO 在做出更高的 R&D 投入决策时，提供更强有力的合法、合规的权威支持，使得具有特定专家声望权的 CEO 得以克服各种阻力，并操控更多的资源以投入到技术创新活动中。因此，从促进企业技术创新投入的角度而言，高专家声望权的 CEO 应当被赋予更高的结构职位权。

3. 基于结构职位权与薪酬回报权的交互项的检验

在实证模型（5 –2）中，以 SPP × CRP 代入 $CEOD_a \times CEOD_b$，应用样本数据进行模型拟合。结果见表 5 – 11。SPP × CRP 的标准化回归系数为 –0. 084(P =0. 026)，证实结构职位权与薪酬回报权的交互作用对企业 R&D 投入强度有显著负向影响。因此，从促进企业技术创新投入的角度而言，高结构职位权的 CEO 应当在薪酬决策权限上受到更多的约束。可见，增强薪酬委员会相对于 CEO 的独立性，限制 CEO 的薪酬回报权，对促进中国制造业研发投入的积极性具有至关重要的意义。

表 5 –11　　模型（5 –2）回归结果：以 SPP × CRP 为解释变量

模型		非标准化系数		标准系数	t	Sig.
		B	标准误差	β		
模型（5 –2）	（常量）	0. 144	0. 010		13. 801	0. 000
	FIRMAGE	–0. 001	0. 000	–0. 095	–5. 940	0. 000
	MIDDLE	0. 000	0. 001	–0. 003	–0. 164	0. 870
	WEST	–0. 001	0. 001	–0. 010	–0. 594	0. 552
	LGTA	–0. 012	0. 001	–0. 207	–11. 526	0. 000
	EOC	–0. 005	0. 004	–0. 026	–1. 275	0. 203
	RSS	0. 005	0. 004	0. 020	1. 279	0. 201
	RTP	0. 050	0. 004	0. 202	12. 829	0. 000
	BDE	0. 001	0. 001	0. 022	1. 099	0. 272
	RID	0. 006	0. 005	0. 020	1. 273	0. 203
	EPS	0. 000	0. 001	–0. 006	–0. 367	0. 714
	SPP	0. 003	0. 006	0. 011	0. 446	0. 655

续表

模型		非标准化系数		标准系数	t	Sig.
		B	标准误差	β		
模型（5－2）	CRP	0.004	0.007	0.019	0.575	0.565
	SPP × CRP	－0.060	0.027	－0.084	－2.233	0.026
	R	0.319	R^2	0.102	Adjusted R^2	0.098
	F	30.728	Model Sig.	0.000	N	3 810

4. 基于资源运作权与股份所有权的交互项的检验

在实证模型（5－2）中，以 ROP × SOP 代入 $CEOD_a \times CEOD_b$，应用样本数据进行模型拟合。结果见表 5－12。ROP × SOP 的标准化回归系数为 0.132（P＝0.005），证实资源运作权与股份所有权的交互作用对企业 R&D 投入强度有显著的正向影响。因此，从促进企业技术创新投入的角度而言，高资源运作权的 CEO 应当被授予更多的公司股份，以提升其股份所有权。资源冗余带来的运作空间和股份所有权带来的心理所有权相结合，为提升企业研发投入提供了较为强劲的基本动机。

表 5－12　　模型（5－2）回归结果：以 ROP × SOP 为解释变量

模型		非标准化系数		标准系数	t	Sig.
		B	标准误差	β		
模型（5－2）	（常量）	0.079	0.011		7.493	0.000
	FIRMAGE	0.000	0.000	－0.083	－5.274	0.000
	MIDDLE	0.000	0.001	0.003	0.182	0.856
	WEST	8.665E－5	0.001	0.001	0.075	0.940
	LGTA	－0.007	0.001	－0.111	－6.114	0.000
	EOC	－0.004	0.004	－0.021	－1.050	0.294
	RSS	0.003	0.004	0.013	0.845	0.398
	RTP	0.038	0.004	0.151	9.537	0.000
	BDE	0.001	0.001	0.017	0.898	0.369
	RID	0.002	0.005	0.006	0.359	0.719
	EPS	－0.004	0.001	－0.058	－3.527	0.000
	ROP	0.046	0.005	0.176	8.364	0.000

续表

模型		非标准化系数		标准系数	t	Sig.
		B	标准误差	β		
模型（5-2）	SOP	-0.008	0.004	-0.091	-2.209	0.027
	ROP×SOP	0.033	0.012	0.123	2.788	0.005
	R	0.365	R^2	0.133	Adjusted R^2	0.130
	F	41.717	Model Sig.	0.000	N	3 810

5. 基于资源运作权与专家声望权的交互项的检验

在实证模型（5-2）中，以 ROP×EPP 代入 $CEOD_a \times CEOD_b$，应用样本数据进行模型拟合。结果见表 5-13。ROP×EPP 的标准化回归系数为 0.377（P=0.000），证实资源运作权与专家声望权的交互作用，对企业 R&D 投入强度有较强的显著正向影响。因此，从促进企业技术创新投入的角度而言，高资源运作权的企业中应当聘用高专家声望权 CEO。反之，即使专家声望权较高，如果与之匹配的是资源运作权有限，则在创新投入上处于“巧妇难为无米之炊”的尴尬境地。

表 5-13　模型（5-2）回归结果：以 ROP×EPP 为解释变量

模型		非标准化系数		标准系数	t	Sig.
		B	标准误差	β		
模型（5-2）	（常量）	0.099	0.011		8.721	0.000
	FIRMAGE	0.000	0.000	-0.087	-5.537	0.000
	MIDDLE	0.000	0.001	-0.003	-0.158	0.874
	WEST	0.000	0.001	0.004	0.234	0.815
	LGTA	-0.008	0.001	-0.134	-7.318	0.000
	EOC	-0.003	0.004	-0.013	-0.665	0.506
	RSS	0.005	0.004	0.020	1.294	0.196
	RTP	0.039	0.004	0.156	9.911	0.000
	BDE	0.001	0.001	0.021	1.090	0.276
	RID	0.000	0.005	0.001	0.095	0.924
	EPS	-0.004	0.001	-0.061	-3.700	0.000
	ROP	-0.033	0.019	-0.128	-1.738	0.082

续表

模型		非标准化系数		标准系数	t	Sig.
		B	标准误差	β		
模型（5 -2）	EPP	-0. 014	0. 009	-0. 060	-1. 523	0. 128
	ROP × EPP	0. 154	0. 033	0. 377	4. 594	0. 000
	R	0. 383	R^2	0. 147	Adjusted R^2	0. 144
	F	46. 697	Model Sig.	0. 000	N	3 810

6. 基于 CEO 自主权所有二元交互项的检验

将所有的 10 个交互项和五个自主权维度同时纳入方程，构建模型（5 -2*）。用实证模型（5 -2*）中拟合样本数据，结果见表 5 - 14。ROP × EPP 的标准化回归系数为 0. 273（P = 0. 002），SPP × SOP 的标准化回归回归系数为 -0. 121（P = 0. 001），SPP × CRP 的标准化回归系数为 -0. 103（P = 0. 008）。综合以上交互项检验的结果，可以认为：

表 5 - 14　　模型（5 -2*）回归结果：以 ROP × EPP 为解释变量

模型		非标准化系数		标准系数	t	Sig.
		B	标准误差	β		
模型（5 -2*）	（常量）	0. 099	0. 013		7. 551	0. 000
	FIRMAGE	0. 000	0. 000	-0. 084	-5. 242	0. 000
	MIDDLE	0. 000	0. 001	0. 004	0. 224	0. 822
	WEST	0. 000	0. 001	-0. 003	-0. 199	0. 842
	LGTA	-0. 009	0. 001	-0. 150	-7. 639	0. 000
	EOC	-0. 004	0. 004	-0. 020	-0. 950	0. 342
	RSS	0. 006	0. 004	0. 024	1. 541	0. 123
	RTP	0. 039	0. 004	0. 159	9. 853	0. 000
	BDE	0. 001	0. 001	0. 019	0. 991	0. 322
	RID	0. 005	0. 005	0. 015	0. 973	0. 331
	EPS	-0. 004	0. 001	-0. 056	-3. 329	0. 001
	SPP	0. 001	0. 020	0. 004	0. 056	0. 955
	ROP	-0. 016	0. 023	-0. 061	-0. 705	0. 481
	SOP	0. 014	0. 008	0. 166	1. 832	0. 067

续表

模型		非标准化系数		标准系数	t	Sig.
		B	标准误差	β		
模型（5-2*）	EPP	-0.005	0.011	-0.022	-0.456	0.648
	CRP	0.024	0.019	0.120	1.216	0.224
	CRP×ROP	0.017	0.033	0.023	0.512	0.609
	SPP×ROP	-0.019	0.044	-0.027	-0.439	0.661
	SPP×EPP	0.029	0.031	0.062	0.930	0.353
	ROP×SOP	0.012	0.013	0.044	0.905	0.366
	ROP×EPP	0.118	0.037	0.273	3.154	0.002
	SPP×SOP	-0.002	0.001	-0.121	-3.253	0.001
	SPP×CRP	-0.075	0.028	-0.103	-2.657	0.008
	SOP×CRP	-0.007	0.010	-0.016	-0.654	0.513
	SOP×EPP	-0.015	0.011	-0.099	-1.292	0.196
	EPP×CRP	-0.036	0.029	-0.104	-1.227	0.220
	R	0.395	R^2	0.156	Adjusted R^2	0.149
	F	23.978	Model Sig.	0.000	N	3 810

资源运作权与专家声望权的交互对企业 R&D 投入强度有稳定且显著的正向影响效应，结构职位权与薪酬回报权的交互对企业 R&D 投入强度有稳定但较弱的负向影响效应，结构职位权与资源运作权的交互、结构职位权与专家声望权的交互，以及资源运作权与股份所有权的交互对企业 R&D 投入强度具有不稳定正向影响效应，结构职位权与股份所有权的交互对企业 R&D 投入强度具有不稳定的负向影响效应，而其他四个交互项则对企业 R&D 投入强度无显著影响。

5.4.3 CEO 自主权各维度的三元交互项与企业 R&D 投入关系的实证检验

将任意三个 CEO 自主权维度相乘，构造六个三元交互项。分别以这六个三元交互项替代入模型（5-3）中的 $CEOD_a \times CEOD_b \times CEOD_c$，应用样本数据进行模型拟合，以检验 CEO 自主权每三个维度的交互项对企业 R&D 投入强度的影响效应。结果显示，结构职位权、资源运作权与专家声望权的交互项、结构职位权、专家声望权与所有权的交互项，以及结构职位权、资源运作权与薪酬回报权的交互项对企业 R&D 投入具有性质不同、强度不同的影响效应。下文将给出这三个回归分析结果。而其余三个三元交互项，在实证分析中则未显示出与企业 R&D 强度呈现任何显著的相关性，故此在本书中省略其回归结果。

1. 基于结构职位权、资源运作权与专家声望权的交互项的检验

在实证模型（5－3）中，以 SPP × ROP × EPP 代入 $CEOD_a \times CEOD_b \times CEOD_c$，应用样本数据进行模型拟合。结果见表 5－15。SPP × ROP × EPP 的标准化回归系数为 0.141（P＝0.001），证实结构职位权、资源运作权与专家声望权的交互作用对企业 R&D 投入强度有显著正向影响。

表 5－15 模型（5－3）回归结果：以 SPP × ROP × EPP 为解释变量

模型		非标准化系数		标准系数	t	Sig.
		B	标准误差	β		
模型（5－3）	（常量）	0.100	0.012		8.529	0.000
	FIRMAGE	0.000	0.000	－0.086	－5.515	0.000
	MIDDLE	0.000	0.001	－0.003	－0.179	0.858
	WEST	0.000	0.001	0.004	0.257	0.797
	LGTA	－0.009	0.001	－0.153	－7.998	0.000
	EOC	－0.004	0.004	－0.022	－1.115	0.265
	RSS	0.006	0.004	0.022	1.450	0.147
	RTP	0.039	0.004	0.157	9.908	0.000
	BDE	0.001	0.001	0.017	0.876	0.381
	RID	0.002	0.005	0.008	0.515	0.606
	EPS	－0.004	0.001	－0.054	－3.272	0.001
	SPP	－0.034	0.008	－0.135	－4.128	0.000
	ROP	0.034	0.007	0.133	4.931	0.000
	EPP	0.016	0.005	0.068	3.519	0.000
	SPP × ROP × EPP	0.156	0.046	0.141	3.393	0.001
	R	0.393	R^2	0.154	Adjusted R^2	0.149
	F	44.261	Model Sig.	0.000	N	3 810

2. 基于结构职位权、专家声望权与股份所有权的交互项的检验

在实证模型（5－3）中，以 SPP × EPP × SOP 代入 $CEOD_a \times CEOD_b \times CEOD_c$，应用全样本数据进行模型拟合。模型拟合具体结果见表 5－16。根据表 5－16 显示，SPP × EPP × SOP 的标准化回归系数为 0.089（P＝0.019）。该结果证实，结构职位权、专家声望权与股份所有权的交互作用，对企业 R&D 投入强度有微弱但是统计上显著的正向影响。

表 5－16　模型（5－3）回归结果：以 SPP × EPP × SOP 为解释变量

模型		非标准化系数		标准系数	t	Sig.
		B	标准误差	β		
模型（5－3）	（常量）	0.082	0.011		7.742	0.000
	FIRMAGE	0.000	0.000	－0.086	－5.452	0.000
	MIDDLE	－4.688E－5	0.001	－0.001	－0.044	0.965
	WEST	0.000	0.001	0.006	0.352	0.725
	LGTA	－0.008	0.001	－0.136	－7.391	0.000
	EOC	－0.003	0.004	－0.016	－0.801	0.423
	RSS	0.006	0.004	0.022	1.426	0.154
	RTP	0.037	0.004	0.150	9.501	0.000
	BDE	0.001	0.001	0.020	1.054	0.292
	RID	0.000	0.005	0.000	0.031	0.975
	EPS	－0.004	0.001	－0.057	－3.495	0.000
	SPP	0.046	0.005	0.176	8.703	0.000
	EPP	－0.006	0.003	－0.068	－1.933	0.053
	SOP	0.022	0.004	0.094	5.682	0.000
	SPP × EPP × SOP	0.041	0.018	0.089	2.343	0.019
	R	0.388	R^2	0.150	Adjusted R^2	0.143
	F	43.367	Model Sig.	0.000	N	3 810

3. 基于结构职位权、资源运作权与薪酬回报权的交互项的检验

在实证模型（5－3）中，以 SPP × ROP × CRP 代入 $CEOD_a \times CEOD_b \times CEOD_c$，应用样本数据进行模型拟合。结果见表 5－17。SPP × ROP × CRP 的标准化回归系数为－0.049（P＝0.098），证实结构职位权、资源运作权与薪酬回报权的交互项，对企业 R&D 投入强度有微弱但统计上显著的负向影响。

表 5－17　模型（5－3）回归结果：以 SPP × ROP × CRP 为解释变量

模型		非标准化系数		标准系数	t	Sig.
		B	标准误差	β		
模型（5－3）	（常量）	0.086	0.011		7.614	0.000
	FIRMAGE	0.000	0.000	－0.081	－5.091	0.000
	MIDDLE	0.001	0.001	0.009	0.563	0.573
	WEST	0.000	0.001	－0.005	－0.279	0.780
	LGTA	－0.008	0.001	－0.131	－6.819	0.000
	EOC	－0.005	0.004	－0.026	－1.258	0.208
	RSS	0.004	0.004	0.016	1.032	0.302
	RTP	0.039	0.004	0.159	9.833	0.000
	BDE	0.001	0.001	0.018	0.905	0.366
	RID	0.008	0.005	0.025	1.586	0.113
	EPS	－0.004	0.001	－0.051	－3.056	0.002
	SPP	－0.005	0.005	－0.018	－0.877	0.381
	ROP	0.053	0.005	0.198	10.512	0.000
	CRP	－0.001	0.005	－0.007	－0.292	0.770
	SPP × ROP × CRP	－0.125	0.076	－0.049	－1.653	0.098
	R	0.360	R^2	0.129	Adjusted R^2	0.123
	F	36.569	Model Sig.	0.000	N	3 810

4. 基于 CEO 自主权所有三元交互项的实证检验

将所有三元交互项同时进入实证模型（5－3），构建模型（5－3*）。针对实证模型（5－3*），应用全样本数据进行数据拟合。结果见表 5－18。表

5-18 中，SPP×ROP×CRP、SPP×EPP×CRP 和 SOP×CRP×EPP 的回归系数都显著为负，而 SPP×EPP×SOP、SPP×ROP×EPP 和 ROP×SOP×CRP 的回归系数都显著为正。

表 5-18　模型（5-3*）回归结果：以所有三元交互项为解释变量

模型		非标准化系数		标准系数	t	Sig.
		B	标准误差	β		
模型（5-3*）	（常量）	0.101	0.012		8.588	0.000
	FIRMAGE	0.000	0.000	-0.087	-5.491	0.000
	MIDDLE	0.000	0.001	-0.003	-0.175	0.861
	WEST	0.000	0.001	-0.002	-0.096	0.924
	LGTA	-0.009	0.001	-0.153	-7.942	0.000
	EOC	-0.005	0.004	-0.025	-1.252	0.211
	RSS	0.005	0.004	0.021	1.362	0.173
	RTP	0.038	0.004	0.154	9.692	0.000
	BDE	0.001	0.001	0.015	0.797	0.426
	RID	0.002	0.005	0.005	0.335	0.738
	EPS	-0.004	0.001	-0.057	-3.484	0.000
	SPP	0.001	0.003	0.008	0.197	0.843
	ROP	-0.026	0.009	-0.105	-2.966	0.003
	SOP	0.001	0.005	0.004	0.147	0.883
	EPP	0.014	0.005	0.060	2.801	0.005
	CRP	0.030	0.007	0.114	4.141	0.000
	SPP×EPP×SOP	0.065	0.033	0.116	1.971	0.049
	SPP×ROP×EPP	0.191	0.056	0.177	3.412	0.000
	SPP×ROP×CRP	-0.143	0.079	-0.056	-1.815	0.070
	SPP×EPP×CRP	-0.149	0.073	-0.069	-2.044	0.041
	ROP×SOP×CRP	0.153	0.066	0.116	2.303	0.021
	SOP×CRP×EPP	-0.077	0.032	-0.109	-2.422	0.014
	R	0.404	R^2	0.163	Adjusted R^2	0.158
	F	31.426	Model Sig.	0.000	N	3 810

结合上述结论，可以认为：结构职位权、资源运作权与专家声望权的交互（SPP×ROP×EPP）和结构职位权、专家声望权与股份所有权的交互（SPP×EPP×SOP）对企业 R&D 投入强度有显著正影响，结构职位权、资源运作权与薪酬回报权的交互（SPP×ROP×CRP）对企业 R&D 投入强度有显著负影响，结构职位权、专家声望权与薪酬回报权的交互（SPP×EPP×CRP）和股份所有权、薪酬回报权与专家声望权的交互（SOP×CRP×EPP）对企业 R&D 投入强度有不稳定的负影响，而资源运作权、股份所有权与薪酬回报权的交互（ROP×SOP×CRP）则对企业 R&D 投入强度有不稳定的正影响。

$$\begin{aligned} RDI_{it} = {} & \alpha + \beta_1 FIRMAGE_{it} + \beta_2 MIDDLE_{it} + \beta_3 WEST_{it} + \beta_4 LGTA_{it} + \beta_5 ECO_{it} + \beta_6 RSS_{it} \\ & + \beta_7 BDE_{it} + \beta_8 RID_{it} + \beta_9 EPS_{it} + \beta_{10} SPP_{it} + \beta_{11} ROP_{it} + \beta_{12} SOP_{it} + \beta_{13} EPP_{it} \\ & + \beta_{14} CRP_{it} + \beta_{15} SPP_{it} \times EPP_{it} \times SOP_{it} + \beta_{16} SPP_{it} \times ROP_{it} \times EPP_{it} \\ & + \beta_{17} SPP_{it} \times ROP_{it} \times CRP_{it} + \beta_{18} SPP_{it} \times ROP_{it} \times CRP_{it} \\ & + \beta_{19} ROP_{it} \times SOP_{it} \times CRP_{it} + \beta_{20} SOP_{it} \times CRP_{it} \times EPP_{it} + \varepsilon_{it} \end{aligned} \qquad (5-3^*)$$

5.5 结论与展望

本章研究以 2010～2015 年中国制造业上市公司为样本，深入至 CEO 自主权各具体子维度，探讨并比较自主权各子维度（亦即基于不同权力来源的自主权形式）对企业 R&D 投入强度的影响效应及其作用机理。结果表明，各子维度及其交互作用能够对企业 R&D 投入强度产生不同程度，以及不同性质的影响效应。

具体结果如下：①从单维度的影响效应来看，结构职位权和薪酬回报权对企业 R&D 投入强度有微弱但显著的负向影响，资源运作权和专家声望权对企业 R&D 投入强度有较强的显著正向影响，而股份所有权则对企业 R&D 投入强度有不稳定的微弱正向影响；②从两维度交互的影响效应来看，资源运作权与专家声望权的交互对企业 R&D 投入强度有稳定且显著的正向影响效应，结构职位权与薪酬回报权的交互对企业 R&D 投入强度有稳定但较弱的负向影响效应，结构职位权与资源运作权的交互、结构职位权与专家声望权的交互，以及资源运作权与股份所有权的交互对企业 R&D 投入强度具有不稳定的正向影响效应，结构职位权与股份所有权的交互对企业 R&D 投入强度具有不稳定的负向影响效应，而其他四个二元交互项则对企业 R&D 投入强度无显著影响；③从三维度交互效应来看，结构职位权、资源运作权与专家声望权的交互，以及结构职位权、专家声望权与股份所有权的交互对企业 R&D 投入强度有显著正影响；结构职位权、资源运作权与薪酬回报权的交互对企业 R&D 投入强度有显著负影响；结构职位权、专家声望权和薪酬回报权，以及股份所有权、薪酬回报权和专家声望权对企业 R&D 投入强度有不稳定的负影响；资源运作权、股份所有权和薪酬回报权则对企业 R&D 投入强度有不稳定的正影响。由于四个维度乃至五个维度的交互作用对企业 R&D 投入强度的影响效应，在数据处理上容易引发过高的多重共线性问题，从而导致实证分析结果不可信，因此本研究并未对此做进一步探讨。

本章深化了 CEO 自主权与企业 R&D 投入关系的研究，丰富了 CEO 自主权理论与企业 R&D 投入的决定机制理论，为以促进企业技术创新能力与意愿为目标的 CEO 自主权配置策略提供了更具有针对性的理论依据。但是目前研究仍存在以下不足，有待未来研究进一步完善：①CEO 自主权的维度构成尚未得到完全覆盖。比如，有研究指出基于 CEO 个体所拥有的与外部机构实体联系的关联权、基于行业特征的行业层面的运作权都可以作为 CEO 自主权的重要维度发挥作用，而本研究中则对此未给予足够的覆盖；②不同行业的 CEO 自主权各维度与企业 R&D 投入，在理论上存在不同的关系，此点在未来研究中应当得到关注；③从样本涵盖的时间长度而言，仅覆盖了 2010 ~ 2015 年的企业，而从样本的涵盖对象来看，本研究仅覆盖主板制造业上市公司，未来研究应当尝试拓展样本至主板之外的创业板上市公司，乃至更大范围内的非上市公司，并拓展研究的时间覆盖范围，在更长时间范围内采用纵贯数据样本设计，从动态的视角探讨并比较各维度对企业 R&D 投入的影响效应。

本章参考文献

[1] Susan Key. Analyzing managerial discretion: An assessment tool to pre-

dict individual policy decisions [J]. The International Journal of Organizational Analysis, 1997, 5 (2): 134 – 155.

[2] Sydney Finkelstein and Brian K. Boyd. How Much Does the CEO Matter? The Role of Managerial Discretion in the Setting of CEO Compensation [J]. ACAD MANAGE J., April 1, 1998, 41 (2): 179 – 199.

[3] Thompson, S. C. Will it hurt less if I can control it? A complex answer to a simple question [J]. Psychological Bulletin, 1981, 90: 89 – 101.

[4] Hagen Wülferth. Managerial Discretion and Performance in China: Towards Resolving the Discretion Puzzle for Chinese Companies and Multinationals (Contributions to Management Science) Kindle Edition [M]. Physica, 2013 edition (17 April 2013).

[5] 张长征，吕悦凡．经理自主权对高管薪酬差距的操纵效应——基于知识合作需求的调节效应视角 [J]. 福建江夏学院学报, 2016 (4): 1 – 13.

[6] Jing Donga and Yan-nan Goub. Corporate governance structure, managerial discretion, and the R&D investment in China [J]. International Review of Economics & Finance, 2010, 19 (2): 180 – 188.

[7] Pol Herrmann, Jeffrey Kaufmann and Howard van Auken. The role of corporate governance in R&D intensity of US-based international firms [J]. International Journal of Commerce and Management, 2010, 20 (2): 91 – 108.

[8] Yan Yong-hai. Impact of CEO Characteristics on Enterprise R&D Expenditure: Empirical Evidence Coming from Small and Medium Listed Companies in China [C]. Conference: Information Management, Innovation Management and Industrial Engineering (ICIII), 2010 International Conference on, Volume: 3, 2010 December: DOI: 10.1109/ICIII.2010.461.

[9] Nils D. Kraiczy, Andreas Hack and Franz W. Kellermanns. CEO innovation orientation and R&D intensity in small and medium-sized firms: the moderating role of firm growth [J]. Journal of Business Economics, 2015, 85: 851 – 872.

[10] Fama, E., Jensen, M. Separation of Ownership and Control [J]. Journal of Law & Economics, 1983, 26: 327 – 349.

[11] Core, J., Holthausen, R. and Larcker, D. Corporate Governance,

Chief Executive Officer Compensation, and Firm Performance [J]. Journal of Financial Economics, 1999, 51: 371 -406.

[12] Goyal, V. and Park, C. Board Leadership Structure and CEO Turnover [J]. Journal of Corporate Finance, 2002, 8: 49 -66.

[13] George, G. Slack resources and the performance of privately held firms [J]. Academy of Management Journal, 2005, 48: 661 -676.

[14] Hans Degryse, and Abe de Jong. Investment and internal finance: Asymmetric information or managerial discretion? [J]. International Journal of Industrial Organization, 2006, 24 (1): 125 -147.

[15] Bart Henssen, Wim Voordeckers, Frank Lambrechts, and Matti Koiranen. The CEO autonomy-stewardship behavior relationship in family firms: The mediating role of psychological ownership [J]. Journal of Family Business Strategy, 2014, 5 (3): 312 -322.

[16] Xingli Li, Kuntara Pukthuanthong, Marcus Glenn Walker, and Thomas John Walker. The determinants of IPO-related shareholder litigation: The role of CEO equity incentives and corporate governance [J]. Journal of Financial Markets, 2016, 31: 81 -126.

[17] Reinoud D. Stoel, Jaap Roeleveld, Thea Peetsma, Godfried van den Wittenboer, and Joop Hox. Issues in longitudinal research on motivation [J]. Learning and Individual Differences, 2006, 16 (2): 159 -174.

[18] Hazel Melanie Ramos, Thomas Wing Yan Man, Michael Mustafa, and Zuie Zuie Ng. Psychological ownership in small family firms: Family and non-family employees' work attitudes and behaviours [J]. Journal of Family Business Strategy, 2014, 5 (3): 300 -311.

[19] Till von den Driesch, Maika Eva Susanne da Costa, Tessa Christina Flatten, and Malte Brettel. How CEO experience, personality, and network affect firms' dynamic capabilities [J]. European Management Journal, 2015, 33 (4): 245 -256.

[20] Chen Lin, Ping Lin, Frank M. Song, and Chuntao Li. Managerial incentives, CEO characteristics and corporate innovation in China's private sector

[J]. Journal of Comparative Economics, 2011, 39 (2): 176 - 190.

[21] Tongxia Li, Qaiser Munir, and Mohd Rahimie Abd Karim. Nonlinear relationship between CEO power and capital structure: Evidence from China's listed SMEs [J]. International Review of Economics & Finance, 2017, 47 (1): 1 - 21.

[22] 张长征，李怀祖，赵西萍. 企业规模、经理自主权与 R&D 投入关系研究——来自中国上市公司的经验证据 [J]. 科学学研究，2006. 06: 432 - 438.

[23] Tao Zeng, and Horn-Chern Lin. Ownership structure and R&D spending: evidence from China's listed firms [J]. Chinese Management Studies, 2011, 5 (1): 82 - 93.

[24] 权小锋，吴世农，文芳. 管理层权力、私有收益与薪酬操纵——来自中国国有上市企业的实证证据 [J]. 经济研究，2010 (11): 73 - 87.

[25] Schneider, Paul J. The Managerial Power Theory of Executive Compensation [J]. Journal of Financial Service Professionals. 2013, 67 (3): 17 - 22.

[26] Taekjin Shin. Fair Pay or Power Play? Pay Equity, Managerial Power, and Compensation Adjustments for CEOs [J]. Journal of Management, March 22, 2013, Doi: 10. 1177/0149206313478186.

[27] 张长征，李怀祖. 经理自主权、高管报酬差距与公司业绩 [J]. 中国软科学，2008 (2): 117 - 126.

公司治理视角下CEO自主权
对企业R&D投入的
操纵效应研究
Chapter 6

第6章 CEO自主权对企业R&D投入的影响效应：基于行业比较的研究视角

6.1 引　　言

前述章节已经证实了 CEO 自主权（亦为经理自主权）与企业 R&D 投入之间有显著的内在关联性，发现了 CEO 自主权对企业 R&D 投入的影响作用已经从负向影响转变为显著的正向影响。既有研究表明了 CEO 群体在技术创新投入决策方面的态度已经发生了根本性转变，并确认了这一转变对提升中国制造业内生性 R&D 投入水平，以及优化企业 R&D 投入资源的运作效率具有重要意义。然而，既有文献多以整体制造业为研究对象，探讨 CEO 自主权对企业 R&D 投入的影响机理与作用效果，或者仅以制造业中某一特定的细分行业作为研究对象探讨二者关系（Pisoni Alessia et al.，2010）[1]。目前为止，少有研究同时以足够多的行业为对象，针对 CEO 自主权与企业 R&D 投入的关系，进行系统且深入的比较分析与探讨。

对不同行业而言，其产业价值链的构成有显著差异，单个企业的技术创新投入决策必然会受到其所在行业特征的影响。比如，在传统制造业中，纺织、服装、服饰业和通用设备制造业都具有资本密集型和劳动密集型的特征，但是前者的技术创新与新产品研发，具有周期较短、市场仿冒速度快、新产品市场表现难以预期的特点；而后者的技术创新和新产品开发，则面临资金需求门槛值较高、突破性创新难度大、新产品性能与质量投入难以权衡的特点。再比如，在高新技术制造业中，医药制造业和电子产品制造业都具有知识密集和人才密集的特征，但是前者的技术创新与新产品研发，普遍具有前期资金投入高、整体开发周期长、全过程风险较高的特点；而后者的技术创新与新产品研发，则面临行业技术更迭迅速、消费者需求千变万化、产品生命周期日渐变短的特点。显然，以上几个行业中，具有相似自主权配置的 CEO，进行 R&D 投入决策时，会表现出不同的偏好与利益函数。

此外，既有研究证实，不同行业中，技术创新对企业价值的促进效应不同。比如，刘璘琳等（2016）[2]以中国创业板 44 家电子元件企业和 39 家生物医药企业面板数据为样本，研究行业特征对技术创新与企业价值的影响。研究发现，技术创新对企业价值的影响在不同行业的表现显著不同。具体而言，电子元件企业创新专利数量更高，并与企业价值呈现倒“U”型关系，而生物医药产业专利数量则与企业价值呈正“U”型关系；再比如，曹勇和苏凤娇（2012）[3]研究发现，高技术产业各细分行业之间，其 R&D 投入对企业创新绩效影响的效果存在明显差异，而且即使面临相同的创新投入要素，在不同行业中，对初始和最终创新绩效的影响作用也有各不相同，对 R&D 资源的高投入并不一定都能带来同样的高产出，而且薛镭等（2011）[4]亦通过实证研究发现，高科技行业与非高科技行业的企业中，技术导向下的 R&D 投入对产品创新绩效的影响有显著差异。因此，不同行业中的 CEO，即使自主权相似，其对于 R&D 投入的价值预期不同，理应表现出不同的研发投入倾向。

第 2 章的研究就曾经证实，电气机械和器材制造业，以及医药制造业样本中，CEO 自主权与企业 R&D 投入强度呈现出不同的相关性。因此，选择尽可能多的具有代表性的行业，开展行业比较研究，分析不同行业技术创新价值链的构成，探讨行业性对 CEO 自主权和企业 R&D 投入关系的影响，能够为深入理解行业间 R&D 投入差异，深化认识不同行业中 CEO 进行企业 R&D 投入决策时的心理机制，提升和优化不同行业中 CEO 的 R&D 投入偏好与意图，提供有效的洞察。

本章后续内容安排如下：第二部分，是文献综述与研究假设，在回顾既有公司治理文献中行业比较研究的基础上，提出不同行业 CEO 自主权与企业 R&D 投入关系具有异质性的研究假设；第三部分，是研究设计，主要包括样本选择、变量度量与样本描述性统计分析；第四部分，是不同行业的企业 R&D 投入强度、CEO 自主权以及关键控制变量的比较分析；第五部分，是不同行业 CEO 自主权与企业 R&D 投入关系的检验与比较研究；第六部分，是结论与展望。

6.2 文献与研究假设

首先，因为直接探讨 CEO 自主权与企业 R&D 投入关系的行业差异的研究基本处于缺位状态，因此与本章研究最为相关的研究文献就是 CEO 自主权与企业 R&D 投入关系研究。在前述章节的研究中，该领域研究文献已经有详细的综述，此处不再赘述。

其次，与本研究有密切关系的研究文献，应该是技术创新投入与技术创新效率的行业比较研究。鉴于技术创新的行业间差异，一些研究在讨论与技术创新有关的问题时，采用了分行业的方法。多项研究关注行业间研发投入的差异，认为行业性质不同，对技术创新的需求不同，而且技术创新的难度与风险亦各有不同。此时，不同行业的研发投入决策必然存在差异，尤其是技术创新效率方面则更是千差万别。比较有代表意义的研究综述如下。

作为技术创新的行业比较研究领域的开山之作，阿罗（1962）[5]研究发现，在特定条件下，竞争性行业比垄断性行业将表现出更高的研发激励强度与更高的研发活动效率。更多西方学者沿着阿罗开拓的方向，继续前行，做出了卓有成效的研究成果。比如，帕威特（Pavitt，1984）[6]根据技术创新状况，将产业部门分为三类，以电子、化学为代表的部门，以机械工具为代表的部门，以及以纺织业为代表的部门，分别深入探讨了各产业技术创新的来源和影响因素，剖析并比较了三类产业部门的技术创新成本与效率的现状及其发展趋势；格拉夫斯（Graves，1990）[7]研究 1965 ~1984 年美国六个行业，发现机构投资者持股与公司研发投入的关系因行业不同而存在差异，在关系显著的行业中，更多的公司表现出正相关关系；弗兰科尔（Frenkel et al.，2001）[8]指出，高科技行业的研发投入强度与传统行业有显著不同，而且在技术创新活动的效率上亦有显著差异；弗里特施（Fritsch et al.，2004）[9]实证检验了部分行业中，专业化程度和创造新知识的效率之间的关系，在区域专业化程度和研发效率之间发现了一个倒“U”型关系，指出影响效率的更主要因素，是私营部门以及公共研究机构的知识外溢。

国内学者在该领域研究起步相对较晚，但是 21 世纪以来伴随着构建创新型国家的宏观政策背景，国内学者在该领域的研究中奋起直追，涌现出越来越多有价值的研究成果。其中，值得特别强调的研究有以下几个。

第一，鲁桐和党印（2014）[10]以 2006 ~2010 年 1 344 家符合研究条件的中国沪深 A、B 股上市公司为样本，应用聚类分析方法，针对劳动密集型、资本密集型和技术密集型三类行业中，公司治理机制对技术创新的影响效应进行对比研究。分析结果显示，上述三类行业中，各公司治理因素与企业技术创新的关系既有一定的相同之处，亦有明显的差异。相同之处在于，三类行业中，第二大至第十大股东持股比例、基金持股比例、高管持股比例均对研发投入强度有显著的正向影响作用；差异之处在于，在资本密集型与技术密集型行业中，较高的高管薪酬激励有利于创新活动的开展；资本密集型行业中，国有第一大股东持股比例与研发投入正相关，而技术密集型行业中，授予核心技术人员以充分的期权激励则对创新投入和效率有显著正向作用。进一步的分析发现，高质量的市场化环境是企业技术创新投入的重要外部动力。

第二，李长青等（2014）[11]利用《中国工业企业数据库》（1998～2017）中所收集的数据，通过 R&D 投入指标、产出指标和效率指标，尝试对中国不同所有制企业的技术创新能力，进行分行业的测度与比较。结果显示：中国私营企业在大多数行业中的技术创新投入和产出处于相对优势，而国有企业在垄断竞争行业的研发投入和产出相对较多，但在竞争性行业却很少。与此同时，外资企业和港澳台企业的技术创新投入和产出与国有企业相比，基本呈现相反的情况；港澳台企业、外资企业和私营企业，在竞争性行业的实际创新效率远高于国有企业，这与传统认知非常吻合，但是各所有制企业在垄断竞争行业中，创新效率差异并不明显；竞争性行业中，国有企业“技术追赶”效应略好于其他类型企业，“技术创新”效应一般略逊于其他类型企业，而在垄断竞争行业中，国有企业和非国有企业的“技术追赶”效应和“技术创新”效应均无差异。

第三，在中低端技术制造业被视为“夕阳产业”并逐渐为各国政府和学者所忽视的背景下（白玲、邓玮，2008）[12]，关注到中低端技术制造业在我国工业经济体系中扮演相当重要的角色（王瑛，2012）[13]，郭兵（2014）[14]采用科技投入指标代替 R&D 指标，设置技术改造与技术引进等相关指标，采用改良的超效率 DEA 模型，对上海中低端技术制造业分行业的技术创新效率进行测算。研究结果显示，只有少数几个细分行业，比如饮料制造业、塑料制品业、有色金属冶炼及压延加工业属于无效单元，其他细分行业为有效单元；行业间技术创新投入效率差异明显，而且行业技术创新效率的高低在很大程度上取决于投入产出结构。

第四，王娟和高彬（2015）[15]以家具制造业，交通运输设备制造业，计算机、通信和其他电子设备制造业，医药制造业以及食品制造业五个工业行业为研究对象，运用数据包络分析方法，综合评价了企业的技术创新成本效率，分析了效率差异产生的原因。研究发现，在五个行业综合效率排名中，家具制造业效率值最高且持续保持稳定，计算机、通信和其他电子设备制造业与医药制造业的技术创新成本效率值分别位列第二位和第三位，而交通运输设备制造业和食品制造业的技术创新成本效率则处于相对较低的水平。结论还表明，上述五个行业均不同程度地存在创新人员和资金利用率不足问题。

第五，王华（2013）[16]选取 2001～2007 年中国汽车制造业和通信设备、计算机及其他电子设备制造业的具体研发投入的数据进行比较研究，发现汽车制造业的资本结构中，外资成分相对更多，其产业结构亦相对合理，而且该行业的横向创新和纵向创新均对于研发投入较为敏感；通信设备、计算机及其他电子设备制造业中，由于来料加工业务模式占主导地位，其后发学习效应更强，而自身研发投入强度相对较低。与此同时，该行业的横向创新和纵向创新对于研发投入相对较迟钝。该研究最后建议，中国应在产业层面加大对通信设备、计算机及其他电子设备制造业的创新投入，深化产业转型升级，由来料加工占主导地位的行业升级为自主创新主导型行业。

第六，刘璘琳、裘叶城和胡力川（2016）[17]以中国创业板 44 家电子元件企业和 39 家生物医药企业面板数据为样本，比较了两个行业中技术创新与企业价值关系的差异性。研究结果表明，技术创新对企业价值的影响在不同行业的表现差异显著。电子元件行业中，企业创新专利数量明显更高，且与企业价值表现出倒“U”型关系；而生物医药行业中，企业专利数量则与企业价值之间表现出正“U”型关系。此外，电子元件行业的创新领域相对更为分散，技术创新成果对企业绩效的影响作用较弱；生物医药行业则对专利创新性的要求更高，其专利创新对企业价值提升的影响明显更高。

当然，除以上主要研究成果之外，亦有其他学者也各自从不同的视角，对技术创新的行业比较研究做出了重要贡献。比如，陆国庆（2005）[18]、解维敏等（2009）[19]从行业角度考察了技术创新差异、政府资助对企业研发投入的挤出效应等。前者将行业划分为成长行业、成熟行业和衰退行业，而后者则将行业划分为高新技术行业和非高新技术行业；薛娜和谢曙东（2007）[20]以江苏省五类高技术产业为对象，进行行业间技术创新效率的比较研究。结论指出，五类高技术行业的创新能力基本相同，均出现不同程度的创新资金利用率不高和创新人员不足问题；王俊（2011）[21]在研究政府资助与企业研发投入效率的关系时，将样本划分为高研发投入行业、中等研发投入行业和低研发投入行业，认为政府应根据行业特征和企业特征，有针对性地调整资助的方式和对象；许敏和谢玲玲（2012）[22]运用 DEA 方法对中国 31 个省、自治区、直辖市的工业企业技术创新效率进行研究，发现部分地区的高产出不是由于高技术效率引起的，而是因为其他地区的创新资源并未达到有效配置；王昕（2016）[23]依据 2014 年开展的江苏省企业创新实地调查结果，对江苏省工业、建筑业和服务业三大行业的企业创新特征进行分析。结果表明，江苏省工业领跑全省企业产品创新；建筑业以工艺创新为主，但规模较小，且创新类型仅主要表现为产品改进与升级；服务业创新的高科技含量整体上相对较低；王涛（2012）[24]以高技术产业为研究对象，基于 2010 年的数据，对高技术产业的五大类行业，即医药制造业、航空航天制造业、电子及通信设备制造业、电子计算机及办公设备制造业、医疗设备及仪器仪表制造业，进行国际竞争力分析。结果发现，五大行业中，只有航空航天制造业的 R&D 投入强度达到 5%，其余四个行业只有 1% 左右，与国际同行的先进水平相比还有较大差距。

可见，国内外学者对技术创新投入与技术创新效率的行业差异的存在性是有共识的，并且各自从不同的视角探讨了差异产生的根本原因及其作用机理，并取得了丰富的研究成果。以上研究丰富了公司治理与产业经济学综合视角下的技术创新研究，为实业界在行业—企业的交互层面上提升 R&D 投入和优化 R&D 使用效率，提供了新的理论洞察与指导。但现有研究存在以下两个方面主要的不足：①现有关于技术创新投入及其效率的研究，更多是在省际之间、地区之间、高技术产业之间，以及有限的特定行业之间，而针对所有制造业各细分行进行比较研究的成果尚未见报道；②现有研究多停留在描述和测算技术创新投入及其效率的层面上，而缺少对技术创新投入决定机制的行业差异进行深入探讨。有鉴于此，本章研究致力于探讨制造业内部所有细分行业之间 CEO 自主权与企业 R&D 投入关系的差异，并尝试进一步厘清行业特征对二者关系的影响效应。

根据以上研究综述，不同行业具有不同的 R&D 投入特征，而且其 R&D 投入资源的运作效率受到诸多不同影响因素的制约，各影响因素对技术创新活动成功的影响路径长短、多寡以及难度各有不同。因此，不同行业面临差异化的技术创新活动风险，呈现出对技术创新的不同需求，并导致企业 CEO 对技术创新的未来收益有不同的期望。因此，行业特征对 R&D 投入具有毋庸置疑的影响。有鉴于此，本研究推测，CEO 自主权与企业 R&D 投入的关系必然受到行业特征的影响，亦即在不同行业中，二者将表现出强度不同，甚至性质不同的关系。基于以上论述，本章提出以下两个重要研究假设：

H6－1：制造业内部不同细分行业之间 R&D 投入强度有显著差异；

H6－2：制造业内部不同细分行业之间，CEO 自主权与 R&D 投入强度的关系有显著差异。

6.3 行业选择、指标衡量与数据来源

6.3.1 样本设计

以 2010～2015 年深、沪两市中国制造业所有 A 股上市公司作为初始样本框，依据以下标准严格筛选最终研究样本：①剔除样本年份受到公开处罚的上市公司；②剔除样本年份被标注为 ST、*ST、S*ST、PT 的上市公司；③剔除样本年份财务绩效数据具有明显奇异性的上市公司，比如当年大幅度亏损，净资产收益率低于－50%的公司；④剔除研究所需数据项目未完全披露的上市公司；⑤剔除样本年份 CEO 任期未满一年的公司；⑥剔除样本年份高管团队成员有大幅度变动的公司。

主要数据来源于锐思数据库。个别资料和数据，比如 R&D 支出、CEO 学历、CEO 兼职情况等来自上市公司年报和巨潮互联资讯网，并对其进行了必要的手工处理。为检验来自锐思数据库数据的可靠性，从中随机抽取 0.5%的数据样本，并将其与手工收集的上市公司年报中的统计数据相对照，结果基本一致。基于以上处理过程，为保证样本数据分布尽可能接近正态性，消除极端值数据对实证结果的扭曲效应，本章将初始样本依次按照 R&D 投入强度、独立董事比例、资产总额对数、净资产收益率、CEO 自主权、技术人员比率、股权制衡、监事会规模、国有股比例等关键连续变量，分别将最高的五个样本和最低的五个样本删除。最终得到有效研究样本 3 750 个（W-Sample）。数据处理以统计分析软件 SPSS19.0 为主要工具。

主要根据证监会《上市公司行业分类指引》（2015 年修订）中对制造业内部细分行业的分类。综合考虑到某些细分行业之间的相似性与个别细分行业的数量过少，本研究最终将整体样本拆分为 15 个细分行业的子样本。这 15 个行业分别是：电气机械和器材制造业（DQ_Sample），纺织、服装、服饰业（FFF_Sample），非金属材料制造业（FJS_Sample），黑色金属冶炼和压延加工业（HJS_Sample），化学纤维、化学原料制造业（HH_Sample），计算机、通信和其他电子设备制造业（JTQ_Sample），金属制品业（JS_Sample），酒、饮料和精制茶制造业（JYC_Sample），农副食品加工业（NFS_Sample），其他制造业（QT_Sample），石油加工、炼焦和核燃料加工业（SLH_Sample），通用设备制造业（TS_Sample），医药制造业（YY_Sample），有色金属冶炼和压延加工业（YJ_Sample），专用设备制造业（ZS_Sample）。样本在各行业的分布情况见表 6－1。

表 6－1 样本行业分布概况

样本代码	行业名称	频率	百分比	有效百分比	累积百分比
DQ_Sample	电气机械和器材制造业	252	6.72	6.72	6.72
FFF_Sample	纺织、服装、服饰业	174	4.64	4.64	11.36
FJS_Sample	非金属材料制造业	252	6.72	6.72	18.08
HJS_Sample	黑色金属冶炼和压延加工业	108	2.88	2.88	20.96
HH_Sample	化学纤维、化学原料制造业	498	13.28	13.28	34.24
JTQ_Sample	计算机、通信和其他电子设备制造业	402	10.72	10.72	44.96
JS_Sample	金属制品业	96	2.56	2.56	47.52
JYC_Sample	酒、饮料和精制茶制造业	138	3.68	3.68	51.20
NFS_Sample	农副食品加工业	198	5.28	5.28	56.48
QT_Sample	其他制造业	252	6.72	6.72	63.20
SLH_Sample	石油加工、炼焦和核燃料加工业	60	1.60	1.60	64.80
TS_Sample	通用设备制造业	204	5.44	5.44	70.24
YY_Sample	医药制造业	414	11.04	11.04	81.28
YJ_Sample	有色金属冶炼和压延加工业	156	4.16	4.16	85.44
ZS_Sample	专用设备制造业	546	14.56	14.56	100.00
合计		3 750	100.0	100.0	

资料来源：本研究数据处理结果。

6.3.2 变量设计

（1）被解释变量：R&D 投入强度（RDI）。参照任海云（2011）[25]、任海云和师萍（2010）[26]、曾和林（Tao Zeng & Horn-Chern Lin，2011）[27]等学者的做法，以上市公司年报披露的企业研究开发支出与营业收入的比值作为 R&D 投入强度的度量指标。

（2）解释变量：CEO 自主权（CEOD）①。仍遵循现有学者普遍支持的多维度度量建议，尝试从六个维度综合衡量 CEO 自主权。但是，与前述章节研究稍有不同，本章将每个维度简化处理，只考虑使用单一指标进行维度的衡量。这个六个维度分为是结构职位权（Bach & Smith，2007；Lerong He et al.，2015；Qin，Yuan，2016）[28-30]、资源运作权（Zhang Changzheng，2016；张长征、李怀祖、赵西萍，2006）[31][32]、股份所有权（Adams et al.，2005；Muttakin et al.，2016）[33][34]、专家声望权（张长征、吕悦凡，2016；张长征、李怀祖，2008）[35][37]、关联关系权（李有根，2002；张长征，2006）[37][38]与薪酬回报权（Chongwoo Choe et al.，2014；李有根，2002）[39][40]。

结构职位权（SPP），当董事长与总经理两职合一时，SPP 为 1，否则设为 0；资源运作权（ROP），当样本公司的营运资金比例等于或高于研究样本均值时，ROP 为 1，否则设为 0；股份所有权（SOP），当 CEO 持股数量为整个高管团队持股最多的情况下，SOP 为 1，否则设为 0；专家声望权（EPP），当在高管团队中无人比 CEO 年龄更大时，则 EPP 为 1，否则设为 0；关联关系权（RCP），当 CEO 在企业外兼职数量大于等于样本均值时，RCP 为 1，否则设为 0；薪酬回报权（CRP），当 CEO 薪酬与高管平均薪酬的比值高于或等于研究样本均值时，CRP 设置为 1，否则设为 0。最后，CEOD 是 SPP、ROP、SOP、EPP、RCP 和 CRP 的算术平均值，作为本章所使用的 CEO 自主权指数。

---

① 本章还应用第 1 章中设计的 CEO 自主权度量指标体系，应用本章选择的样本数据，采用本章的实证模型与分析步骤，同样验证了本章研究假设，发现不同行业中，CEO 自主权与企业 R&D 投入强度的关系在性质与强度上都有不同表现，而且二者关系在行业间的分布态势与当前本章的研究结果相比，并无实质性的差异。

（3）控制变量：根据已有文献关于企业 R&D 投入资决策影响因素的研究成果，结合数据的可获取性，本章选择以下控制变量：成立时间（FIRMAGE）、地理区域（MIDDLE，WEST）、资产规模（LGFS）、净资产收益率（ROE）、独立董事比例（RID）、股权集中度（ECD）、国有股比例（RSS）、监事会规模（SSB）、技术人员比率（RTP）、股权制衡（OBD）。

其中，FIRMAGE 是公司成立之日至样本年度所经历过的年份数，月数四舍五入；ECD 以第一大持股比例衡量；OBD 以第二至第十大股东持股数量之和与第一大股东持股数量的比值衡量；ROE 是净利润与平均净资产的比值；ROE 是独立董事真实数目与董事会规模的比值；LGFS 是资产规模的对数值；SSB 是真实的监事会人数，但是如果大于 15 则记为 15（见表 6－2）。

表 6－2　　研究变量设计一览

变量类型	变量编号	变量代码	变量名称	测度方法
控制变量	1	FIRMAGE	成立时间	公司至样本年份经历的时间
	2	MIDDLE	中部地区	公司是否位于中国中部地区
	3	WEST	西部地区	公司是否位于中国西部地区
	4	LGFS	资产规模	公司资产总额的对数值
	5	ROE	净资产收益率	净利润与本年度平均净资产的比值
	6	RID	独立董事比率	独立董事个数与董事会规模的比值
	7	ECD	股权集中度	第一大股东持股比率
	8	RSS	国有股比例	国有股占总股本的比率
	9	SSB	监事会规模	监事会成员真实数目，大于 15，记为 15
	10	RTP	技术人员比率	技术人员数量与员工总数的比值
自变量	11	OBD	股权制衡	第二至第五大股东持股比例之和与第一大股东持股比例的比值
	12	CEOD	CEO 自主权结构	职位权、资源运作权、股份所有权、专家声望权、关联关系权与薪酬回报权的算术平均值
因变量	13	RDI	研发投入强度	研究开发支出与营业收入的比值

资料来源：本研究数据处理结果。

6.3.3 变量描述性统计与相关分析

研究变量的描述性统计结果见表 6－3。第一大持股比例的平均值为 34.4%；

表 6-3 主要研究变量相关性系数表（Pearson 相关性）

变量	均值	标准差	1	2	3	4	5	6	7	8	9	10	11	12	13
1. FIRMAGE	16.065	5.361	1												
2. MIDDLE	0.240	0.424	-0.033*	1											
3. WEST	0.209	0.396	0.076**	-0.277**	1										
4. LGFS	9.574	0.482	0.045**	0.039*	0.020	1									
5. ROE	6.852	9.975	0.026	-0.036*	-0.039*	0.122**	1								
6. RID	0.358	0.093	-0.139**	-0.034*	0.021	-0.033*	0.026	1							
7. ECD	0.344	0.146	-0.154**	-0.027	0.013	0.262**	0.049**	0.019	1						
8. RSS	0.035	0.109	0.013	0.010	0.016	0.063**	0.009	-0.004	0.030	1					
9. SSB	5.185	2.258	0.100**	0.064**	0.133**	0.167**	0.002	-0.123**	0.027	-0.013	1				
10. RTP	0.1506	0.113	-0.070**	-0.074**	-0.088**	0.018	0.064**	-0.025	0.002	0.038*	0.034*	1			
11. OBD	0.648	0.602	0.010	-0.020	-0.038*	-0.111**	0.079**	0.043**	-0.622**	-0.004	-0.049**	0.031	1		
12. CEOD	0.397	0.105	-0.078**	-0.116**	-0.160**	-0.221**	0.141**	0.122**	-0.259**	-0.019	-0.183**	0.080**	0.214**	1	
13. RDI	0.024	0.022	-0.132**	-0.019	-0.078**	-0.188**	-0.004	0.038*	-0.089**	0.024	-0.068**	0.218**	0.088**	0.191**	1

注：* 在 0.05 水平（双侧）上显著相关。** 在 0.01 水平（双侧）上显著相关。

资料来源：本研究数据处理结果。

股权制衡的均值为 0.648，其他九大股东相对于第一大股东并没有强势的制衡效应；净资产收益率的均值为 6.852%，可见中国制造业整体绩效水平不高；样本公司平均年龄为 16.07 岁；属于西部地区的上市公司占到样本 20.9%，而属于中部地区的样本公司占到 24.0%。监事会规模最小为 3 人，最大为 15 人，平均规模为 5.185 人。CEO 自主权的平均值为 0.397，R&D 投入强度的平均值为 2.47%，基本达到企业生存所需最低需求。

研究变量的相关性分析结果见表 6 – 3。主要研究变量之间存在不同程度的相关性，而且绝对值基本都小于 0.5。意味着本研究中的多重共线性问题并不突出。其中，只有股权集中度（ECD）和股权制衡（OBD），相关系数为 –0.622（$P<0.01$）。针对可能存在的多重共线性问题，在多元回归中进行了多重共线性检验。两个变量在历次回归分析中，其膨胀因子（VIF）最高值为 1.882，可以接受。此外，尝试将股权制衡剔除出回归模型，实证结果保持不变。

6.4 R&D 投入强度、CEO 自主权及其他研究变量的行业比较分析

6.4.1 R&D 投入强度的行业比较分析

各行业平均 R&D 投入强度分别见表 6 – 4 和图 6 – 1。根据表 6 – 4 所示的结果，可以直观地发现各行业之间的 R&D 投入强度的确有显著差异。R&D 投入强度最高的前三行业是计算机、通信和其他电子设备制造业（JTQ_Sample），电气机械和器材制造业（DQ_Sample），通用设备制造业（TS_Sample），其 R&D 投入强度分别为 3.75%、2.93% 和 2.71%。R&D 投入强度最低的三个行业是黑色金属冶炼和压延加工业（HJS_Sample），农副食品加工业（NFS_Sample），石油加工、炼焦和核燃料加工业（SLH_Sample），分别是 1.36%、1.48% 和 1.53%。

表 6 -4　　各行业平均 R&D 投入强度一览

行业序号	行业代码	均值	标准差	标准误	均值的 95% 置信区间	
					下限	上限
1	DQ_Sample	0. 02927678	0. 021642302	0. 001331992	0. 02665405	0. 03189950
2	FFF_Sample	0. 01717282	0. 015778502	0. 001189349	0. 01482551	0. 01952014
3	FJS_Sample	0. 02513619	0. 022380862	0. 001390679	0. 02239766	0. 02787472
4	HJS_Sample	0. 01356611	0. 017798981	0. 001681846	0. 01023342	0. 01689880
5	HH_Sample	0. 02052763	0. 021495437	0. 000955589	0. 01865022	0. 02240505
6	JTQ_Sample	0. 03753787	0. 023145000	0. 001129360	0. 03531795	0. 03975779
7	JS_Sample	0. 02289751	0. 021172449	0. 002160904	0. 01860757	0. 02718744
8	JYC_Sample	0. 02347079	0. 026948845	0. 002277593	0. 01896758	0. 02797400
9	NFS_Sample	0. 01474940	0. 020234363	0. 001416689	0. 01195609	0. 01754272
10	QT_Sample	0. 01945840	0. 020345478	0. 001271592	0. 01695424	0. 02196256
11	SLH_Sample	0. 01526130	0. 024319062	0. 003139577	0. 00897902	0. 02154358
12	TS_Sample	0. 02712607	0. 019247043	0. 001328172	0. 02450774	0. 02974440
13	YY_Sample	0. 02425008	0. 021811088	0. 001054279	0. 02217786	0. 02632230
14	YJ_Sample	0. 01800905	0. 021394665	0. 001691397	0. 01466855	0. 02134956
15	ZS_Sample	0. 02603671	0. 019322307	0. 000817246	0. 02443145	0. 02764196

资料来源：本研究数据处理结果。

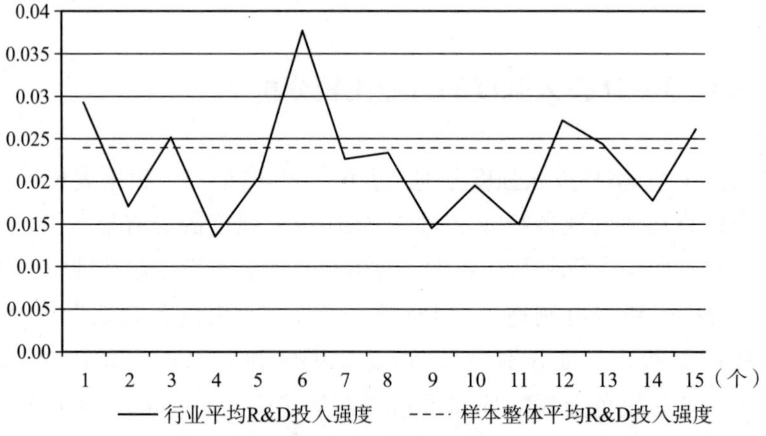

图 6 -1　各行业平均 R&D 投入强度与样本整体平均 R&D 投入强度比较

资料来源：本研究数据处理结果。

1986 年，世界经济与合作组织（OECD）曾经提出以 R&D 投入强度为界定指标，对世界各国的产业进行划分：R&D 强度超过 5% 的为高技术产业、3% ~5%之间的为中高技术产业、低于 3% 的为低技术和中低技术产业（Kirner，2009）[40]。由于这一标准直观易用，目前逐渐被许多国家和地区所接受，几乎成为国际通用标准。根据这一标准，我国制造业中，没有任何一个行业可以称为高技术产业，只有计算机、通信和其他电子设备制造业可以被认为是中高技术产业，而其他产业都只能被认为是中低技术产业。可见，我国的整体 R&D 投入水平提升、产业技术含量升级任重道远，现状不容乐观。

为了进一步比较分析各行业的 R&D 投入强度是否有统计意义上的显著性，客观呈现各行业在技术创新投入方面的差异，本章对各行业的 R&D 投入强度进行了均值多重比较分析。结果见表 6 -5 ~ 表 6 -16。

表 6 -5　电气机械和器材制造业与其他行业的研发投入强度均指标较结果[a]

(I) 行业代码	(J) 行业代码	均值差（I - J）	标准误	显著性	95% 置信区间	
					上限	下限
DQ_Sample	FFF_Sample	0.012103955*	0.002059491	0.000	0.00490230	0.01930561
	HJS_Sample	0.015710669*	0.002386573	0.000	0.00736526	0.02405607
	HH_Sample	0.008749142*	0.001606793	0.000	0.00313048	0.01436780
	JTQ_Sample	-0.008261092*	0.001662238	0.000	-0.01407363	-0.00244855
	NFS_Sample	0.014527372*	0.001972867	0.000	0.00762862	0.02142612
	QT_Sample	0.009818375*	0.001856400	0.000	0.00332689	0.01630986
	SLH_Sample	0.014015476*	0.003026821	0.000	0.00343124	0.02459971
	YJ_Sample	0.011267721*	0.002120376	0.000	0.00385316	0.01868228

注：a. 只保留了电气机械和器材制造业 R&D 投入强度有统计差异的行业比较结果，下同。

资料来源：本研究数据处理结果。

表 6 -5 显示，与第二到第十五个行业相比，电气机械和器材制造业在统计意义上其 R&D 投入强度仅低于计算机、通信和其他电子设备制造业（JTQ_Sample），高于纺织、服装、服饰业，黑色金属冶炼和压延加工业，化学纤维、化学原料制造业，农副食品加工业，其他制造业，石油加工、炼焦和核燃料加工业以及有色金属冶炼和压延加工业。

表 6 -6 显示，与第三到第十五个行业相比，纺织、服装、服饰业在统计

意义上其 R&D 投入强度要低于非金属材料制造业，计算机、通信和其他电子设备制造业，通用设备制造业，医药制造业，以及有色金属冶炼和压延加工业，且在统计意义上其 R&D 投入强度没有高于任何其他行业。这表明纺织、服装、服饰业的技术创新水平极低，仍然在沿着传统的低成本领先战略的路径前行，远未将差异化、品牌化战略放在优先位置。这也是我国纺织、服装、服饰业利润率低、竞争力缺乏的根源之一。

表 6－6　纺织、服装、服饰业与其他行业的研发投入强度均指标较结果[b]

(I) 行业代码	(J) 行业代码	均值差（I－J）	标准误	显著性	95% 置信区间	
					下限	上限
FFF_Sample	FJS_Sample	－0.007963369*	0.002067427	0.013	－0.01519278	－0.00073396
	JTQ_Sample	－0.020365047*	0.001900352	0.000	－0.02701022	－0.01371987
	TS_Sample	－0.009953248*	0.002162816	0.000	－0.01751621	－0.00239028
	YY_Sample	－0.007077256*	0.001895100	0.020	－0.01370407	－0.00045044
	YJ_Sample	－0.008863887*	0.001829251	0.000	－0.01526044	－0.00246734

注：b. 因为与电气机械和器材制造业 R&D 投入强度的差异比较结果已在上一轮比较中完成，因此本表中不再显示，下同。

资料来源：本研究数据处理结果。

表 6－7 显示，与第四到第十五个行业相比，非金属材料制造业在统计意义上其 R&D 投入强度要低于计算机、通信和其他电子设备制造业，高于黑色金属冶炼和压延加工业、农副食品加工业，而与其他行业无显著的统计意义上的差异。

表 6－7　非金属材料制造业与其他行业的研发投入强度均指标较结果

(I) 行业代码	(J) 行业代码	均值差（I－J）	标准误	显著性	95% 置信区间	
					下限	上限
FJS_Sample	HJS_Sample	0.011570082*	0.002393426	0.000	0.00320072	0.01993945
	JTQ_Sample	－0.012401678*	0.001672061	0.000	－0.01824857	－0.00655479
	NFS_Sample	0.010386786*	0.001981150	0.000	0.00345907	0.01731450

资料来源：本研究数据处理结果。

表 6－8 显示，与第五到第十五个行业相比，黑色金属冶炼和压延加工业

在统计意义上，其 R&D 投入强度要低于计算机、通信和其他电子设备制造业，酒、饮料和精制茶制造业，通用设备制造业，医药制造业，专用设备制造业等行业，而与其他行业无统计意义上的显著差异。可见，黑色金属冶炼和压延加工业在国际上竞争力较低的根本原因就在于其过低的技术创新投入，致力于未来行业竞争力提升的努力，应给予该行业的技术创新投入以足够的关注。

表 6-8　黑色金属冶炼和压延加工业与其他行业的研发投入强度均指标较结果

(I) 行业代码	(J) 行业代码	均值差（I-J）	标准误	显著性	95% 置信区间	
					下限	上限
HJS_Sample	JTQ_Sample	-0.023971760*	0.002250681	0.000	-0.03184198	-0.01610155
	JYC_Sample	-0.009904682*	0.002682990	0.024	-0.01928660	-0.00052276
	TS_Sample	-0.013559961*	0.002476288	0.000	-0.02221908	-0.00490084
	YY_Sample	-0.010683970*	0.002246249	0.000	-0.01853868	-0.00282925
	ZS_Sample	-0.012470600*	0.002190979	0.000	-0.02013205	-0.00480915

资料来源：本研究数据处理结果。

表6-9 显示，与第六到第十五个行业相比，化学纤维、化学原料制造业在统计意义上其 R&D 投入强度要低于计算机、通信和其他电子设备制造业，通用设备制造业，专用设备制造业，而与其他行业无显著统计意义上的差异。客观来看，该结果也在一定程度上解释了我国化学纤维、化学原料制造业差异化程度低、竞争力较低的主要原因。近年来，我国化学纤维、化学原料制造业行业产值快速增长，年均增长率在 30% 以上。但是，其产值增长具有两面性，在增加行业价值总量的同时，也过度消耗着自然资源。该行业内企业的生产经营、新产品开发和技术创新投入完全跟不上总量增长的脚步，行业长远发展面临严重的可持续困境。

表 6-9　化学纤维、化学原料制造业与其他行业的研发投入强度均指标较结果

(I) 行业代码	(J) 行业代码	均值差（I-J）	标准误	显著性	95% 置信区间	
					下限	上限
HH_Sample	JTQ_Sample	-0.017010233*	0.001397003	0.000	-0.02189529	-0.01212517
	TS_Sample	-0.006598434*	0.001737255	0.016	-0.01267329	-0.00052358
	ZS_Sample	-0.005509073*	0.001298630	0.002	-0.01005014	-0.00096800

资料来源：本研究数据处理结果。

表6-10 显示，与第七到第十五个行业相比，计算机、通信和其他电子设备制造业在统计意义上其 R&D 投入强度要显著高于其余9个行业的投入水平。近年来，计算机、通信和其他电子设备制造业发展迅速，已经成为世界上最重要的战略性产业，并且是体现一个国家竞争力的重要先导产业和国民经济发展的新增长点。中国计算机、通信和其他电子设备制造业之所以在世界上能够相较于其他制造业而言，拥有一席之地，其关键的因素之一就是在 R&D 投入上并不吝啬。

表6-10　计算机、通信和其他电子设备制造业与其他行业的研发投入强度均指标较结果

(I) 行业代码	(J) 行业代码	均值差（I-J）	标准误	显著性	95%置信区间	
					下限	上限
JTQ_Sample	JS_Sample	0.014640362*	0.002394178	0.000	0.00626837	0.02301236
	JYC_Sample	0.014067079*	0.002065367	0.000	0.00684487	0.02128928
	NFS_Sample	0.022788464*	0.001806111	0.000	0.01647283	0.02910410
	QT_Sample	0.018079466*	0.001678111	0.000	0.01221142	0.02394751
	SLH_Sample	0.022276568*	0.002920870	0.000	0.01206283	0.03249031
	TS_Sample	0.010411799*	0.001788660	0.000	0.00415719	0.01666641
	YY_Sample	0.013287791*	0.001453594	0.000	0.00820484	0.01837074
	YJ_Sample	0.019528813*	0.001966171	0.000	0.01265348	0.02640415
	ZS_Sample	0.011501160*	0.001366635	0.000	0.00672229	0.01628003

资料来源：本研究数据处理结果。

金属制品业与第八到第十五个行业相比，其 R&D 投入强度没有统计上的差异。因此，其比较的结果表格省略。

表6-11 显示，与第九到第十五个行业相比，酒、饮料和精制茶制造业在统计意义上，其 R&D 投入强度要显著高于农副食品加工业的投入水平，但与其他行业无显著统计意义上的差异。

表 6-11　酒、饮料和精制茶制造业与其他行业的研发投入强度均指标较结果

(I) 行业代码	(J) 行业代码	均值差 (I-J)	标准误	显著性	95%置信区间	
					上限	下限
JCY_Sample	NFS_Sample	0.008721385*	0.002322694	0.018	0.00059936	0.01684341

资料来源：本研究数据处理结果。

表 6-12 显示，与第十到第十五个行业相比，农副食品加工业在统计意义上其 R&D 投入强度要显著低于通用设备制造业、医药制造业、专用设备制造业的投入水平，与其他行业无显著统计意义上的差异。虽然 2015 年以来，我国规模以上农副食品加工业总体稳中有进、稳中向好，中小型农产品加工企业活力增强，但是创新能力不足的特征愈加突出。在技术装备方面，低层次模仿多、高层次创新少，简单引进多、自主自创少；在创新活动方面，单打独斗多、联合创新少，导致该行业技术装备比发达国家落后至少 20 年。

农副食品加工业的核心设备主要靠进口，农产品加工整体水平不高，尤其是进步缓慢，与国外差距越来越大。农业部 2015 年发布的《关于我国农产品加工业发展情况的调研报告》显示，我国农产品加工率只有 55%，低于发达国家 80% 的水平，果品加工率只有 10%，低于世界 30% 的水平，肉类加工率只有 17%，低于发达国家 60% 的水平。而且，与国外相比，更显著的行业发展差异是，我国农产品副产物和加工副产物的 60% 以上没有得到循环利用、高值利用和梯次利用。该行业企业平均耗电量、耗水量分别是发达国家的 2 倍和 3 倍以上，企业生产过程中资源浪费与环境污染的双重问题越发突出。

表 6-12　农副食品加工业与其他行业的研发投入强度均指标较结果

(I) 行业代码	(J) 行业代码	均值差 (I-J)	标准误	显著性	95%置信区间	
					上限	下限
NFS_Sample	TS_Sample	-0.012376665*	0.002080498	0.000	-0.01965178	-0.00510155
	YY_Sample	-0.009500673*	0.001800584	0.000	-0.01579698	-0.00320436
	ZS_Sample	-0.011287304*	0.001731144	0.000	-0.01734079	-0.00523382

资料来源：本研究数据处理结果。

其他制造业与第十一到第十五个行业相比，其 R&D 投入强度无统计上的差异。因此，其比较的结果表格省略。

表 6－13 显示，与第十二到第十五个行业相比，石油加工、炼焦和核燃料加工业在统计意义上其 R&D 投入强度要显著低于通用设备制造业、专用设备制造业的投入水平，与其他行业无显著统计意义上的差异。通过多年艰苦卓绝的努力，我国石油加工、炼焦和核燃料加工业有了很大发展，拥有一批完善的炼油技术和较大的产业规模。但是，该行业的技术创新投入一直落后于其他行业，与其规模不相匹配。在环保要求日益严格、产品需求结构和资源状况不断变化的背景下，科技创新是石油加工、炼焦和核燃料加工业发展的核心动力，应受到高度重视。未来，该产业的常规技术应继续提升，巩固和推动现有石化工艺的创新发展，重点加大高端石化产品技术创新的投入，促进高端石化产品技术与高科技产业的融合。

表 6－13　石油加工、炼焦和核燃料加工业与其他行业的研发投入强度均指标较结果

(I) 行业代码	(J) 行业代码	均值差（I－J）	标准误	显著性	95% 置信区间	
					上限	下限
SLH_Sample	TS_Sample	－0.007667667*	0.001970404	0.011	－0.01455780	－0.00077753
	ZS_Sample	－0.006578306*	0.001597147	0.004	－0.01216323	－0.00099338

资料来源：本研究数据处理结果。

表 6－14 显示，与第十三到第十五个行业相比，通用设备制造业在统计意义上其 R&D 投入强度要显著高于有色金属冶炼和压延加工业的投入水平，与其他行业无显著统计意义上的差异。

表 6－14　通用设备制造业与其他行业的研发投入强度均指标较结果

(I) 行业代码	(J) 行业代码	均值差（I－J）	标准误	显著性	95% 置信区间	
					上限	下限
TS_Sample	YJ_Sample	0.009117014*	0.002220870	0.004	0.00135104	0.01688298

资料来源：本研究数据处理结果。

医药制造业与第十四和第十五个行业相比，其 R&D 投入强度无统计上的差异。因此，其比较的结果表格省略。近年来，随着人民生活水平的提高和对医疗保健需求的不断增长，医药制造业一直保持着较快的发展速度，医药工业产值年均递增 20% 左右，成为中国国民经济中发展最快的行业之一。但是，一直以来，由于技术创新投入的匮乏，以医药制造企业为中心的技术创新体系尚未形成。虽然我国已是国际上原料药生产大国，但对药物制剂技术开发研究投入和产出不够，制剂水平很低，大多数制剂产品质量稳定性不高，达不到进入国际市场的标准。比如，我国平均一种原料药只能做成三种到四种制剂，而国外一种原料药则能做成十几种，甚至几十种制剂。行业创新基础薄弱，创新投入意愿不强，医药技术创新和科技成果高效产业化的机制尚未形成，缺少具有自主知识产权的新产品，化学原料药中超过 95% 的品种是“仿制”产品，产品更新慢。具体表现为：老产品多、新产品少；低技术附加值产品多、高技术附加值产品少；重复品种多、独家品牌少。整体来看，应用高新技术改造传统医药产业的步伐缓慢，而且多数老医药产品技术经济指标不高，工艺落后，缺乏国际竞争能力。本章研究也表明，医药制造业的 R&D 投入强度为 2.42%，仅相当于所有制造业的平均水平，远无法满足医药制造业本身对创新投入的特殊要求。

表 6－15 显示，与第十五个行业相比，有色金属冶炼和压延加工业在统计意义上，其 R&D 投入强度要显著低于专用设备制造业的投入水平。

表 6－15　有色金属冶炼和压延加工业的研发投入强度均指标较结果

(I) 行业代码	(J) 行业代码	均值差 (I－J)	标准误	显著性	95% 置信区间	
					上限	下限
YJ_Sample	ZS_Sample	－0.008027653*	0.001897538	0.003	－0.01466299	－0.00139232

资料来源：本研究数据处理结果。

6.4.2　CEO 自主权行业比较分析

表 6－16 和图 6－2 显示，各行业 CEO 自主权配置状态有明显差异。其中，CEO 自主权水平排名前三的行业是，电气机械和器材制造业，计算机、通信和其他电子设备制造业和金属制品业，其自主权指数分别为 0.4280、0.4231、0.4177；CEO 自主权水平排名后三位的行业是，黑色金属冶炼和压

延加工业，有色金属冶炼和压延加工业和石油加工、炼焦和核燃料加工业，其自主权指数分别为 0.3217、0.3343、0.3439。

表 6－16　　　　CEO 自主权行业比较

行业序号	行业代码	均值	标准差	标准误	均值的 95% 置信区间	
					上限	下限
1	DQ_Sample	0.4280	0.10817	0.00666	0.4149	0.4411
2	FFF_Sample	0.4171	0.09835	0.00741	0.4025	0.4317
3	FJS_Sample	0.3788	0.09450	0.00587	0.3672	0.3904
4	HJS_Sample	0.3217	0.08302	0.00784	0.3061	0.3372
5	HH_Sample	0.3630	0.10382	0.00462	0.3539	0.3721
6	JTQ_Sample	0.4363	0.11513	0.00562	0.4252	0.4473
7	JS_Sample	0.4231	0.08535	0.00871	0.4059	0.4404
8	JYC_Sample	0.4177	0.08475	0.00716	0.4036	0.4319
9	NFS_Sample	0.3625	0.09106	0.00638	0.3500	0.3751
10	QT_Sample	0.3955	0.09957	0.00622	0.3832	0.4077
11	SLH_Sample	0.3439	0.10959	0.01415	0.3156	0.3722
12	TS_Sample	0.4022	0.09722	0.00671	0.3890	0.4154
13	YY_Sample	0.4134	0.09824	0.00475	0.4041	0.4227
14	YJ_Sample	0.3343	0.08959	0.00708	0.3203	0.3483
15	ZS_Sample	0.3883	0.10074	0.00426	0.3800	0.3967

资料来源：本研究数据处理结果。

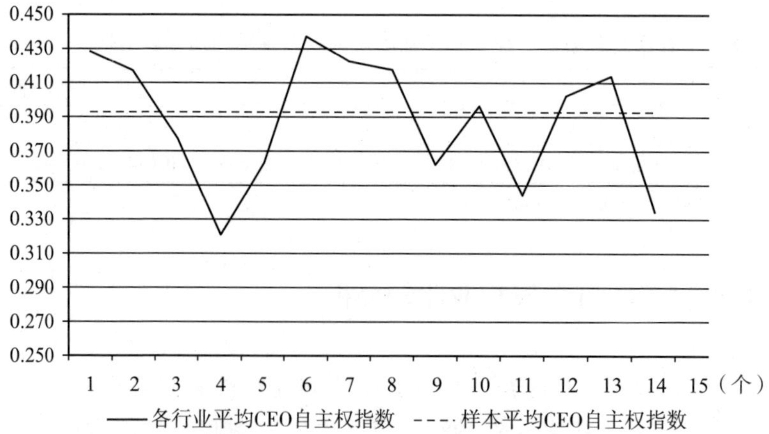

图 6－2　各行业 CEO 自主权比较分析

资料来源：本研究数据处理结果。

6.4.3 其他控制变量的行业比较分析

图 6－3 显示，15 个行业的平均公司年龄有明显差异。所有行业的平均公司年龄为 16.06 年，标准差是 5.34 年，最高是 63 年，最低是 5 年。其中，平均公司年龄排在前三位的是酒、饮料和精制茶制造业，石油加工、炼焦和核燃料加工业，有色金属冶炼和压延加工业，其平均公司年龄分别为 18.27 年、17.63 年和 17.56 年；平均公司年龄排在后三位的是黑色金属冶炼和压延加工业、金属制品业、通用设备制造业，其平均公司年龄分别为 14.54 年、14.75 年和 15.22 年。

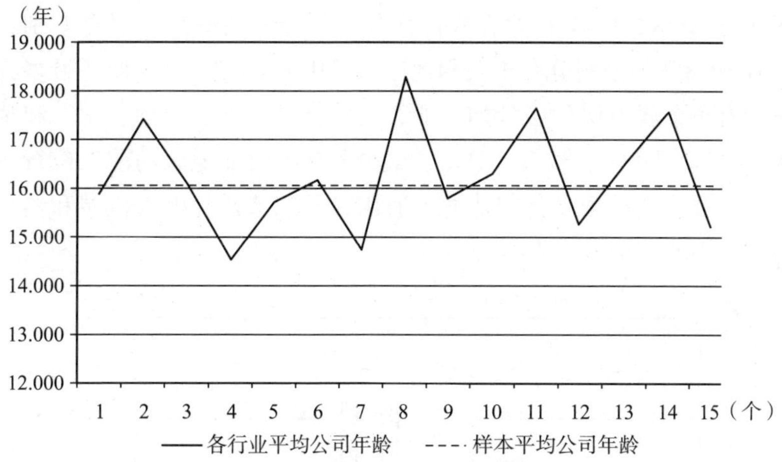

图 6－3 各行业平均公司年龄比较分析

资料来源：本研究数据处理结果。

图 6－4 显示，15 个行业在中国中部地区分布的情况有明显的差别。整体来看，有 24% 的公司分布于中部地区。其中，分布于中部地区最多的前三个行业是石油加工、炼焦和核燃料加工业，黑色金属冶炼和压延加工业，有色金属冶炼和压延加工业，分别为 40%、39% 和 39%；最少分布于中部地区的前三位行业是其他制造业，金属制品业和纺织、服装、服饰业，分别为 12%、13% 和 15%。

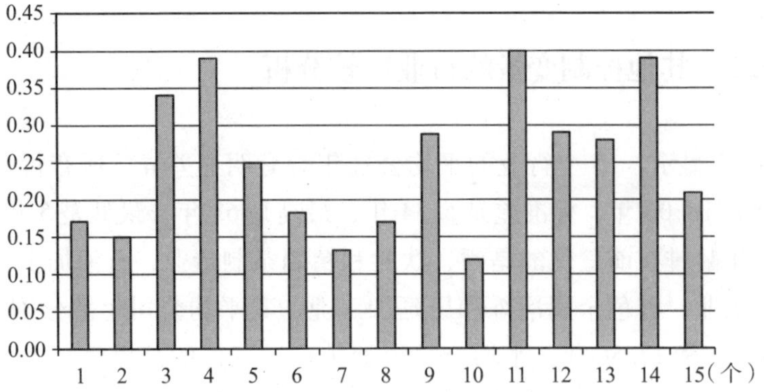

图 6－4　各行业分布于中国中部地区的概率比较分析

资料来源：本研究数据处理结果。

图 6－5 显示，15 个行业在中国西部地区分布的情况有明显差别。整体来看，有 39.8% 的公司分布于西部地区。其中，分布于西部地区最多的前三个行业是有色金属冶炼和压延加工业，农副食品加工业，酒、饮料和精制茶制造业，分别为 35%、32%、31%；最少分布于西部地区的前三位行业是计算机、通信和其他电子设备制造业，通用设备制造业，电气机械和器材制造业，分别为 10%、14%、14%。

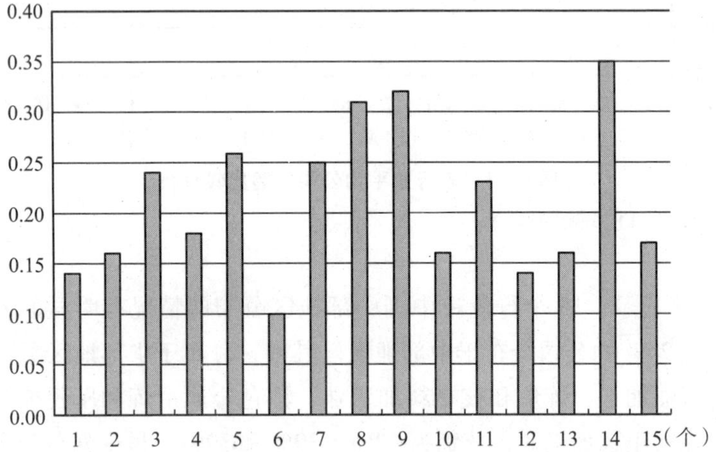

图 6－5　各行业分布于中国西部地区的概率比较分析

资料来源：本研究数据处理结果。

图6-6显示，各行业平均公司规模有显著差异。所有行业平均公司规模为3 715 352 291元（对数值为9.57）。其中，平均公司规模最大的前三行业是黑色金属冶炼和压延加工业、有色金属冶炼和压延加工业、专用设备制造业，分别为20 892 961 309元（对数值为10.32）、6 165 950 019元（对数值为9.79）、4 570 881 896元（对数值为9.66）；平均公司规模最小的前三位行业是纺织、服装、服饰业，医药制造业，通用设备制造业，分别为2 454 708 916元（对数值为9.39）、2 630 267 992元（对数值为9.42）、2 691 534 804元（对数值为9.43）。

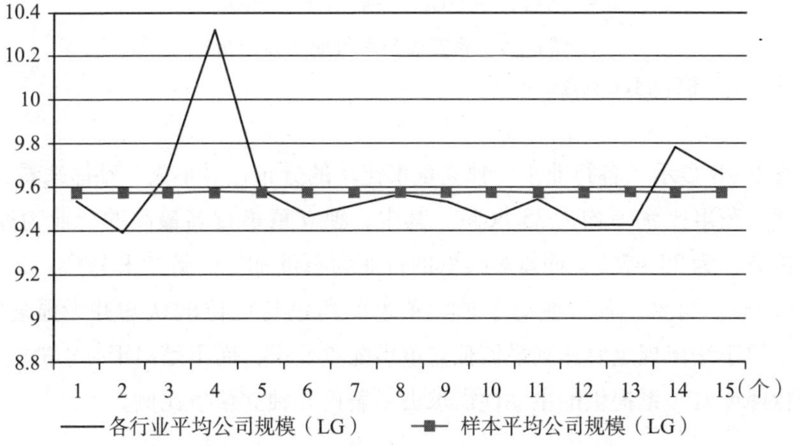

图6-6 平均公司规模行业比较分析

资料来源：本研究数据处理结果。

图6-7显示，各行业平均资产收益率有显著差异。整体来看，所有行业平均净资产收益率为6.85%。其中，净资产收益率最高的前三位行业是酒、饮料和精制茶制造业，医药制造业，非金属材料制造业，分别为14.96%、10.98%、8.59%；净资产收益率最低的前三位是黑色金属冶炼和压延加工业，有色金属冶炼和压延加工业，石油加工、炼焦和核燃料加工业，分别为1.403%、2.87%、3.66%。

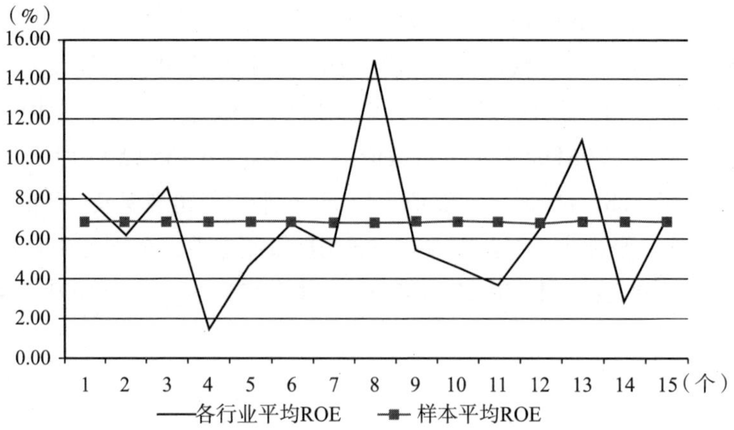

图 6－7　资产收益率行业比较分析

资料来源：本研究数据处理结果。

图 6－8 显示，各行业平均独立董事比率的分布差异不大。整体来看，所有行业独立董事比率平均为 35.66%。其中，独立董事排名最高的行业为通用设备制造业，为 38.47%，而排名最低的行业为石油加工、炼焦和核燃料加工业，为 30.11%。可见，各行业对于独立董事的角色与地位的认知并无显著差异，多数是迫于法律规定要达到最低独立董事配置要求，而不是出于寻求战略咨询、知识保障或者关系提供的主动性需求去显著提升独立董事比例。

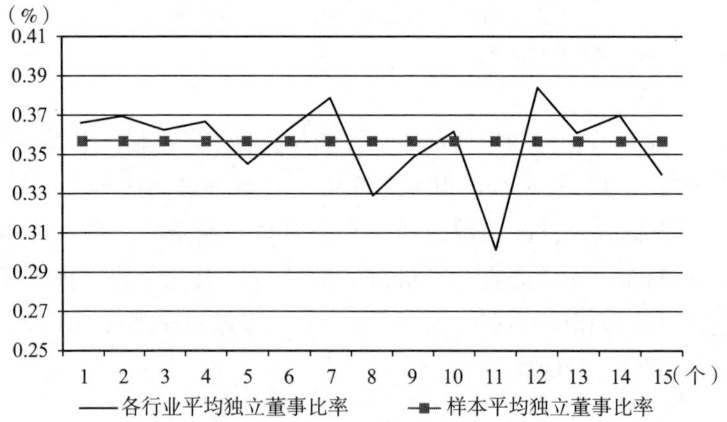

图 6－8　独立董事比率行业比较分析

资料来源：本研究数据处理结果。

图6-9显示，各行业平均股权集中度有显著差异。各行业第一大股东持股比例平均为34.47%。其中，第一大持股比例最高的前三个行业是黑色金属冶炼和压延加工业，酒、饮料和精制茶制造业，有色金属冶炼和压延加工业，分别是59.88%、40.01%、37.94%；第一大股东持股比例最低的三个行业是电气机械和器材制造业，其他制造业，纺织、服装、服饰业，分别是29.70%、30.31%、32.14%。

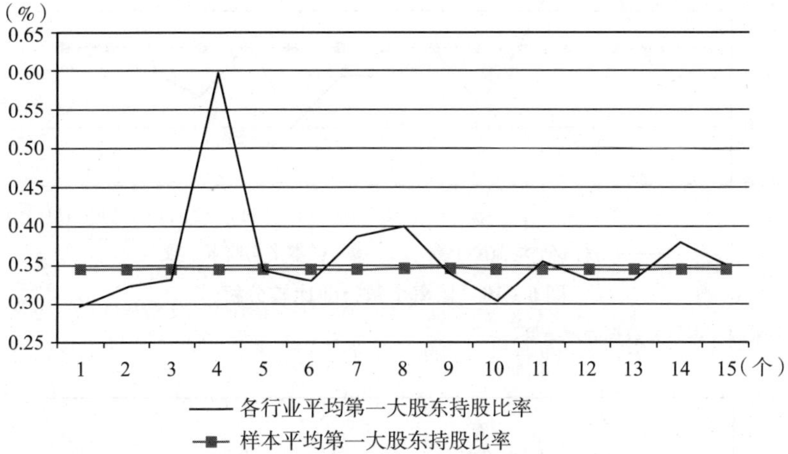

图6-9 股权集中度行业比较分析：以第一大股东持股比例为衡量指标

资料来源：本研究数据处理结果。

图6-10显示，各行业平均监事个数有一定波动。所有行业的平均监事个数为5.18人。其中，平均监事个数最高的三个行业是有色金属冶炼和压延加工业，黑色金属冶炼和压延加工业，石油加工、炼焦和核燃料加工业，分别为6.50人、6.04人、5.18人；平均监事个数最低的三个行业是其他制造业，计算机、通信和其他电子设备制造业，通用设备制造业，分别为4.50人、4.75人、4.65人。

图6-11显示，各行业平均技术人员比率有明显差异。样本整体平均技术人员比率为15.06%。其中，技术人员比率最高的三个行业是计算机、通信和其他电子设备制造业，专用设备制造业，通用设备制造业，分别为23.1%、17.8%、17.5%；技术人员比率最低的三个行业是酒、饮料和精制

茶制造业，石油加工、炼焦和核燃料加工业，黑色金属冶炼和压延加工业，分别为 9.53%、10.3%、10.7%。

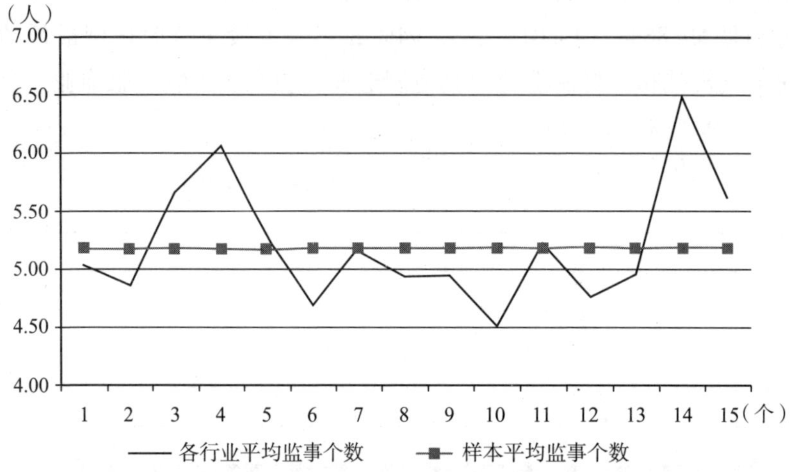

图 6－10　监事个数行业比较分析

资料来源：本研究数据处理结果。

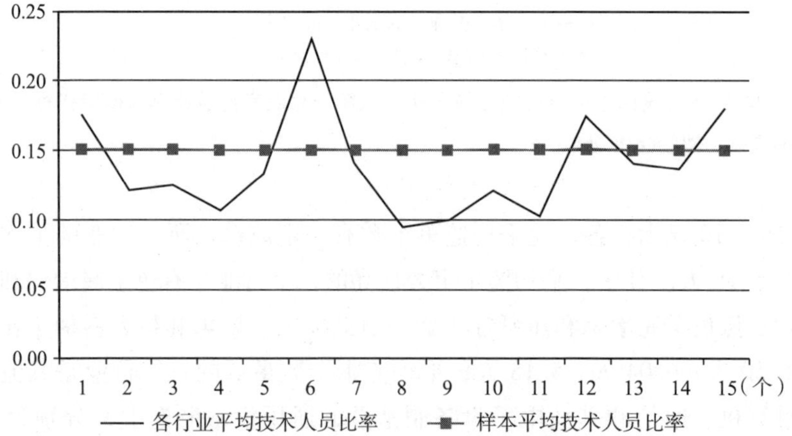

图 6－11　技术人员比率行业比较分析

资料来源：本研究数据处理结果。

图 6－12 显示，股权制衡度在行业之间的分布有较大差异。其中，第二至第九大股东持股比例之和与第一大持股比率的比值最高的三个行业是电气

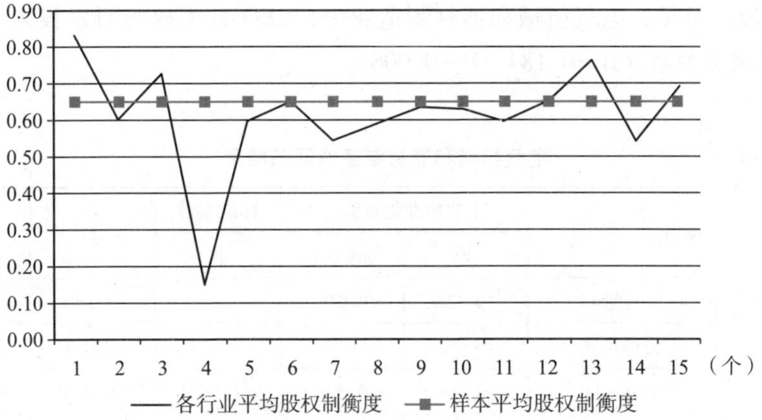

图 6－12　股权制衡度行业比较分析

资料来源：本研究数据处理结果。

机械和器材制造业、医药制造业、非金属材料制造业，分别为 82.75%、76.02%、72.42%；第二至第九大股东持股比例之和与第一大持股比率的比值最低的三个行业是黑色金属冶炼和压延加工业、金属制品业、有色金属冶炼和压延加工业，分别为 15.33%、54.43%、54.42%。

6.5　CEO 自主权与企业 R&D 投入关系的行业比较分析

6.5.1　电气机械和器材制造业的 CEO 自主权与企业 R&D 投入关系检验

以 R&D 投入强度为因变量，以 CEO 自主权为自变量，加入上文选择的 11 个控制变量，构建基于 OLS 的多元回归模型模型（6－1）。

$$RDI_{it} = \alpha + \beta_1 FIRMAGE_{it} + \beta_2 MIDDLE_{it} + \beta_3 WEST_{it} + \beta_4 LGFS_{it} + \beta_5 ROE_{it} + \beta_6 RID_{it} + \beta_7 ECD_{it} + \beta_8 RSS_{it} + \beta_9 NSB_{it} + \beta_{10} RTP + \beta_{11} OBD_{it} + \beta_{12} CEOD_{it} + \varepsilon_{it} \tag{6-1}$$

以电气机械和器材制造业的数据对模型（6－1）进行模型拟合，结果见

表 6-17。可见，电气机械和器材制造业中，CEO 自主权与研发投入强度有显著正相关关系（B=0.184，P=0.006）。

表 6-17　　电气机械和器材制造业回归结果[a]

模型		非标准化系数		标准系数	t	Sig.
		B	标准误差	β		
模型（6-1）	（常量）	0.133	0.029		4.645	0.000
	公司年龄	-0.001	0.000	-0.174	-2.754	0.006
	中部地区	0.004	0.004	0.065	0.979	0.329
	西部地区	0.023	0.004	0.358	5.839	0.000
	资产规模	-0.011	0.003	-0.250	-4.084	0.000
	净资产收益率	0.000	0.000	0.081	1.296	0.196
	独立董事比率	-0.008	0.013	-0.038	-0.640	0.523
	股权集中度	-0.006	0.017	-0.035	-0.379	0.705
	国有股比例	-0.006	0.009	-0.044	-0.710	0.479
	监事会规模	0.000	0.001	-0.037	-0.597	0.551
	技术人员比率	0.043	0.010	0.249	4.146	0.000
	股权制衡度	-0.004	0.003	-0.114	-1.266	0.207
	CEO 自主权	0.037	0.013	0.184	2.778	0.006
	R	0.510	R^2	0.260	Adjusted R^2	0.225
	F	7.356	Model Sig.	0.019	N	252

注：a. 因变量：研发投入强度（RDI）。

资料来源：本研究数据处理结果。

6.5.2　纺织、服装、服饰业的 CEO 自主权与企业 R&D 投入关系检验

以纺织、服装、服饰业的数据进行模型拟合，结果见表 6-18。可见，纺织、服装、服饰业中，CEO 自主权与研发投入强度无显著相关性（B=0.092，P=0.274）。

表 6－18　　纺织、服装、服饰业回归结果[a]

模型		非标准化系数		标准系数	t	Sig.
		B	标准误差	β		
模型（6－1）	（常量）	0.016	0.034		0.461	0.646
	公司年龄	0.000	0.000	－0.202	－2.327	0.021
	中部地区	0.008	0.003	0.175	2.350	0.020
	西部地区	－0.006	0.004	－0.145	－1.735	0.085
	资产规模	0.000	0.003	－0.008	－0.093	0.926
	净资产收益率	－0.001	0.000	－0.268	－3.304	0.001
	独立董事比率	0.010	0.015	0.051	0.696	0.487
	股权集中度	－0.002	0.015	－0.010	－0.100	0.920
	国有股比例	－0.001	0.012	－0.008	－0.106	0.916
	监事会规模	0.000	0.001	0.051	0.631	0.529
	技术人员比率	－0.002	0.014	－0.008	－0.108	0.914
	股权制衡度	0.006	0.003	0.207	1.976	0.050
	CEO 自主权	0.015	0.013	0.092	1.098	0.274
	R	0.486	R^2	0.236	Adjusted R^2	0.180
	F	4.191	Model Sig.	0.000	N	174

注：a. 因变量：研发投入强度（RDI）。

资料来源：本研究数据处理结果。

6.5.3 非金属材料制造业的 CEO 自主权与企业 R&D 投入关系检验

以非金属材料制造业（本行业其实包括非金属矿物制品业、橡胶和塑料制品业、橡胶制造业）为样本，应用模型（6－1）进行数据拟合，结果见表 6－19。可见，非金属材料制造业中，CEO 自主权与研发投入强度呈现统计上不显著的负相关性（B＝－0.048，P＝0.488）。

表 6－19　　非金属材料制造业回归结果[a]

模型		非标准化系数		标准系数	t	Sig.
		B	标准误差	β		
模型（6－1）	（常量）	0.171	0.033		5.190	0.000
	公司年龄	－0.001	0.000	－0.178	－2.525	0.012

续表

模型		非标准化系数		标准系数	t	Sig.
		B	标准误差	β		
模型（6－1）	中部地区	－0.004	0.003	－0.086	－1.196	0.233
	西部地区	－0.007	0.004	－0.138	－1.927	0.055
	资产规模	－0.010	0.003	－0.186	－2.926	0.004
	净资产收益率	0.000	0.000	－0.085	－1.336	0.183
	独立董事比率	－0.017	0.018	－0.058	－0.921	0.358
	股权集中度	－0.044	0.014	－0.277	－3.067	0.002
	国有股比例	0.005	0.014	0.025	0.387	0.699
	监事会规模	－0.001	0.001	－0.072	－1.070	0.286
	技术人员比率	0.008	0.016	0.032	0.507	0.613
	股权制衡度	－0.006	0.003	－0.158	－1.997	0.047
	CEO 自主权	－0.011	0.017	－0.048	－0.694	0.488
	R	0.366	R^2	0.134	Adjusted R^2	0.092
	F	3.167	Model Sig.	0.000	N	252

注：a. 因变量：研发投入强度（RDI）。

资料来源：本研究数据处理结果。

6.5.4 黑色金属冶炼和压延加工业的 CEO 自主权与企业 R&D 投入关系检验

以黑色金属冶炼和压延加工业为样本，应用模型（6－1）进行数据拟合，结果见表 6－20。可见，黑色金属冶炼和压延加工业中，CEO 自主权与研发投入强度呈现统计上不显著的负相关性（B＝－0.025，P＝0.741）。

表 6－20　　黑色金属冶炼和压延加工业回归结果[a]

模型		非标准化系数		标准系数	t	Sig.
		B	标准误差	β		
模型（6－1）	（常量）	0.183	0.027		6.736	0.000
	公司年龄	0.001	0.001	0.156	1.661	0.100
	中部地区	0.011	0.003	0.300	3.229	0.002
	西部地区	0.003	0.004	0.075	0.894	0.373
	资产规模	－0.024	0.003	－0.737	－8.786	0.000

续表

模型		非标准化系数		标准系数	t	Sig.
		B	标准误差	β		
模型（6－1）	净资产收益率	0.000	0.000	0.166	2.272	0.025
	独立董事比率	0.011	0.015	0.055	0.736	0.463
	股权集中度	0.071	0.013	0.652	5.553	0.000
	国有股比例	－0.201	0.155	－0.086	－1.294	0.199
	监事会规模	－0.001	0.001	－0.155	－2.063	0.042
	技术人员比率	0.145	0.021	0.553	6.797	0.000
	股权制衡度	0.030	0.008	0.339	3.979	0.000
	CEO 自主权	－0.005	0.016	－0.025	－0.331	0.741
	R	0.792	R^2	0.628	Adjusted R^2	0.583
	F	13.911	Model Sig.	0.000	N	108

注：a. 因变量：研发投入强度（RDI）。

资料来源：本研究数据处理结果。

6.5.5 化学纤维、化学原料制造业的 CEO 自主权与企业 R&D 投入关系检验

以化学纤维、化学原料制造业（包括化学原料及化学制品制造业、化学纤维制造业、煤炭开采和洗选业、化工业）为样本，应用模型（6－1）进行数据拟合，结果见表 6－21。可见，化学纤维、化学原料制造业中，CEO 自主权与研发投入强度呈现显著正相关关系（B＝0.130，P＝0.007）。

表 6－21　　化学纤维、化学原料制造业回归结果[a]

模型		非标准化系数		标准系数	t	Sig.
		B	标准误差	β		
模型（6－1）	（常量）	0.187	0.022		8.552	0.000
	公司年龄	－0.001	0.000	－0.171	－4.015	0.000
	中部地区	－0.004	0.002	－0.077	－1.713	0.087
	西部地区	0.003	0.002	0.060	1.267	0.206
	资产规模	－0.016	0.002	－0.324	－7.363	0.000
	净资产收益率	－6.533E－5	0.000	－0.033	－0.790	0.430

续表

模型		非标准化系数		标准系数	t	Sig.
		B	标准误差	β		
模型（6－1）	独立董事比率	－0.007	0.009	－0.031	－0.752	0.453
	股权集中度	－0.004	0.008	－0.029	－0.522	0.602
	国有股比例	－0.011	0.014	－0.033	－0.788	0.431
	监事会规模	－0.002	0.000	－0.198	－4.658	0.000
	技术人员比率	0.021	0.009	0.095	2.308	0.021
	股权制衡度	－0.001	0.002	－0.031	－0.556	0.579
	CEO 自主权	0.027	0.010	0.130	2.709	0.007
	R	0.493	R^2	0.243	Adjusted R^2	0.225
	F	13.210	Model Sig.	0.000	N	508

注：a. 因变量：研发投入强度（RDI）。

资料来源：本研究数据处理结果。

6.5.6 计算机、通信和其他电子设备制造业的 CEO 自主权与企业 R&D 投入关系检验

以计算机、通信和其他电子设备制造业为样本，应用模型（6－1）进行数据拟合，结果见表6－22。可见，计算机、通信和其他电子设备制造业中，CEO 自主权与研发投入强度呈现显著正相关关系（B＝0.129，P＝0.020）。

表6－22　　计算机、通信和其他电子设备制造业回归结果[a]

模型		非标准化系数		标准系数	t	Sig.
		B	标准误差	β		
模型（6－1）	（常量）	0.000	0.029		0.015	0.988
	公司年龄	－0.001	0.000	－0.122	－2.231	0.026
	中部地区	0.003	0.003	0.053	1.005	0.316
	西部地区	－0.004	0.004	－0.058	－1.201	0.230
	资产规模	0.001	0.003	0.023	0.426	0.670
	净资产收益率	3.971E－5	0.000	0.011	0.235	0.814

续表

模型		非标准化系数		标准系数	t	Sig.
		B	标准误差	β		
模型（6－1）	独立董事比率	－0.017	0.012	－0.070	－1.410	0.159
	股权集中度	0.045	0.011	0.239	3.985	0.000
	国有股比例	－0.015	0.010	－0.078	－1.605	0.109
	监事会规模	0.001	0.001	0.064	1.203	0.230
	技术人员比率	0.023	0.007	0.159	3.292	0.001
	股权制衡度	0.009	0.002	0.245	4.016	0.000
	CEO 自主权	0.026	0.011	0.129	2.340	0.020
	R	0.395	R^2	0.156	Adjusted R^2	0.131
	F	6.281	Model Sig.	0.000	N	402

注：a. 因变量：研发投入强度（RDI）。

资料来源：本研究数据处理结果。

6.5.7 金属制品业的 CEO 自主权与企业 R&D 投入关系检验

以金属制品业为样本，应用模型（6－1）进行数据拟合，结果见表 6－23。可见，金属制品业中，CEO 自主权与研发投入强度呈现统计上不显著的负相关关系（B = －0.109，P = 0.486）。

表 6－23　　金属制品业回归结果[a]

模型		非标准化系数		标准系数	t	Sig.
		B	标准误差	β		
模型（6－1）	（常量）	0.191	0.066		2.917	0.005
	公司年龄	－0.002	0.001	－0.346	－2.703	0.008
	中部地区	0.003	0.009	0.042	0.301	0.764
	西部地区	－0.001	0.007	－0.024	－0.165	0.869
	资产规模	－0.015	0.007	－0.326	－2.060	0.043
	净资产收益率	0.000	0.001	－0.087	－0.632	0.529

续表

模型		非标准化系数		标准系数	t	Sig.
		B	标准误差	β		
模型（6-1）	独立董事比率	0.020	0.026	0.094	0.761	0.449
	股权集中度	0.000	0.026	0.002	0.011	0.991
	国有股比例	0.032	0.035	0.114	0.896	0.373
	监事会规模	-0.001	0.002	-0.081	-0.441	0.660
	技术人员比率	0.039	0.023	0.201	1.682	0.096
	股权制衡度	0.007	0.007	0.140	0.912	0.364
	CEO 自主权	-0.027	0.039	-0.109	-0.699	0.486
	R	0.597	R^2	0.357	Adjusted R^2	0.264
	F	3.837	Model Sig.	0.000	N	96

注：a. 因变量：研发投入强度（RDI）。

资料来源：本研究数据处理结果。

6.5.8 酒、饮料和精制茶制造业的 CEO 自主权与企业 R&D 投入关系检验

以酒、饮料和精制茶制造业为样本，应用模型（6-1）进行数据拟合，结果见表 6-24。可见，酒、饮料和精制茶制造业中，CEO 自主权与研发投入强度呈现统计上显著的正相关关系（B=0.355，P=0.000）。

表 6-24　　酒、饮料和精制茶制造业回归结果[a]

模型		非标准化系数		标准系数	t	Sig.
		B	标准误差	β		
模型（6-1）	（常量）	-0.007	0.059		-0.125	0.901
	公司年龄	4.592E-5	0.000	0.017	0.161	0.873
	中部地区	0.011	0.008	0.149	1.334	0.185
	西部地区	0.012	0.005	0.210	2.451	0.016
	资产规模	-0.007	0.007	-0.119	-0.950	0.344
	净资产收益率	0.000	0.000	-0.241	-2.215	0.029
	独立董事比率	0.045	0.028	0.146	1.632	0.105
	股权集中度	0.062	0.030	0.296	2.046	0.043

续表

模型		非标准化系数		标准系数	t	Sig.
		B	标准误差	β		
模型（6-1）	国有股比例	0.042	0.016	0.219	2.652	0.009
	监事会规模	0.000	0.002	-0.017	-0.143	0.886
	技术人员比率	0.087	0.040	0.208	2.165	0.032
	股权制衡度	-7.946E-5	0.007	-0.002	-0.011	0.991
	CEO 自主权	0.113	0.031	0.355	3.662	0.000
	R	0.569	R^2	0.323	Adjusted R^2	0.259
	F	5.058	Model Sig.	0.000	N	138

注：a. 因变量：研发投入强度（RDI）。

资料来源：本研究数据处理结果。

6.5.9 农副食品加工业的 CEO 自主权与企业 R&D 投入关系检验

以农副食品加工业（实际上包括农副食品加工业、木材加工及木、竹、藤、棕、草制品业、皮革、毛皮、羽毛及其制品和制鞋业、食品制造业、木材加工业）为样本，应用模型（6-1）进行数据拟合，结果见表 6-25。可见，农副食品加工业中，CEO 自主权与研发投入强度呈现统计上不显著的正相关关系（B=0.017，P=0.814）。

表 6-25　　农副食品加工业回归结果[a]

模型		非标准化系数		标准系数	t	Sig.
		B	标准误差	β		
模型（6-1）	（常量）	0.097	0.039		2.484	0.014
	公司年龄	0.001	0.000	0.208	2.616	0.010
	中部地区	0.001	0.004	0.023	0.257	0.797
	西部地区	0.000	0.004	0.009	0.110	0.913
	资产规模	-0.014	0.004	-0.261	-3.347	0.001
	净资产收益率	9.041E-6	0.000	0.005	0.080	0.937
	独立董事比率	0.038	0.015	0.185	2.540	0.012
	股权集中度	-0.003	0.014	-0.021	-0.209	0.834

续表

模型		非标准化系数		标准系数	t	Sig.
		B	标准误差	β		
模型（6－1）	国有股比例	0.016	0.012	0.091	1.333	0.184
	监事会规模	0.002	0.001	0.192	2.412	0.017
	技术人员比率	0.019	0.017	0.076	1.118	0.265
	股权制衡度	0.010	0.003	0.272	2.970	0.003
	CEO 自主权	0.004	0.016	0.017	0.236	0.814
	R	0.516	R^2	0.266	Adjusted R^2	0.220
	F	5.779	Model Sig.	0.000	N	198

注：a. 因变量：研发投入强度（RDI）。

资料来源：本研究数据处理结果。

6.5.10 其他制造业的 CEO 自主权与企业 R&D 投入关系检验

以其他制造业（在本研究中，实际包括其他制造业、广播、电视、电影和影视录音制作业、造纸和纸制品业、印刷和记录媒介复制业、软件和信息技术服务业、新闻和出版业）为样本，应用模型（6－1）进行数据拟合，结果见表6－26。可见，其他制造业中，CEO 自主权与研发投入强度呈现统计上不显著的负相关关系（B＝－0.041，P＝0.567）。制造业是社会发展的基础产业，其发展程度直接反映了一个地区的生产力水平高低，是区域经济增长和人民生活水平提高的重要依托。面临着全球经济一体化进程的加快，伴随着世界性原材料成本上升、生产资料短缺、人工成本上扬，以及环境承载力显著削弱等问题的加剧，技术创新在制造业的发展中角色越来越突出，制造业从发展理念到发展模式都已经面临翻天覆地的变化。而作为制造业一个特殊分支的其他制造业，是对传统主流制造业的一个有益的补充，其 R&D 投入强度的变化可以作为整体制造业技术创新投入变化的“晴雨表”，具有很强的表征作用。根据表 6－26 的结果，其他制造业企业的 CEO 对 R&D 投入，其实持有相对负面的态度。这显然不符合该行业发展的未来需求，亟待改变。

表 6-26 其他制造业回归结果[a]

模型		非标准化系数		标准系数	t	Sig.
		B	标准误差	β		
模型（6-1）	（常量）	0.009	0.034		0.255	0.799
	公司年龄	-5.414E-5	0.000	-0.021	-0.317	0.752
	中部地区	0.002	0.004	0.030	0.444	0.657
	西部地区	-0.015	0.004	-0.272	-4.100	0.000
	资产规模	0.000	0.003	0.010	0.154	0.878
	净资产收益率	0.000	0.000	0.132	2.127	0.034
	独立董事比率	-0.014	0.014	-0.065	-0.997	0.320
	股权集中度	0.018	0.014	0.101	1.298	0.195
	国有股比例	0.043	0.009	0.272	4.712	0.000
	监事会规模	0.001	0.001	0.107	1.591	0.113
	技术人员比率	0.018	0.016	0.070	1.126	0.261
	股权制衡度	0.003	0.003	0.086	1.118	0.265
	CEO 自主权	-0.008	0.014	-0.041	-0.573	0.567
	R	0.471	R^2	0.222	Adjusted R^2	0.183
	F	5.762	Model Sig.	0.000	N	252

注：a. 因变量：研发投入强度（RDI）。

资料来源：本研究数据处理结果。

6.5.11 石油加工、炼焦和核燃料加工业的 CEO 自主权与企业 R&D 投入关系检验

以石油加工、炼焦和核燃料加工业为样本，应用模型（6-1）进行数据拟合，结果见表 6-27。可见，石油加工、炼焦和核燃料加工业中，CEO 自主权与研发投入强度呈现统计上显著的负相关关系（B = -0.511，P = 0.055）。可见，由于石油加工、炼焦和核燃料加工业的垄断性经营特征显著，缺乏竞争压力和生存危机的外部环境导致企业 CEO 没有动机进行技术创新投入。

表 6-27　　石油加工、炼焦和核燃料加工业回归结果[a]

模型		非标准化系数		标准系数	t	Sig.
		B	标准误差	β		
模型（6-1）	（常量）	0.168	0.200		0.839	0.406
	公司年龄	0.001	0.002	0.165	0.445	0.658
	中部地区	0.001	0.008	0.013	0.076	0.940
	西部地区	0.034	0.013	0.592	2.644	0.011
	资产规模	-0.016	0.017	-0.378	-0.935	0.355
	净资产收益率	0.000	0.001	0.041	0.288	0.775
	独立董事比率	-0.065	0.034	-0.284	-1.946	0.058
	股权集中度	0.085	0.047	0.539	1.818	0.075
	国有股比例	-0.143	0.078	-0.240	-1.823	0.075
	监事会规模	-0.002	0.003	-0.185	-0.665	0.509
	技术人员比率	0.005	0.070	0.011	0.068	0.946
	股权制衡度	0.018	0.008	0.427	2.377	0.022
	CEO 自主权	-0.113	0.058	-0.511	-1.969	0.055
	R	0.740	R^2	0.547	Adjusted R^2	0.432
	F	4.737	Model Sig.	0.000	N	60

注：a. 因变量：研发投入强度（RDI）。

资料来源：本研究数据处理结果。

6.5.12　通用设备制造业的 CEO 自主权与企业 R&D 投入关系检验

以通用设备制造业（实际包括通用设备制造业、交通运输设备制造业、机动车零配件与设备、仪器仪表制造业）为样本，应用模型（6-1）进行数据拟合，结果见表 6-28。可见，通用设备制造业中，CEO 自主权与研发投入强度呈现统计上显著的正相关关系（B=0.292，P=0.000）。

表6-28 通用设备制造业回归结果[a]

模型		非标准化系数		标准系数	t	Sig.
		B	标准误差	β		
模型（6-1）	（常量）	0.048	0.036		1.320	0.188
	公司年龄	0.000	0.000	0.040	0.471	0.638
	中部地区	-0.002	0.003	-0.059	-0.822	0.412
	西部地区	-0.022	0.004	-0.401	-5.050	0.000
	资产规模	-0.004	0.003	-0.089	-1.251	0.212
	净资产收益率	0.000	0.000	-0.140	-1.885	0.061
	独立董事比率	-0.003	0.014	-0.013	-0.193	0.847
	股权集中度	0.010	0.016	0.061	0.655	0.513
	国有股比例	0.050	0.015	0.247	3.303	0.001
	监事会规模	-0.001	0.001	-0.084	-1.253	0.212
	技术人员比率	-0.006	0.014	-0.030	-0.402	0.688
	股权制衡度	0.002	0.003	0.053	0.550	0.583
	CEO自主权	0.058	0.015	0.292	3.738	0.000
	R	0.493	R^2	0.243	Adjusted R^2	0.197
	F	5.264	Model Sig.	0.000	N	204

注：a. 因变量：研发投入强度（RDI）。
资料来源：本研究数据处理结果。

6.5.13 医药制造业的CEO自主权与企业R&D投入关系检验

以医药制造业为样本，应用模型（6-1）进行数据拟合，结果见表6-29。可见，医药制造业中，CEO自主权与研发投入强度呈现微弱但是统计上显著的正相关关系（B=0.078，P=0.097）。

表6-29 医药制造业回归结果[a]

模型		非标准化系数		标准系数	t	Sig.
		B	标准误差	β		
模型（6-1）	（常量）	0.157	0.024		6.693	0.000
	公司年龄	0.000	0.000	-0.086	-1.736	0.083
	中部地区	-0.005	0.002	-0.104	-2.070	0.039

续表

模型		非标准化系数		标准系数	t	Sig.
		B	标准误差	β		
模型（6-1）	西部地区	-0.018	0.003	-0.297	-6.037	0.000
	资产规模	-0.013	0.002	-0.249	-5.110	0.000
	净资产收益率	0.000	0.000	0.187	3.913	0.000
	独立董事比率	-0.007	0.010	-0.032	-0.704	0.482
	股权集中度	-0.043	0.011	-0.291	-3.898	0.000
	国有股比例	-0.016	0.012	-0.060	-1.283	0.200
	监事会规模	0.001	0.000	0.072	1.582	0.114
	技术人员比率	0.025	0.011	0.103	2.196	0.029
	股权制衡度	-0.004	0.002	-0.141	-2.178	0.030
	CEO 自主权	0.017	0.010	0.078	1.662	0.097
	R	0.491	R^2	0.241	Adjusted R^2	0.219
	F	10.958	Model Sig.	0.000	N	414

注：a. 因变量：研发投入强度（RDI）。

资料来源：本研究数据处理结果。

6.5.14 有色金属冶炼和压延加工业的 CEO 自主权与企业 R&D 投入关系检验

以有色金属冶炼和压延加工业为样本，应用模型（6-1）进行数据拟合，结果见表 6-30。可见，有色金属冶炼和压延加工业中，CEO 自主权与研发投入强度呈现统计上显著的负相关关系（B = -0.317，P = 0.000）。

表 6-30　　有色金属冶炼和压延加工业回归结果[a]

模型		非标准化系数		标准系数	t	Sig.
		B	标准误差	β		
模型（6-1）	（常量）	0.074	0.032		2.343	0.020
	公司年龄	0.000	0.000	-0.069	-0.892	0.374
	中部地区	-0.007	0.005	-0.160	-1.521	0.130
	西部地区	-0.018	0.004	-0.397	-4.425	0.000
	资产规模	-0.003	0.003	-0.068	-0.827	0.409

续表

模型		非标准化系数		标准系数	t	Sig.
		B	标准误差	β		
模型（6－1）	净资产收益率	3.792E－5	0.000	0.022	0.324	0.747
	独立董事比率	－0.027	0.019	－0.097	－1.383	0.169
	股权集中度	0.016	0.018	0.091	0.882	0.379
	国有股比例	－0.012	0.013	－0.066	－0.912	0.363
	监事会规模	－0.001	0.001	－0.202	－2.797	0.006
	技术人员比率	0.142	0.016	0.613	8.662	0.000
	股权制衡度	0.008	0.004	0.213	2.201	0.029
	CEO 自主权	－0.076	0.018	－0.317	－4.197	0.000
	R	0.673	R^2	0.452	Adjusted R^2	0.408
	F	10.119	Model Sig.	0.000	N	156

注：a. 因变量：研发投入强度（RDI）。

资料来源：本研究数据处理结果。

6.5.15 专用设备制造业的 CEO 自主权与企业 R&D 投入关系检验

以专用设备制造业（实际包括铁路、船舶、航空航天和其他运输设备制造业、通信及相关设备制造业、通信设备、专用设备制造业）为样本，应用模型（6－1）进行数据拟合，结果见表 6－31。可见，专用设备制造业中，CEO 自主权与研发投入强度呈现统计上显著的正相关关系（B＝0.165，P＝0.000）。

表 6－31　　专用设备制造业回归结果[a]

模型		非标准化系数		标准系数	t	Sig.
		B	标准误差	β		
模型（6－1）	（常量）	0.015	0.017		0.884	0.377
	公司年龄	－0.001	0.000	－0.113	－2.468	0.014
	中部地区	0.006	0.002	0.124	2.932	0.004
	西部地区	0.005	0.002	0.108	2.425	0.016
	资产规模	0.002	0.002	0.053	1.205	0.229
	净资产收益率	0.000	0.000	－0.213	－4.966	0.000
	独立董事比率	0.010	0.010	0.044	0.959	0.338

续表

模型		非标准化系数		标准系数	t	Sig.
		B	标准误差	β		
模型（6-1）	股权集中度	-0.026	0.008	-0.188	-3.188	0.002
	国有股比例	-0.004	0.007	-0.024	-0.579	0.563
	监事会规模	-0.001	0.000	-0.105	-2.348	0.019
	技术人员比率	0.013	0.006	0.087	2.097	0.036
	股权制衡度	-0.005	0.002	-0.177	-3.232	0.001
	CEO 自主权	0.032	0.009	0.165	3.538	0.000
	R	0.375	R^2	0.140	Adjusted R^2	0.122
	F	7.436	Model Sig.	0.000	N	546

注：a. 因变量：研发投入强度（RDI）。

资料来源：本研究数据处理结果。

6.5.16 各行业 CEO 自主权与企业 R&D 投入相关性比较

根据上文对各行业 CEO 自主权与企业 R&D 投入的回归分析结果，形成图 6-13。结果显示，各行业中 CEO 对企业 R&D 投入的态度与倾向是有显著差异的。在所有 15 个行业中，CEO 的 R&D 投入倾向最高的三个行业是酒、饮料和精制茶制造业，通用设备制造业，电气机械和器材制造业；CEO 的 R&D 投入倾向最低的三个行业是石油加工、炼焦和核燃料加工业，有色金属冶炼和压延加工业，金属制品业。图 6-13 中，行业代码 1~15 所代表的具体行业，见表 6-4。

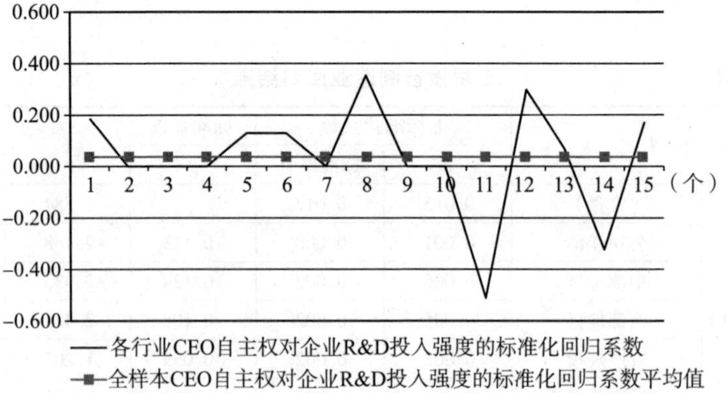

图 6-13 各行业 CEO 自主权与企业 R&D 投入相关性比较

资料来源：本研究数据处理结果。

6.6 结论与展望

本章详细探讨了制造业中 15 个细分行业 CEO 自主权与企业 R&D 投入的关系，考察并比较了不同行业之间 CEO 在企业 R&D 投入决策方面的态度差异。结果发现，各行业之间 CEO 自主权与企业 R&D 投入的关系有显著差异，行业特征对 CEO 的 R&D 投入倾向有显著影响。具体而言，15 个行业中，平均 R&D 投入最高的前三行业是计算机、通信和其他电子设备制造业，电气机械和器材制造业，通用设备制造业，其 R&D 投入强度分别为 3.75%、2.93% 和 2.71%，平均 R&D 投入强度最低的三个行业是黑色金属冶炼和压延加工业（HJS_Sample），农副食品加工业（NFS_Sample），石油加工、炼焦和核燃料加工业（SLH_Sample），分别是 1.36%、1.48%、1.53%；CEO 自主权与企业 R&D 投入的正相关性最强的三个行业是酒、饮料和精制茶制造业，通用设备制造业，电气机械和器材制造业，而 CEO 自主权与企业 R&D 投入的负相关性最强的三个行业石油加工、炼焦和核燃料加工业，有色金属冶炼和压延加工业，金属制品业。

根据研究结果，市场化程度越高的行业和消费者需求变化越快的行业，其 CEO 的 R&D 投入倾向越高，对技术创新活动越持有积极正向的态度；反之，垄断程度越高的行业或者消费者需求的力量不足的行业，则其 CEO 的 R&D 投入倾向越弱，对技术创新活动越是持有消极负面的态度。相比较国外各行业的“领头羊”企业，我国各行业的平均 R&D 投入强度明显偏低，如果再考虑到我国企业在 R&D 资源使用过程中，由于普遍存在的经验不足和管理不善所导致的技术创新资源的低效率使用，这些行业在国际上的竞争力存在不同程度缺失的事实就得到很好的解释。

因此，目前而言，我国企业的 R&D 投入还处在量上不足的阶段，还谈不上对于 R&D 投入资源的精细化处理要求，当前的重点仍然应该放在 R&D 投入量上的突破。鉴于研究发现各行业 CEO 对 R&D 投入的偏好不同，需要有针对性地对各行业设定不同的技术创新投入引导政策，并在甄选和评价 CEO 时，对其技术创新投入决策质量给予更大的关注度。此外，本研究证实，竞争导致创新投入增加，而垄断则抑制创新投入。因此，促进各行业的竞争程度和市场化程度，尽可能在保证国计民生、稳定经济秩序的前提下，对现有垄断行业进行适度的放松规制，允许各种成分的经济体进入原本国有垄断的领域。

未来研究需要在以下两个方面进一步拓展：①以同期英美等发达国家，以及亚洲印度、巴基斯坦等发展中国家为比较对象，进行各行业 CEO 自主权与企业 R&D 投入关系的跨国比较研究；②超越单纯强调 R&D 投入的局限，尝试考察 CEO 自主权与企业 R&D 投入有效性关系的行业比较研究；③在促进行业技术创新投入和效率的产业政策方面需要给予更多的关注。

本章参考文献

［1］ Pisoni Alessia, Onetti Alberto, Fratocchi Luciano, and Talaia Marco. Managing R&D Activities in the Italian Biotech Industry: A Comparison of Investments from MNCs and Domestic Firms ［J］. IUP Journal of Knowledge Management, 2010, 8 (3): 39 – 59. Available at SSRN: https: //ssrn. com/abstract = 1652673.

［2］ 刘璘琳，裘叶城，胡力川．技术创新绩效影响企业价值的行业比较研究［J］. 科技和产业，2016，16（5）：57 – 64.

［3］ 曹勇，苏凤娇．高技术产业技术创新投入对创新绩效影响的实证研究——基于全产业及其下属五大行业面板数据的比较分析［J］．科研管理，2012，33（9）：22 – 31.

［4］ 薛镭，杨艳，朱恒源．战略导向对我国企业产品创新绩效的影响——一个高科技行业—非高科技行业企业的比较［J］．科研管理，2011，32（12）：1 – 9（转 16）.

［5］ Arrow Kenneth J. The Economic Implications of Learning by Doing ［J］. Review of Economic Studies, 1962, 29: 155 – 173.

［6］ Pavitt, K., Robson, M. J. & Townsend, J. F. Technological accumulation, diversification and organization in UK companies 1945—1983 ［J］. Management Science，1989（35）：81 -99.

[7] Graves，B. Institutional ownership and corporate R&D investment [J]. Technological Forecasting and Social Change，1990，37（1）：417 -427.

[8] Frenkel，A.，Shefer，D.，Koschalzky，K.，Walter，G. H. Firm characteristics，location and regional innovation：a comparison between Israeli and German industrial firm. Regional Studies，2001，35（5）：413 -427.

[9] Fritsch M，Franke G. Innovation，regional knowledge spillovers and R&D cooperation [J]. Research Policy，2004，33（2）：245 - 255.

[10] 鲁桐，党印. 公司治理与技术创新：分行业比较 [J]. 经济研究，2014（6）：115 -128.

[11] 李长青，周伟铎，姚星. 公司治理与技术创新：分行业比较我国不同所有制企业技术创新能力的行业比较 [J]. 科研管理，2014，35（7）：75 -83.

[12] 白玲，邓玮. 科技创新在中低技术产业中为什么同样重要？[J]. 社会科学战线，2008（6）：80 -85.

[13] 王瑛. LMT 产业技术创新规律及政策启示 [J]. 科学管理研究，2012，30（5）：65 -69.

[14] 郭兵. 中低技术制造业技术创新效率的行业比较研究 [J]. 科学学与科学技术管理，2014，35（5）：64 -71.

[15] 王娟，高彬. 基于 DEA 的企业技术创新成本效率行业比较研究 [J]. 河南科技大学学报（社会科学版），2015，33（5）：75 -81.

[16] 王华. 不同行业研发投入和广告投入的比较分析 [J]. 中国商贸，2013（8）：173 -174.

[17] 刘璘琳，裘叶城，胡力川. 技术创新绩效影响企业价值的行业比较研究 [J]. 科技和产业，2016，16（5）：57 -64.

[18] 陆国庆. 技术创新的产业特征研究——基于大中型工业企业的实证分析 [J]. 产业经济研究，2005（1）：24 -32.

[19] 解维敏，唐清泉，陆珊珊. 政府 R&D 资助、企业 R&D 支出与自主创新 [J]. 金融研究，2009（6）：86 -99.

[20] 薛娜，谢曙东. 基于 DEA 的高技术产业创新效率评价 [J]. 南京

社会科学，2007（5）：135－141.

［21］王俊．政府 R&D资助与企业 R&D 投入的产出效率比较［J］．数量经济技术经济研究，2011（6）：93－106.

［22］许敏，谢玲玲．基于 DEA 的我国大中型工业企业技术创新效率评价研究［J］．科学管理研究，2012（3）：74－77.

［23］王昕．江苏企业创新行业特征比较分析［J］．统计科学与实践，2016（7）：31－34.

［24］王涛．高技术企业的国际竞争力比较研究——基于不同行业的面板数据分析［J］．北方经济，2012（10）：41－43.

［25］任海云，师萍．企业 R&D 投入与绩效关系研究综述——从直接关系到调节变量的引入［J］．科学学与科学技术管理，2010（2）：143－151.

［26］任海云．股权结构与企业 R&D 投入关系的实证研究——基于 A 股制造业上市公司的数据分析［J］．中国软科学，2010（5）：126－135.

［27］Tao Zeng，and Horn-Chern Lin. Ownership structure and R&D spending：evidence from China's listed firms［J］. Chinese Management Studies，2011，5（1）：82－93.

［28］Bach，S. B. and Smith，A. D. Are powerful CEOs beneficial to post-IPO survival in high technology industries? An empirical investigation［J］. The Journal of High-Technology Management Research，2007，18（1）：31－42.

［29］Lerong He，James J. Cordeiro，and Tara Shankar Shaw. CEO power，equity ownership and underwriter reputation as determinants of lockup period length［J］. Management Research Review，2015，38（5）：438－458.

［30］Qin，Yuan. Relationship between CEO Power and Corporate Performance［Z］.（April 20，2016）. Available at SSRN：https：//ssrn. com/abstract = 2767331.

［31］Zhang Changzheng. Manipulation Effects of Managerial Discretion on Executive Compensation：A Comparative Study between Fresh CEOs and Senior CEOs［M］. New York：Nova Science Publishers，2016.

［32］张长征，李怀祖，赵西萍．企业规模、经理自主权与 R&D 投入关系研究——来自中国上市公司的经验证据［J］．科学学研究，2006（6）：432－

438.

[33] 张长征，李怀祖．经理自主权、高管报酬差距与公司业绩 [J]. 中国软科学，2008 (2)：117 - 126.

[34] 李有根．公司治理中的经理自主权研究 [D]. 西安交通大学博士学位论文，西安，2002.

[35] 张长征．经理自主权与监督强度对高管薪酬与公司绩效的影响研究 [D]. 西安交通大学博士学位论文，西安，2006.

[36] Adams, R. B., H. Almeida, and D. Ferreira. Powerful CEOs and their impact on corporate performance [J]. Review of Financial Studies, 2005, 18: 1403 - 1432.

[37] Muttakin, M. B., Khan, A. and Mihret, D. G. The Effect of Board Capital and CEO Power on Corporate Social Responsibility Disclosures [J]. J Bus Ethics, 2016, 3: 1 - 16. doi: 10.1007/s10551 - 016 - 3105 - y.

[38] 张长征，吕悦凡．经理自主权对高管薪酬差距的操纵效应——基于知识合作需求的调节效应视角 [J]. 福建江夏学院学报，2016 (4)：1 - 13.

[39] Chongwoo Choe, Gloria Y. Tian, and Xiangkang Yin. CEO power and the structure of CEO pay [J]. International Review of Financial Analysis, 2014, 35: 237 - 248.

[40] Kirner E. Innovation paths and the innovation performance of low-technology firms: An empirical analysis of German industry [J]. Research Policy, 2009, 38 (5): 447 - 458.

第7章　CEO自主权与企业R&D投入的行业模仿行为关系研究

7.1 引　　言

企业的模仿行为是指某些在生产、技术、营销、管理和战略乃至商业模式等方面相对落后的企业，试图学习其他优先在以上各方面优先做出策略变更并已获得良好成效的企业，尝试与其采取相同或相似策略以谋求企业发展的组织行为。组织模仿行为一直以来都是商业领域最为常见的组织行为策略，主要包括产品的模仿、生产技术的模仿、管理方式的模仿、组织结构的模仿、战略策略的模仿等。比如，微软的 EXCEL 是模仿自 LOTUS123，联想模仿 DELL 的直销模式，华为以 IBM 为企业管理方面的模仿对象，国内大量的手机厂商在产品外观设计上试图模仿苹果手机等。现实中，很多企业对流行的经营方式、管理模式，或者生产技术没有实质性的抵抗力，特别热衷于将其用到自己的企业中。近年来，组织模仿行为已经成为经济学、社会学、组织管理学等多个学科领域的重要议题。现有文献对企业模仿行为进行了深入的探讨。比如，王怀业和毕茜（2016）[1]探讨了环境信息披露的行业模仿行为，萨洛蒙和吴（Salomon & Wu，2012）[2]、王疆和陈俊甫（2013）[3]讨论了国际投资决策中的组织间模仿行为，吴晓云和李辉（2013）[4]研究了国际化扩张中的模仿行为，而张群祥和潘奇（2016）[5]探讨了企业社会责任模仿行为等。但目前为止，企业 R&D 投入决策中的行业模仿行为，尚未得到充分的文献关注。

本书前述章节研究已经从多个角度，探讨了 CEO 自主权对企业 R&D 投入决策的直接或间接影响，验证了 CEO 自主权整体上对企业 R&D 投入强度的正向影响，比较了 CEO 自主权各维度对企业 R&D 投入强度的不同影响效应，发现并刻画了股权集中度、独立董事、CEO 任期和监事会对二者关系的调节效应，但并未考虑到 CEO 自主权对企业 R&D 投入决策中的行业模仿行为的影响。从理论上而言，CEO 自主权运作直接反映 CEO 的态度与偏好，而企业 R&D 投入决策中的行业模仿行为，则是组织运营管理过程中的重要决策变量，有理由认为二者可能存在内在的作用关系。因此，本研究将以中国制造业上市公司数据，深入探讨二者关系，尝试剖析和回答 CEO 自主权对

R&D 投入的行业模仿行为发生概率的影响，以及 CEO 自主权对 R&D 投入的行业模仿对象选择的影响，期望该研究能够有利于构建促进和优化 R&D 投入行业模仿质量的对策与建议。

本章内容安排如下：第二部分，是文献综述与假设发展，在综述企业模仿行为研究文献的基础上，从组织学习理论、资源基础观和新制度理论视角，分别提出 CEO 自主权与 R&D 投入行业模仿行为关系的研究假设；第三部分，是实证研究的方案设计，主要针对样本选择、变量度量方法，以及研究数据的描述性统计分析、相关性分析进行阐述；第四部分，是运用多元回归分析和逻辑回归分析方法，对研究假设应用中国上市公司 2010 ~ 2015 年的制造业数据，进行实证检验；第五部分，是实证结果讨论与进一步研究；最后，是结论与展望。

7.2 研究文献与假设发展

7.2.1 模仿与企业模仿行为

模仿行为在不同的学科领域或理论视角下，具有不同的内涵界定。根据进化论视角，模仿行为是指人们在进化选择的压力情境中，倾向于选择具有更强适应性的事物与行为，而不愿意冒险选择偏离一般理性的行为。也就是说，人们决策选择的倾向性，是与事物或行为所具备的适应能力高度正相关；根据社会心理学视角，模仿行为被理解为有意或者无意地对特定刺激信号，作出类似反应的行为方式，是一种社会群体及其内部，强化相互联系作用的过程或方式，可分为自发性模仿和自觉性模仿两种类型（Haunschild & Miner, 1997）[6]。社会的有序存在和发展都有赖于群体模仿行为，它起源于对社会群体的规范意图，也是整个社会运行的基本原则之一；根据比较制度学视角，模仿是基于与其他参与者（包括社会层面、行业层面、组织层面、群体层面以及个体层面等）博弈过程中，对其策略选择的影响效应形成的共识。当参与者认识到其他参与者可能通过采取模仿行为来进行策略调整并以此获益，此时模仿行为会被迅速客观化和普及化，并将在所有参与者中，形成默认的共识；经济学视角下，模仿是指后发的经济主体受到先发经济主体的影响，在趋利避害的基本动机驱动和影响下，选择并保持与先发主体基本一致或者比较类似的行为（Miller & Dollard，1941）[7]。

本研究主要采用管理学中的定义，即企业间的模仿被定义为，一个或多个企业采取与先发企业同样或至少是类似的某一特定行为，而先发企业行为的成功程度会增加其他企业采取该行为的可能性（Haunschild & Miner，1997）[6]。模仿行为与纯粹的抄袭行为之间的不同之处在于，模仿行为虽然是对其他企业战略的一种借鉴，但是企业要根据自身独特的资源能力对这种战略进行调整。因此，模仿之后的战略也会存在很大的异质性（吴晓云、李辉，2013；支晓强等，2016）[4][8]。现有文献表明，企业间模仿行为可以总结为三种主要类型，分别为：基于频率的模仿，基于特征的模仿和基于结果的模仿（Haunschild & Miner，1997，吴晓云、李辉，2013）[6][4]。

基于频率的模仿是指，对于已经被行业中许多企业普遍采纳的策略进行模仿的行为。采用这种模仿行为的原因，可以被理解为当许多企业都采取特定行为的情况下，该策略在本行业的合理性与合法性就会得到提高。比如，在企业进行 R&D 投入决策时，如果其决策原则是根据大多数企业的平均 R&D 投入强度，来确定企业自身的 R&D 投入强度，就是一种典型的基于频率的 R&D 投入决策模仿。

基于特征的模仿是指，对具有特定战略特征的企业行为的模仿，如企业规模或所属的战略集团。企业一般会模仿其所在行业中规模最大或者差异化水平最高的企业，因为此类企业在行业中更加可见，并且已得到更多的关注。规模较大的企业，一般会被认为更加可靠，而且其行为的说服力更强（Haveman H. A.，1993）[9]，而差异化水平最高的企业，则是行业中战略特质最为鲜明的标杆企业，模仿此类企业是对其在特定环境下的成功状态和领导地位的认可。具体而言，在企业进行 R&D 投入决策时，根据行业中最大规模的几家公司，或者根据 R&D 投入水平最高的几家公司的 R&D 投入水平，确定自身 R&D 投入水平，就是一种基于特征的 R&D 投入决策模仿。

基于结果的模仿是指，对预期会产生特定结果的行为的模仿，也就是说，模仿的动机来源于会明确产生更高经济回报的预期，而不仅是出于对合理性的寻求（Lu J. W.，2002）[10]。例如，企业对创新投入行为的模仿，是为了提高它们通过创新获得经济收益的可能性（Feinberg S. E. & Gupta A. K.，2004）[11]。具体在企业 R&D 投入决策上，如果已经有企业通过 R&D 投入获得了较好业绩，其他企业因为其业绩优异而模仿其 R&D 投入策略，则属于基于结果的 R&D 投入决策模仿。

7.2.2 企业模仿行为的研究现状

目前文献中企业模仿行为的研究，多见于对企业信息披露模仿行为、会计与审计活动模仿行为、国际化扩张模仿行为、社会责任模仿行为，以及薪酬政策模仿行为等几个方面的研究。

在企业信息披露模仿行为方面，阿特兹等（W. Aerts et al.，2006）[12]开拓性地应用制度理论，以加拿大、法国和德国 3 个国家的大型上市公司为研究对象，以其 6 年间披露的环境信息为研究数据，运用内容分析法计算出相似度指数，来衡量单个公司在环境信息披露方面模仿同行业其他公司的程度。研究发现：企业上期的模仿程度以及行业整体的模仿水平，会显著影响企业当期的模仿水平；行业集中度会强化此关系，而舆论曝光度则会弱化这一关系；模仿行为在企业环境信息披露中起重要作用。沈洪涛和苏亮德（2012）[13]应用制度理论的分析框架，以 2006 ~ 2010 年我国重污染行业上市公司为研究对象，以其年报中的环境信息披露为研究数据，探讨合法性压力和不确定性双重条件下，企业信息披露中的模仿行为及由此导致的制度同形现象。研究发现：企业环境信息披露策略确实存在同形性和模仿行为，且多属于模仿其他企业平均水平的频率模仿，而不是模仿领先者。遵循其研究的基本思路，王怀业和毕茜（2016）[1]利用中国重污染行业上市公司 2009 ~ 2013 年公开披露的环境信息数据，构建了环境信息披露相似指数，主要致力于探讨管理层特征对上市公司环境信息披露模仿行为的影响。基于该相似指数的研究，发现两个结论：首先，行业整体的环境信息披露模仿程度，会提高上市公司的环境信息披露模仿水平；其次，管理层整体年龄结构越年轻，环境信息披露模仿行为越多，而且高管持股比例越高，或者高管薪酬水平越低，环境信息披露模仿行为越常见。

在企业会计与审计活动模仿行为方面，韩（Han Shin - Kap，1994）[14]进行了开拓性的研究，并做出了有价值的发现。根据其在该领域的里程碑式的研究结果，全球审计市场上存在显著的两极分化现象：市场一端是少数几家大型、特大型审计公司，另一端是数量异常庞大的诸多小型审计公司，而中等规模的审计公司却极度稀缺。根据传统经济学视角的分析结果，审计公司的规模理论上，应与客户企业的规模和行业相关，不过既有的实证数据分析结果却并不支持这两个假设。根据制度理论的分析逻辑，审计市场出现的同形性，其实是由于中等规模客户企业普遍采取的模仿行为所致。首先，行业中个别领导者总是试图区别于其竞争者，会选择更大型、更有权威的审计公司提供审计服务；其次，多数中等规模的企业客户，既可支付大型审计公司的费用，同时又多具备积极上进的心态，因而，它们多会模仿行业中的领先者，选择与领导者相同的大型审计公司；而少数中等规模企业客户要么不能，或者不愿支付大型审计公司服务费用，或者其最高管理者没有特别上进的心态，则倾向于选择更小型的审计公司即可满足要求；最后，小规模的客户企业，要么没有中等规模企业这样的趋上动力，或没有能力去支付大型审计公司的昂贵费用，因而多倾向于选择更为便宜的小型的审计公司。既有研究表明，正是由于企业之间的模仿，形成了当前全球审计市场上诸多审计公司规模的两极分化现象。

近十多年来，企业国际投资决策中的组织间模仿行为，逐渐成为一个最新的研究热点。王疆和陈俊甫（2013）[3]在系统梳理国外相关文献的基础上，详细述评了国际投资决策中存在的模仿行为，并总结和提炼了影响企业在国际投资决策中采取模仿行为的关键因素。根据其综述，代表性的研究主要有：哈弗曼（Haveman，1993）[9]以 1977 ~ 1987 年美国储蓄和贷款协会为研究对象，发现在进入至全新的国际市场时，企业倾向于模仿规模较大的和运作更为成功的企业；豪斯奇德和迈纳（Haunschild & Miner，1997）[6]以 1986 ~ 1993 年美国企业在并购过程中对投资银行的使用情况为研究背景，应用新制度理论和组织学习理论，发现了企业间的模仿会表现为三种方式：基于频率的、基于规模的和基于结果的模仿；海尼兹和德洛伊斯（Henisz & Delios，2001）[15]以 1990 ~ 1996 年日本跨国公司海外扩张为背景，尝试解释当不确定性是来源于缺乏经验而非环境因素时，为何对以往国际化行为的模仿能够为决策提供合理性解释；金和泽瑟默（King & Zeithaml，2001）[16]则以1994年美国17家纺织企业和医院为研究对象，基于资源基础观视角，指出企业中高层管理者一般会对资源和竞争优势的因果关系有不同的理解，从而对企业模仿行为的选择策略有不同的影响作用，而这与企业的未来绩效差异存在一定的内在关联；福勒（Baden - Fuller，2006）[17]以1987~1996年葡萄牙银行为研究对象，实证发现银行间倾向于在分支机构设立上，选择深度模仿策略，但是该模仿行为在统计概率上一般将降低该行业的整体利润率。

在社会责任模仿行为方面，随着企业发展的主流价值观的不断与迭代演进，面对利益相关者理论正愈发成为股东至上理论的替代性理论视角的现实，相比于原本单纯的股东（和高管）经济利益最大化的追求，为了更好地适应社会要求并获取更持久的长远竞争力，企业无疑需重新规划并加强包括捐赠在内的社会责任表现（Carroll & Buchholtz，2003）[18]。企业之所以成为捐赠行为的关注焦点，一是因为企业是当前最强劲的社会实体，二是因为捐赠需要主体付出。作为社会财富生产和创造者，以及最主要的经济体，企业集中了社会的大部分可用资源。通过履行捐赠等社会责任行为，体现了企业与其所生存的业态环境和谐共进的意愿与姿态，有利于企业获取更好的合法性（Campbell，1999）[19]，也助于企业与利益相关者保持密切关联，从而加强进一步的合作。若没有响应社会要求、担当社会赋予的责任角色，企业不仅会影响与利益相关者的合作关系，还可能会从根本上损伤其社会声誉。但是，与此同时，过多的企业捐赠行为亦可能招致“沽名钓誉”的恶评，被当作“伪善”加以批判，甚至在企业捐赠较多时，却往往导致索捐的可能（张群祥、潘奇，2016）[5]。因此，为了低风险合理回应“应该捐赠”和“适度捐赠”的社会要求，企业对社会捐赠的要求，很可能是通过模仿的方式给予回应。这是因为对某个体企业而言，模仿大多数企业的行为既无压力亦无风险。正如制度理论所指出的，当一个组织面临的环境中出现了符号象征方面的不确定性时，该组织很可能以其他组织作为样本参照模型，来建立自己的制度结构（DiMaggio，1983）[20]。比如，张群祥和潘奇（2016）以中国上市公司慈善捐赠的面板数据为研究样本，对企业捐赠是否采取模仿策略进行了分析和讨论。实证结果发现，企业会以其所在行业及省份的捐赠水平为参照及模仿对象，当上一年度企业捐赠额度越是超出其所在行业及省份的捐赠水平，该企业越是会减少其当年的捐赠。进一步研究还发现，为获取捐赠的工具性（功利性）价值，市场竞争压力更大、与消费者有更多直接接触的企业，就更少表现出社会责任模仿行为。此外，随着企业与其各利益相关者间关系的协调性改进，也可能会减少其使用社会责任模仿策略的概率。

在薪酬政策模仿行为方面，早期经济学文献显示，西方发达国家中不同行业的工人工资其实是相互影响的，而这种相互依赖或相互模仿，最终形成了不同职业的工人相对工资结构很少发生变化，甚至职业间工资差距逐渐缩小的事实（Moore et al.，1985）[21]。法博（Farber，2005）[22]认为，经由工资比较而发生的行业工资外溢效应，是解释这一现象的重要原因。西方传统的工资集体议价制度，无形中造成了工资“领导者—追随者”模式，使得不同行业工资的决定被紧密联系起来，最终在相互模仿中逐步逼近。与西方国家工资状况不同，结合中国劳动力市场的逐步完善和劳动力流动性日渐增强这一现实，谢露露等（2011）[23]从邻近行业工资互动的角度，对工业行业内部的“工资俱乐部”现象进行解释，间接地阐释了工业行业工资差距逐步扩大的基本原因，为理解行业工资差距提供了新视角。在此基础上，谢露露（2015）[24]通过研究我国制造业的工资模仿行为，来考察行业相对工资结构变化的动因。在领导者—追随者理论模型的基础上，利用中国 1992 ~ 2011 年制造业面板数据和似不相关回归（SUR），实证研究发现，制造业普遍存在工资模仿行为，但该行为受到经济因素和制度因素的影响。与国外同行的研究结论不同，该研究发现，由于工资模仿行为更多在绝对工资较低的竞争性行业发生，其对缩小工资差距作用极其有限。根据该研究在控制了行业特征和工资模仿行为对制造业工资决定的影响后，国有比例较高的行业中，不仅职工绝对工资较高，而且其工资增长速度呈发散状态，最终直接扩大了行业之间的工资差距。

7.2.3 企业模仿行为的理论解释

对于组织间模仿行为的研究，之前的学者从不同理论视角进行了阐述和分析。其中，新制度理论、资源基础观和组织学习理论是最为主流的三种理论视角。

1. 新制度理论视角下的企业模仿行为

根据新制度理论观点，羊群行为（Herd Behavior）是用来描述企业间相互学习和追随、彼此模仿和传染的一种组织间现象。羊群行为具体表现为，在相似环境中运行的组织会逐渐趋同为类似的组织，比如，在组织结构和战略方面日趋同质化。这种过程叫制度性同型化，亦即制度性模仿行为（Mary Douglas，1994）[25]。制度性模仿行为是组织在同样的环境下，被相互模仿引发的一种环境压力（Hawley，1986）[26]。既有新制度理论文献指出，制度性模仿行为一般可以通过三种路径达成。

（1）强迫性的模仿。常见的实践是，当政府强行普及某种制度，比如全面质量管理、现代企业股份制、提升企业发展的绿色程度，降低环境污染、推行无固定期限劳动合同、保护女性平等就业权力等。（2）主动性的模仿。常见的事例是，中小企业模仿明星企业的制度。比如，大量企业在不断地尝试深入学习华为、格力、美的以及海尔等明星企业的管理模式。（3）规范性的模仿行为。常见的形式是，行业的标准化和规范化等。比如，通信行业的 5G 标准在颁布以后，通信企业将不得不履行规范性的模仿行为，否则就会被行业所淘汰。与之相关的例子是，当手机行业进入到智能机时代之后，诺基亚因为没有跟上行业规范的发展，不但丧失了其功能机时代的霸主地位，还被迫出售给微软，最终惨淡收场。迪马吉奥和波威尔（DiMaggio & Powell，1999）[20]认为环境的不确定性，将更多引起主动性模仿。原因在于，主动性模仿行为是在因果关系模糊、无法找到明确的解决方案的情形下，以较低廉的成本得到可视且可行的问题解决对策（Cyert & March，1963）[27]。换句话说，在没有找到自己的高效经营方式时，主动性模仿是最好的对策，可以达到风险和成本“双低”的效果。这可能就是同行业内的企业经营方式整体上逐渐趋同的一种根本性的原因。多数企业在不确定的竞争环境下，更愿意通过主动性模仿，回避和减少环境的不确定性，力争降低风险，并取得制度环境下的正当性和合法性。

2. 资源基础观视角下的企业模仿行为

依据资源基础观视角，同时满足有价值的、稀缺的和难以被模仿的三个特征的资源，是企业获取持续竞争优势的源泉（Barney J. B.，1991）[28]。资源基础观中坚持这样一个观点，模仿行为被认为是对在位企业竞争优势的一种重要的潜在威胁，因为当不存在较高资源模仿壁垒时，一个企业在战略地位上，只能获得暂时的竞争优势。如果企业之间共享相似资源，其战略选择的差异性会较低，其原因在于这些企业将通过企业间模仿行为来降低竞争强度。此时，模仿被认为是一种后发企业追赶领先者，并获得竞争优势的捷径。后发者通过模仿行为，有可能侵蚀领先企业所开发的独特资源及其优势。先发优势是根据资源基础观引申出来的概念，尽管先发优势并没有直接指向模仿行为，但是既有实证研究表明，先行者不仅存在优势也存在劣势（Magnusson P.，David J. B.，2006）[29]。

虽然过往研究表明行业先行者可能通过获取和强化研发资源来获得竞争优势，但是当企业的竞争优势来自于市场资源的时候，选择扮演跟随者角色是十分明智的（吴晓云、李峰，2013）[4]。因此，模仿行为在很大程度上依赖于企业所采用的资源的类型（Frynas J. G.，Mellahi K. & Pigman A.，2006）[30]。由于在相同的环境中，可获得的资源是基本相同的，因此企业的行为会表现出一定的相似性，即企业会模仿其他具有相似的资源需求的企业的行为。模仿的目的是获得竞争优势，而企业无法辨别何种资源能够成就具有可持续性的竞争优势的现实，则成为发生模仿行为的驱动因素。

3. 组织学习理论视角下的企业模仿行为

根据组织学习理论观点，由大量企业聚集而成的产业是一个开放系统。从产业内外部搜寻技术支持或者模仿对象，是产业内企业一种常见的技术行为。目前，部分学者将产业内企业模仿行为的研究聚焦于“知识溢出效应”。知识溢出是产业内各主体之间互动的结果。已有文献多对知识溢出效应在产业竞争优势创造上的重要性与价值给予了积极肯定。知识通过溢出在产业（集群）内扩散，成为“弥漫在空气中”的公共品，从而使得行业内企业更容易获取创新信息与知识。知识溢出归根结底是知识的非自愿型扩散，是一种经济外部性的表现。知识溢出效应可以分为有意识溢出与非排他性溢出。前者是同类企业间相互学习、合作形成的知识溢出效应，而后者则是因为知识使用的非排他性而形成的溢出效应。在行业内部，任何企业作为知识源都有可能流出一定的知识，并被其他同业竞争者在一定程度上共享，从而为行业企业所模仿或征用。

组织学习理论指出，模仿行为是企业得以吸取其他先发企业优秀经验的有效方式。企业将通过替代性学习（Bandura A.，1997）[31]，模仿标杆企业特定的战略与策略行为或组织结构来达到预期的效果。企业总是拥有多个可供选择的行动方案，但各方案的执行结果均有其特定的不确定性。因此，模仿的动机是出于对特定行为结果不确定性的考虑，企业能以较低的成本，利用其他企业已探索出的有效行为模式来指导其自身的决策。在不确定条件下，使用某种创新行为，会为其他企业揭示更多关于该创新行为所蕴含的价值，从而会引起更多的企业采取相同的创新行为（Rogers，1995）[32]。当然，企业与被模仿企业其实可以不存在正式联系，仅通过替代性学习进行模仿，也可以通过正式的联系，即通过契约性学习进行模仿（吴晓云、李辉，2013）[4]。

此时，如果产业内长期从事创新行为的企业，因为其他模仿企业的大规模跟进而导致创新收益被明显瓜分时，则整个群体的创新激励机制与创新动机就会趋于停滞或者崩溃。原本有很高意愿从事创新活动的企业，也将纷纷停止创新，最终可能导致整个产业内所有的参与企业趋于低水平模仿，整个产业将很难再提供可作为模仿源的（突破性）技术创新行为。

7.2.4 CEO 自主权与企业 R&D 投入模仿行为的关系

企业运营实践中，普遍发生着各种技术创新活动的行业（组织间）模仿行为。比如，在空调行业，1980 年，日本东芝公司制造出全球第一台变频空调。这种具有划时代意义的技术创新，为空调这一高耗能家电产品开辟了高效节能的蓝海。因此，在能源奇缺的日本，自从变频技术出现以后，便在空调市场中得到大力推广并快速普及，几乎所有的日本空调企业都快速跟进模仿，使之成为日本空调产品的基础型技术配置，最终在日本空调行业形成了典型的技术同形现象，而在 2008 年之后的中国则完美再现了这一因行业内组织模仿行为而产生的技术趋同现象。再比如，中国的“山寨企业”曾盛极一时，抛开公众和学者赋予该现象的贬义与调侃不谈，它也确实说明了组织间技术创新模仿行为在中国企业中的普遍性。但是，理论研究中 R&D 投入决策的行业模仿行为，却尚未得到足够的文献关注。因此，本章将在过往文献对各种战略性决策的行业模仿行为研究的基础上，尝试探讨 CEO 自主权对企业 R&D 投入决策的组织间模仿行为的影响效应，试图填补这一理论空白。根据前面的综述，下面将分别从新制度理论、资源基础观和组织学习理论三个视角，尝试分析 CEO 自主权与企业 R&D 投入的频率模仿、特征模仿以及成果模仿之间的内在关联性。

新制度理论的主要观点是：在内外部环境变得愈加制度化和规范化的背景下，组织会趋向于同构，亦称为模仿性同构（DiMaggio & Powell，1983）[20]。通过模仿达成一致，是组织在变革中与所在环境中的其他组织达到相似的一种过程。根据新制度理论，在企业 R&D 投入这一风险性与动态性兼具的决策活动中，CEO 有较强的动机对行业中被最多采取的投入策略进行模仿，亦即根据行业中平均的 R&D 投入强度，确定其 R&D 投入水平，从而导致行业 R&D 投入水平产生趋同现象，这就是研发投入决策上的模仿性同构。

新制度理论表明，企业与行业内的多数企业采取相似的行动不仅会降低不确定性，而且当更多企业采取相同行动的时候，这种行为的合理性与合法性会被显著提高（DiMaggio & Powell 1983）[20]。一方面，企业根据行业平均 R&D 投入水平进行模仿，可以降低技术环境的不确定性，从而有效解决由于不确定性所带来的信息不对称的问题；另一方面，企业通过模仿行业内多数企业的创新投入行为，可以降低企业搜寻信息的成本，从而最终降低不确定性。

因此，根据制度理论观点，以行业平均水准为对象的 R&D 投入模仿行为，其主要目的是在获取合理性与合法性的同时，降低企业 R&D 投入结果的不确定性。在 R&D 投入方面的模仿性同形，与其他决策同形或者制度同形一样，可能会必然地促进组织内部的经济绩效，但与行业内多数企业的相似性，会有助于企业获得合法性与合理性的认可和声誉。换句话说，以行业平均水平为对象的基于频率的 R&D 投入模仿策略，其合法性尽管可能不会促进组织的研发效率和技术创新效果，但确实会在实质上改善组织长期生存前景，而且企业将因遵从外部环境的要求而获得相对确定的回报。从这个角度来说，基于频率的 R&D 投入模仿行为，被认为是企业在所处行业寻求合法性与合理性的一种方式：通过模仿，企业学会了在不确定的外部环境中，如何获得适度的确定性以更安全地开展自己的技术创新行为。

因此，根据新制度理论，本研究有以下假设：

H7 –1：新制度理论视角下，CEO 自主权将促使企业在 R&D 投入决策上更多出现基于频率的模仿行为（即以行业平均水平为模仿对象）。

组织学习理论视角下，模仿是企业获得其他企业相关经验的有效途径，企业会通过替代性学习或契约性学习方式，模仿其他企业特定的战略行为、策略选择或者组织结构，来达到其预期的效果（Bandrua A.，1997）[31]。根据组织学习理论，在开展 R&D 投入模仿行为时，企业可以与被模仿的企业不存在任何正式联系，即通过替代性学习进行 R&D 投入决策的模仿；也可以通过与被模仿企业之间的正式联系，即通过契约性学习进行企业 R&D 投入决策的模仿。在替代性学习中，企业可以通过二手资料间接获得所需要的知识与信息，从而进行相关 R&D 投入决策；而在契约性学习中，企业可以通过组织间的正式关系网络进行学习，从而发现与 R&D 投入决策相关的最新知识与信息，以及其他战略决策或商业机会，并尝试进行模仿性开发利用（Hagedoorn J.，2006）[32]。

企业拥有许多可供选择的 R&D 投入方案，但是每种方案的结果都具有明显的不确定性，因此模仿的动机是出于对特定行为之结果的不确定性的考虑。通常情况下，企业可以以较低的成本，利用其他企业已经探索出的行为模式，来指导自身的 R&D 投入决策。组织学习理论与基于特征的模仿行为紧密相关。基于特征的模仿是一种选择性的模仿，即企业会倾向于模仿那些具备某些突出的外显性特征突出的企业的行为（Haunschild & Miner，1997）[6]。根据组织学习理论，组织会倾向于模仿那些在其所处领域看上去更具合法性的标志性组织。而合法性往往与组织的某些关键特性直接相关，如规模大小、行业地位等（Haveman，1993；Lieberman & Asaba，2006）[9][34]。基于个体层次、团队层次以及组织层次的相关实证研究也基本支持该观点（吴晓云、李辉，2013）[4]。尤其是在组织层次，大量相关研究也证实，企业会倾向于有选择性地模仿具备某些特性的其他组织。如凯普（Shin – Kap，1994）[14]对审计公司选择的研究发现，客户企业会倾向于模仿行业中的领先者；弗恩哈波和李（Fernhaber & Li，2010）[35]也发现新创企业是否进行国际化，会受到本行业其他领先企业的国际化决策行为的影响。因此，可以合理地推断，大企业、领先企业等这些具备特定显著特征的企业的行为，会影响到行业内其他企业的 R&D 投入决策行为。

从学习信息的可获得性看，规模较大的企业、行业内 R&D 投入最高的明星企业，更容易受到最大程度的实业界与理论界的关注。作为这两种企业的 R&D 投入决策依据的信息与知识，其公开性与透明性相对更强，对其他企业而言，学习信息的收集成本更低；从学习对象的权威性上看，大规模企业、行业内 R&D 投入最高的明星企业更有行业地位，前者的 R&D 投入行为模式表征了业内目前权威企业的合理选择，后者的 R&D 投入模式代表了行业内未来权威企业的合理选择，更具有行业合法性。因此，组织学习理论视角下，在 R&D 投入决策事项上，CEO 倾向于将模仿对象设置为具有更大规模特征，或者更高 R&D 投入水平特征的行业内企业。

因此，根据组织学习理论，本研究有以下假设：

H7 -2：组织学习理论视角下，CEO 自主权将促使企业在 R&D 投入决策上，更多出现基于特征的模仿行为（即以行业内最大规模企业，或 R&D 投入强度最高的企业为模仿对象）。

资源基础观的核心观点认为，由于在相似的环境中可获得的资源是相似的，因此，同行业竞争的企业行为会表现出一定的相似性，表现为企业会模仿其他具有相似资源需求的企业的行为。任何企业的 CEO 都非常清楚，企业必须保证足够的 R&D 投入，才可能获得持续的竞争优势。然而，鉴于技术创新活动的高风险性、多环节性与创新回报的长时滞性特征，加之考虑到当期 R&D 投入过大可能对短期经营业绩的直接损害，过高的 R&D 投入往往成为企业财务失败之根源。由于研发活动的不确定性和因果模糊性特征，企业无从辨别何种程度的 R&D 资源投入最可能具有可持续性的竞争优势，这就成为企业 R&D 投入模仿行为的驱动因素。在市场竞争中，企业 R&D 投入水平的决策是多样化的。由于多数 CEO 能力的局限性，需要在各种 R&D 资源投入水平上做出最佳选择，难以合理判别出投入何种水平的 R&D 资源可以兼顾长短期利益，保证企业长期竞争优势的提升和巩固。而一般说来，多数上市公司 CEO 其实缺乏该种概念性技能。因此，如果某些上市公司首先选择了某一种 R&D 投入水平作为其决策结果，并且在下一年度获得了公司业绩上的成功，比如资产回报率、净资产回报率、每股收益，或者是公司的托宾 Q 值明显高于本行业其他竞争对手，或者高于该公司往年的业绩水平，则其他上市公司普遍会认为，该企业已经找到了相对合适的技术创新资源投入水平，并能据此开发其长期竞争优势得以实现的资源基础，从而倾向于模仿该先行者，选择与其相似的 R&D 投入水平。

米勒和多拉德（Miller & Dollard，1941）[7] 曾尝试应用强化理论来说明各种模仿行为的产生原理，并进一步对不同的模仿行为进行了区分和阐释，主要包括同一模仿、翻版模仿和仿同模仿。该研究通过使用动物展开多轮次科学试验，证明模仿行为其实是可以经由（动物或人）后天努力而获得，并且将通过良性模仿结果的不断强化，而得以固化和延续。企业对于行业内经营绩效优异的同行进行的 R&D 投入模仿行为，更多属于仿同模仿。仿同模仿的正向绩效结果会强化模仿企业下一轮的模仿行为。

因此，根据资源基础观，本研究有以下假设：

H7-3：资源基础观视角下，CEO 自主权将促使企业在 R&D 投入决策上更多出现基于结果的模仿行为。

7.3 研究设计

7.3.1 样本选择与数据来源

以 2010~2015 年深、沪两市中国制造业所有 A 股上市公司作为初始样本框，依据以下标准严格筛选最终的研究样本：①剔除样本年份受到证监会和其他政府机关公开处罚的上市公司；②剔除样本年份被标准为 ST、SST、*ST、S*ST、PT 类上市公司；③剔除样本年份财务绩效数据具有奇异性的上市公司，比如当年大幅度亏损，比如资产收益率低于 -30% 的公司；④剔除研究所需数据项目未完全披露的上市公司；⑤剔除样本年份 CEO 任期未满一年的公司。本章主要数据来源于锐思数据库。个别资料和数据，比如 R&D 支出、CEO 学历、CEO 兼职情况等来自上市公司年报和巨潮互联资讯网，并对其进行了必要的手工处理。为检验来自锐思数据库数据的可靠性，从中随机抽取1%数据样本，并将其与手工收集的上市公司年报中的统计数据相比较，结果基本一致。

基于以上处理过程，为保证样本数据分布尽可能接近正态性，消除极端值数据对实证结果的扭曲效应，本研究将初始样本分别依据 R&D 支出强度、营业收入、资产总额、资产收益率、CEO 自主权等关键连续型变量，将最高与最低的观测样本各删除2‰。最终得到有效研究样本 3 822 个（W - Sample）。数据处理以统计分析软件 SPSS19.0 和 Excel2007 为主要工具。

7.3.2 变量设计

（1）被解释变量：R&D 投入模仿程度（R&D Expenditure Imitation Degree，RDE_ID）。本研究设计了四个重要指标，用来衡量不同的 R&D 投入模仿行为，分别是：RDE_ID1，衡量基于频率的 R&D 投入模仿行为，即企业以行业内平均 R&D 投入水平为模仿对象的程度；RDE_ID2，衡量基于最大规模特征的 R&D 投入模仿行为，即企业进行 R&D 投入决策时，以行业内规模最大的企业为模仿对象的程度；RDE_ID3，衡量基于最高投入特征的 R&D 投入模仿行为，即企业以行业内 R&D 投入强度最大的企业为模仿对象的程度；RDE_ID4，衡量基于结果的 R&D 投入模仿行为，即企业进行 R&D 投入决策时，以行业内业绩最好的企业为模仿对象的程度。

模仿程度的界定方式如下：首先，确定本企业 R&D 投入强度与被模仿对象 R&D 投入强度的比值。RDE_ID1 的模仿对象是整个行业的平均 R&D 投入强度，RDE_ID2 的模仿对象是行业内规模最大的前10%企业的平均 R&D 投入强度，RDE_ID3 的模仿对象是行业内 R&D 投入最高的前10%企业的平均 R&D 投入强度，RDE_ID4 的模仿对象是行业内上年度 ROA 位列前10%企业的平均 R&D 投入强度；其次，为保证数据分布尽可能接近正态性，将所有大于5的比值设置为5（均未超过总样本的5%）；最后，使用“0～1”标准化公式，将四个比值进行标准化处理，分别得到最终的四个模仿程度指数 RDE_ID1、RDE_ID2、RDE_ID3、RDE_ID4。

此外，本研究还分别对应设计了四个替代性虚拟变量，衡量不同的 R&D 投入模仿程度，分别为：RDE_ID1V，当某企业 RDE_ID1 高于样本平均值，则认为该企业模仿了行业内平均 R&D 投入水平，RDE_ID1V 设置为 1，否则 RDE_ID1V 为 0；RDE_ID2V，当某企业 RDE_ID2 高于样本平均值，则认为该企业模仿了行业内规模最大企业的 R&D 投入水平，RDE_ID2V 设置为 1，否则 RDE_ID2V 为 0；RDE_ID3V，当某企业 RDE_ID3 高于样本平均值，则认为该企业模仿了行业内投入水平最高企业的 R&D 投入水平，RDE_ID3V 设置为 1，否则 RDE_ID3V 为 0；RDE_ID4V，当 RDE_ID4 高于样本平均值，则认为该企业模仿了行业内绩效最好的企业的 R&D 投入水平，RDE_ID4V 设置为 1，否则 RDE_ID4V 为 0。

（2）解释变量：CEO 自主权（CDI）①。与上述研究中 CEO 自主权的度量指标体系设计不同，本研究尝试不通过“指标—维度—变量”的二阶度量方式来测度 CEO 自主权，而是直接从现有研究中选择常用的指标，应用因子分析的手段合成 CEO 自主权指数（CDI）。具体而言，本研究选择两职合一（DUALITY）、内部董事比例（RND）、CEO 教育背景（CEOE）、CEO 年龄（CAGE）、CEO 持股情况（CEOS）、CEO 相对薪酬（CEOP）、CEO 兼职情况（CEOJ）、营运资金比例（WCR）等八个相对独立的指标综合度量 CDI。以上指标在已有的 CEO 自主权相关研究文献中基本都出现过，比如张长征（Zhang Changzheng，2011）[36]、张长征（Zhang Changzheng，2016）[37]、李有根（2002）[38]、张长征、李怀祖和赵西萍（2006）[39]、张长征和吕悦凡（2016）[40]等。

具体而言，当董事长与总经理（或总裁）系由一人兼任时，DUALITY 设置为 1，否则设置为 0；当某公司高管团队内部董事比率高于样本均值时，RND 设置为 1，否则设置为 0；当 CEO 是高管团队中学历最高的人时，CEO-EB 设置为 1，否则设置为 0；当 CEO 持有公司股份时，CEOS 设置为 1，否则设置为 0；当 CEO 薪酬与本行业 CEO 平均薪酬的比值高于样本均值时，CEOP 设置为 1，否则设置为 0；当 CEO 在企业外部兼职个数高于样本均值时，CEOJ 设置为 1，否则设置为 0；当营运资金比例高于样本均值时，WCR 设置为 1，否则设置为 0。CDI 是由以上八个指标值乘以各自的权重综合而成。每个指标值的权重取决于运用八个指标进行因子分析方法，而获取的各自的因子载荷。

① 本章还应用第 1 章中设计的 CEO 自主权度量指标体系，依托本章选择的样本数据，按照本章的实证模型与分析步骤，同样验证了本章研究假设，表明本章的 CEO 自主权度量方法与第 1 章的度量方法具有等效性。

(3) 控制变量：本章根据已有文献关于企业 R&D 投入资决策影响因素研究成果，结合数据的可获取性，选择以下控制变量：成立时间（FIRMAGE）（成力为、戴小勇，2012）[41]、地理区域（MIDDLE，WEST）（刘笑霞，李明辉，2009）[42]、股权集中度（ECD）（罗正英等，2014）[43]、每股收益（EPS）、国有股比例（RSS）、资产负债率（RDEBT）、技术人员比率（RTP）、营业收入规模（LNBS）、监事会规模（SSB）、股权制衡（OBD）、独立董事比例（RID）。

其中，FIRMAGE 是公司成立之日至样本年度所经历过的年份数，月数四舍五入；ECD 以第一大持股比例衡量；OBD 以第二、三、四、五、六大股东持股数量之和与第一大股东持股数量的比值衡量；EPS 是净利润与股份总数的比值；LNBS 是企业营业总收入的对数值；SSB 是监事会人数；RID 是独立董事真实数目与董事会规模的比值。

7.3.3 变量描述性统计与相关分析

变量描述性统计分析结果见表 7－1。样本公司平均成立时间为 16 年，其中中部地区公司占到 24%，西部地区公司占到 20%。样本平均股权集中度为 34.4%，平均每股收益为 0.28 元，平均国有股比例为 3.4%，平均技术人员比例为 15.1%。样本平均资产负债率为 48.9%，平均营业收入对数为 21.64，平均监事会规模为 5.16 人。样本平均股权制衡度（即第二至第六大股东持股比例之和与第一大持股比例的比值）为 0.54，平均独立董事比例为 35.6%。

CEO 自主权指数最低为 0，最高为 1，平均值为 0.446，标准差为 0.229。基于行业平均值的 R&D 模仿程度（基于频率的模仿程度）平均值为 0.397，基于行业内最大规模企业的 R&D 投入模仿程度（基于规模特征的模仿程度）平均值为 0.448，基于行业内投入最大的 R&D 投入模仿程度（基于投入特征的模仿程度）平均值为 0.254，而基于行业内业绩最好企业的 R&D 投入模仿程度（基于结果的模仿程度）平均值为 0.590。显然在模仿行为选择上，最多企业选择模仿的是对行业内业绩最好企业的模仿，较少选择行业内 R&D 投入最大的企业为模仿对象。

表 7-1　　变量描述统计量

变量代码	变量名称	N	极小值	极大值	均值	标准差
1. FIRMAGE	成立时间	3 822	5	63	16.010	5.157
2. MIDDLE	中部地区	3 822	0	1	0.240	0.427
3. WEST	西部地区	3 822	0	1	0.200	0.396
4. ECD	股权集中度	3 822	0.039	0.852	0.344	0.143
5. EPS	每股收益	3 822	-1.690	3.340	0.2784	0.425
6. RSS	国有股比例	3 822	0.000	0.805	0.034	0.108
7. RTP	技术人员比率	3 822	0.003	0.601	0.151	0.113
8. RDEBT	资产负债率	3 822	0.017	0.881	0.489	0.181
9. LNBS	营业收入	3 822	18.460	25.360	21.643	1.216
10. SSB	监事会规模	3 822	3	15	5.160	2.211
11. OBD	股权制衡	3 822	0.006	3.144	0.545	0.513
12. RID	独立董事比率	3 822	0.143	0.667	0.356	0.091
13. CDI	CEO 自主权指数	3 822	0.000	1.000	0.446	0.229
14. RDE_ID1	基于平均值的模仿度	3 822	0.000	0.998	0.397	0.333
15. RDE_ID2	基于规模的模仿度	3 822	0.000	1.000	0.488	0.334
16. RDE_ID3	基于最高值的模仿度	3 822	0.000	1.000	0.254	0.260
17. RDE_ID4	基于业绩的模仿度	3 822	0.000	1.000	0.590	0.292

根据表 7-2 所显示的相关系数结果，主要控制变量、自变量和因变量之间，多存在不同程度的相关性。该事实一方面，说明了控制变量选择的相对合适性；另一方面，也为假设的合理性提供了直观的初步检验。当然，更准确和可靠的统计检验，需要根据实证模型的设计在后文慎重进行。所有相关系数，除了股权集中度与股权制衡之间的相关系数（-0.605，P=0.000）绝对值大于 0.5 之外，其绝对值均在 0.5 以下。这表明，实证回归模型中，除以上两个变量之外，其余变量之间的多重共线性问题是可以接受的。进一步将股权制衡剔除出实证模型，实证分析结果并未发生变化。因而，本研究整体上的多重共线性问题基本可以忽略。

表 7-2　主要研究变量相关系数

	1	2	3	4	5	6	7	8	9	10	11	12	13	14	15	16	17
1. FIRMAGE	1																
2. MIDDLE	-0.024	1															
3. WEST	0.060**	-0.276**	1														
4. ECD	-0.149**	-0.035*	0.025	1													
5. EPS	0.039*	-0.034*	-0.031	0.060**	1												
6. RSS	0.017	0.008	0.021	0.033*	0.001	1											
7. RTP	-0.063**	-0.081**	-0.078**	-0.006	0.029	0.040*	1										
8. RDEBT	0.023	0.051**	0.059**	0.130**	-0.203**	0.010	-0.073**	1									
9. LNBS	0.077**	0.030	-0.024	0.296**	0.291**	0.044**	-0.046**	0.401**	1								
10. SSB	0.112**	0.066**	0.141**	0.012	0.027	-0.008	0.026	0.107**	0.141**	1							
11. OBD	0.006	-0.028	-0.044**	-0.605**	0.064**	0.001	0.032	-0.104**	-0.128**	-0.038*	1						
12. RID	-0.146**	-0.040*	0.019	0.030	-0.025	-0.006	-0.027	-0.058**	-0.053**	-0.121**	0.029	1					
13. CDI	-0.080**	-0.097**	-0.156**	-0.206**	0.163**	-0.031	0.062**	-0.294**	-0.118**	-0.233**	0.128**	0.147**	1				
14. RDE_ID1	-0.096**	0.055**	-0.209**	-0.061**	0.038*	0.020	0.049**	-0.078**	-0.003	-0.068**	0.071**	-0.005	0.169**	1			
15. RDE_ID2	0.054**	-0.006	-0.030	0.062**	0.014	0.033*	-0.029	0.122**	0.202**	0.024	-0.065**	-0.058**	-0.067**	0.061**	1		
16. RDE_ID3	-0.126**	-0.007	-0.048**	-0.081**	-0.047**	0.015	0.201**	-0.197**	-0.293**	-0.049**	0.077**	0.035*	0.120**	0.096**	-0.427**	1	
17. RDE_ID4	0.020	0.044**	-0.115**	0.007	0.065**	-0.063**	-0.013	0.027	0.129**	0.017	0.011	-0.013	0.054**	0.428**	0.351**	-0.422**	1

注：* 在 0.05 水平上显著；** 在 0.01 水平上显著。

具体到控制变量与因变量之间的相关性，有些发现值得特别指出。比如，公司成立时间与 RDE_ID1、RDE_ID3 正相关，似乎意味着，公司成立时间越长，越不倾向于模仿行业平均水平和行业最高水平，与 RDE_ID2 正相关，似乎意味着，公司成立时间越长，则越倾向于模仿行业内最大规模企业之 R&D 投入，与 RDE_ID4 不相关，似乎意味着，公司成立时间与是否模仿行业内业绩最好的企业之 R&D 投入水平并无显著关系。当然，更多、更可靠的发现需要等到真正规范的数据分析之后，才能进一步详细讨论。

7.4 实证分析

7.4.1 假设检验

首先，以 RDE_ID1 为因变量，以 CDI 为主要解释变量，加入上述设计的 12 个控制变量构建基于最小二乘法（OLS）的多元回归模型（7-1）。

$$\begin{aligned} RDE\_ID1_{it} = {} & \alpha + \beta_1 FIRMAGE_{it} + \beta_2 MIDDLE_{it} + \beta_3 WEST_{it} + \beta_4 ECD_{it} + \beta_5 EPS_{it} \\ & + \beta_6 RSS_{it} + \beta_7 RTP_{it} + \beta_8 RDEBT_{it} + \beta_9 LNBS_{it} + \beta_{10} SSB_{it} \\ & + \beta_{11} OBD_{it} + \beta_{12} RID_{it} + \beta_{13} CDI_{it} + \varepsilon_{it} \end{aligned} \tag{7-1}$$

以模型（7-1）拟合本研究选择的样本数据，数据处理结果见表 7-3。表 7-3 第 16 行第 3 列显示，CDI 与 RDE_ID1 显著正相关（B=0.177，T=6.919），即 CEO 自主权指数越高，则 CEO 越倾向于提高基于行业 R&D 投入平均值的模仿程度。换句话说，在 R&D 投入决策中，高自主权 CEO 倾向于以更高的概率选择以行业平均 R&D 投入水平为模仿对象。H7-1 得到验证。

此外，根据模型（7-1）回归结果，公司成立时间、西部地区、资产负债率和独立董事比例均对企业基于行业平均值的 R&D 投入模仿程度（RDE_ID1）有正向影响，即促进企业基于频率的模仿行为；国有股比例和营业收入则对基于行业平均值的 R&D 投入模仿程度（RDE_ID1）有显著度不同的负向影响，即抑制企业选择基于频率的模仿行为；其他六个控制变量并未表现出与 RDE_ID1 有任何显著的相关性。

表 7 - 3　　模型（7 - 1）回归结果系数[a]

模型		非标准化系数		标准系数	t	Sig.
		B	标准误差	β		
模型（7 - 1）	（常量）	0.249	0.110		2.253	0.024
	成立时间	-0.006	0.001	-0.086	-5.252	0.000
	中部地区	0.014	0.013	0.018	1.088	0.277
	西部地区	-0.144	0.014	-0.171	-10.151	0.000
	股权集中度	-0.077	0.050	-0.033	-1.537	0.124
	每股收益	-0.007	0.014	-0.009	-0.478	0.633
	国有股比例	0.084	0.048	0.027	1.734	0.083
	技术人员比率	0.060	0.047	0.020	1.288	0.198
	资产负债率	-0.080	0.035	-0.043	-2.311	0.021
	营业收入	0.013	0.005	0.047	2.383	0.017
	监事会规模	-0.002	0.002	-0.011	-0.671	0.502
	股权制衡	0.020	0.013	0.031	1.528	0.127
	独立董事比率	-0.118	0.059	-0.032	-1.992	0.046
	CEO 自主权指数	0.177	0.026	0.122	6.919	0.000
	R	0.275	R^2	0.076	Adjusted R^2	0.072
	F	23.793	Model Sig.	0.000	N	3 822

注：a. 因变量：基于平均值的 R&D 投入模仿程度。

其次，以 RDE_ID2 为因变量，以 CDI 为主要解释变量，考虑上述设计的 12 个控制变量构建基于最小二乘法（OLS）的多元回归模型（7 - 2）。

$$RDE\_ID2_{it} = \alpha + \beta_1 FIRMAGE_{it} + \beta_2 MIDDLE_{it} + \beta_3 WEST_{it} + \beta_4 ECD_{it} + \beta_5 EPS_{it} + \beta_6 RSS_{it} + \beta_7 RTP_{it} + \beta_8 RDEBT_{it} + \beta_9 LNBS_{it} + \beta_{10} SSB_{it} + \beta_{11} OBD_{it} + \beta_{12} RID_{it} + \beta_{13} CDI_{it} + \varepsilon_{it} \quad (7-2)$$

以模型（7 - 2）拟合样本数据，结果见表 7 - 4。结果表明，RDE_ID2 与 CDI 的相关系数显著为负（B = -0.050，T = -1.933），亦即 CEO 自主权能够负向影响 CEO 选择基于规模特征的 R&D 投入模仿策略，换句话说，CEO 自主权事实上将降低 CEO 选择以规模最大企业为 R&D 投入模仿对象的概率。这与假设 H7 - 2 不符。

表 7-4　　模型（7-2）回归结果系数[a]

模型		非标准化系数		标准系数	t	Sig.
		B	标准误差	β		
模型（7-2）	（常量）	-0.569	0.112		-5.081	0.000
	成立时间	0.002	0.001	0.028	1.709	0.088
	中部地区	-0.027	0.013	-0.034	-2.012	0.044
	西部地区	-0.038	0.014	-0.045	-2.643	0.008
	股权集中度	-0.073	0.051	-0.031	-1.434	0.152
	每股收益	-0.024	0.014	-0.031	-1.704	0.088
	国有股比例	0.078	0.049	0.025	1.593	0.111
	技术人员比率	-0.059	0.048	-0.020	-1.232	0.218
	资产负债率	0.050	0.035	0.027	1.423	0.155
	营业收入	0.053	0.005	0.195	9.742	0.000
	监事会规模	-0.002	0.003	-0.014	-0.818	0.413
	股权制衡	-0.034	0.013	-0.052	-2.538	0.011
	独立董事比率	-0.141	0.060	-0.038	-2.347	0.019
	CEO 自主权指数	-0.050	0.026	-0.035	-1.933	0.053
	R	0.229	R^2	0.052	Adjusted R^2	0.049
	F	16.078	Model Sig.	0.000	N	3 822

注：a. 因变量：基于规模的 R&D 投入模仿程度。

此外，模型（7-2）的回归结果显示，成立时间和营业收入能够抑制企业模仿规模最大企业 R&D 投入水平的冲动（与 RDE_ID2），中部地区、西部地区、每股收益、股权制衡和独立董事比率可正向促进企业模仿规模最大企业 R&D 投入水平的意愿（与 RDE_ID2），而其余五个控制变量则与 RDE_ID2 无任何显著的相关性。

再次，以 RDE_ID3 为因变量，以 CDI 为主要解释变量，加入上述设计的 12 个控制变量构建基于最小二乘法（OLS）的多元回归模型（7-3）。

$$\begin{aligned}RDE\_ID3_{it} = \alpha &+ \beta_1 FIRMAGE_{it} + \beta_2 MIDDLE_{it} + \beta_3 WEST_{it} + \beta_4 ECD_{it} + \beta_5 EPS_{it}\\ &+ \beta_6 RSS_{it} + \beta_7 RTP_{it} + \beta_8 RDEBT_{it} + \beta_9 LNBS_{it} + \beta_{10} SSB_{it}\\ &+ \beta_{11} OBD_{it} + \beta_{12} RID_{it} + \beta_{13} CDI_{it} + \varepsilon_{it} \qquad (7-3)\end{aligned}$$

以模型（7-3）拟合样本数据，结果见表 7-5。结果表明，RDE_ID3 与 CDI 的相关系数显著为正（B=0.064，T=3.293），亦即 CEO 自主权能够正向影响 CEO 选择基于最高投入特征的 R&D 投入模仿策略。换句话说，CEO 的自主权越大，CEO 选择以行业内 R&D 投入强度最高的企业为模仿对象的概率越高。这与假设 H7 –2 的预期一致。

表 7 –5　　模型（7 –3）回归结果系数[a]

模型		非标准化系数		标准系数	t	Sig.
		B	标准误差	β		
模型（7 –3）	（常量）	1.401	0.083		16.851	0.000
	成立时间	–0.004	0.001	–0.086	–5.421	0.000
	中部地区	0.011	0.010	0.017	1.085	0.278
	西部地区	–0.013	0.011	–0.019	–1.183	0.237
	股权集中度	0.050	0.038	0.027	1.308	0.191
	每股收益	–0.002	0.011	–0.004	–0.213	0.831
	国有股比例	0.054	0.036	0.022	1.477	0.140
	技术人员比率	0.398	0.035	0.173	11.300	0.000
	资产负债率	–0.095	0.026	–0.066	–3.664	0.000
	营业收入	–0.054	0.004	–0.251	–13.179	0.000
	监事会规模	0.002	0.002	0.015	0.929	0.353
	股权制衡	0.021	0.010	0.042	2.185	0.029
	独立董事比率	0.007	0.045	0.002	0.161	0.872
	CEO 自主权指数	0.064	0.019	0.056	3.293	0.001
	R	0.375	R^2	0.141	Adjusted R^2	0.138
	F	47.611	Model Sig.	0.000	N	3 822

注：a. 因变量：基于最高值的 R&D 投入模仿程度。

模型（7 –3）的回归结果还显示，成立时间、资产负债率和营业收入能够显著抑制企业模仿行业内投入强度最高企业的 R&D 投入策略的冲动（RDE_ID3），技术人员比例和股权制衡可正向促进企业模仿行业内投入强度最高企业的 R&D 投入水平的意愿（RDE_ID3），而其余七个控制变量则与基于行业内 R&D 投入强度最高企业的模仿行为（RDE_ID3）无任何显著的相关性。

最后，以 RDE_ID4 为因变量，以 CDI 为主要解释变量，考虑上述设计的 12 个控制变量构建基于最小二乘法（OLS）的多元回归模型（7 –4）。

$$RDE\_ID4_{it} = \alpha + \beta_1 FIRMAGE_{it} + \beta_2 MIDDLE_{it} + \beta_3 WEST_{it} + \beta_4 ECD_{it} + \beta_5 EPS_{it} + \beta_6 RSS_{it} + \beta_7 RTP_{it} + \beta_8 RDEBT_{it} + \beta_9 LNBS_{it} + \beta_{10} SSB_{it} + \beta_{11} OBD_{it} + \beta_{12} RID_{it} + \beta_{13} CDI_{it} + \varepsilon_{it} \quad (7-4)$$

以模型（7-4）拟合样本数据，结果见表 7-6。结果表明，RDE_ID4 与 CDI 的相关系数显著为正（B=0.056，T=3.239），亦即 CEO 自主权能够正向促进 CEO 选择基于行业内高绩效企业的 R&D 投入模仿策略。换句话说，CEO 的自主权越大，CEO 选择以行业内上期（前一阶段）绩效结果最好的企业为模仿对象的概率越高。这与假设 H7-3 的预期一致。

表 7-6　　模型（7-4）回归结果系数[a]

模型		非标准化系数		标准系数	t	Sig.
		B	标准误差	β		
模型（7-4）	（常量）	0.036	0.075		0.477	0.633
	成立时间	0.001	0.001	0.015	0.890	0.374
	中部地区	0.010	0.009	0.019	1.123	0.262
	西部地区	-0.058	0.010	-0.104	-6.064	0.000
	股权集中度	-0.032	0.034	-0.021	-0.942	0.346
	每股收益	0.011	0.009	0.020	1.109	0.267
	国有股比例	-0.111	0.033	-0.054	-3.407	0.001
	技术人员比率	-0.087	0.032	-0.044	-2.756	0.006
	资产负债率	0.007	0.023	0.006	0.293	0.769
	营业收入	0.030	0.004	0.166	8.305	0.000
	监事会规模	0.001	0.002	0.009	0.546	0.585
	股权制衡	0.004	0.009	0.008	0.399	0.690
	独立董事比率	-0.014	0.040	-0.006	-0.351	0.726
	CEO 自主权指数	0.056	0.017	0.058	3.239	0.001
	R	0.226	R^2	0.051	Adjusted R^2	0.048
	F	15.564	Model Sig.	0.000	N	3 822

注：a. 因变量：基于高业绩的 R&D 投入模仿程度。

此外，模型（7-4）的回归结果指出，西部地区、国有股比例和技术人员比例能够抑制企业模仿行业内业绩最高企业的 R&D 投入策略的冲动（RDE_ID4），营业收入可正向促进企业模仿行业内业绩最高企业的 R&D 投入水平的意愿（RDE_ID4），而其余八个控制变量则与基于行业内最高业绩企业的 R&D 投入模仿行为（RDE_ID4）未呈现显著相关性。

7.4.2 稳健性检验

为检验以上实证结果的可靠性，本研究拟采用逻辑回归的实证数据处理方法，进行稳健性检验。具体步骤和结果如下。

首先，以logit（RDE_ID1V）为因变量，以CDI为主要协变量，同时考虑上述设计的12个控制（协）变量构建逻辑回归模型（7－5）。

$$\begin{aligned} logit(RDE\_ID1V_{it}) = & \alpha + \beta_1 FIRMAGE_{it} + \beta_2 MIDDLE_{it} + \beta_3 WEST_{it} + \beta_4 ECD_{it} \\ & + \beta_5 EPS_{it} + \beta_6 RSS_{it} + \beta_7 RTP_{it} + \beta_8 RDEBT_{it} + \beta_9 LNBS_{it} \\ & + \beta_{10} SSB_{it} + \beta_{11} OBD_{it} + \beta_{12} RID_{it} + \beta_{13} CDI_{it} + \varepsilon_{it} \end{aligned} \quad (7-5)$$

以模型（7－5）拟合样本数据，结果见表7－7。模型（7－5）拟合结果显示，模型（7－5）卡方为253.684，Nagelkerke R^2 为0.090，模型（7－5）显著度可接受。CEO自主权的回归系数显著为正（B＝0.924，Sig.＝0.000）。该结果再次验证了假设H7－1成立。

表7－7　　模型（7－5）逻辑回归结果概要

		B	S. E.	Wals	df	Sig.	Exp（B）
步骤1[a]	成立时间	－0.040	0.009	21.828	1	0.000	0.960
	中部地区	－0.062	0.086	0.525	1	0.469	0.940
	西部地区	－1.044	0.114	84.447	1	0.000	0.352
	股权集中度	－0.943	0.355	7.035	1	0.008	0.389
	每股收益	0.041	0.097	0.181	1	0.671	1.042
	国有股比例	0.610	0.324	3.550	1	0.060	1.841
	技术人员比率	0.433	0.310	1.949	1	0.163	1.542
	资产负债率	－0.323	0.237	1.859	1	0.173	0.724
	营业收入	0.031	0.038	0.677	1	0.410	1.032
	监事会规模	－0.017	0.017	0.947	1	0.330	0.983
	股权制衡	0.097	0.088	1.201	1	0.273	1.101
	独立董事比率	－1.134	0.410	7.638	1	0.006	0.322
	CEO自主权指数	0.924	0.174	28.354	1	0.000	2.520
	常量	－0.151	0.768	0.038	1	0.844	0.860
	模型卡方	253.684	Df	13	Cox & Snell R^2		0.065
	Nagelkerke R^2	0.090	－2对数似然值	4 585.670	N		3 822

注：a. 在步骤1中强制进入所有协变量。

其次，以 logit（RDE_ID2V）为因变量，以 CDI 为主要协变量，同时考虑上述设计的 12 个控制（协）变量构建逻辑回归模型（7－6）。

$$\begin{aligned} logit(RDE\_ID2V_{it}) = &\alpha + \beta_1 FIRMAGE_{it} + \beta_2 MIDDLE_{it} + \beta_3 WEST_{it} + \beta_4 ECD_{it} \\ &+ \beta_5 EPS_{it} + \beta_6 RSS_{it} + \beta_7 RTP_{it} + \beta_8 RDEBT_{it} + \beta_9 LNBS_{it} \\ &+ \beta_{10} SSB_{it} + \beta_{11} OBD_{it} + \beta_{12} RID_{it} + \beta_{13} CDI_{it} + \varepsilon_{it} \end{aligned} \quad (7-6)$$

以模型（7－6）拟合样本数据，结果见表 7－8。模型（7－6）拟合结果显示，模型（7－6）卡方为 124.399，Nagelkerke R^2 为 0.043，模型显著度可接受。CEO 自主权的回归系数显著为负（B = －0.400，Sig. = 0.014）。该结果再次表明，假设 H7－2 中关于 CEO 自主权与基于规模特征的模仿程度的关系并不成立。

表 7－8　　模型（7－6）逻辑回归结果概要

		B	S. E.	Wals	df	Sig.	Exp（B）
步骤 1[a]	成立时间	－0.001	0.007	0.031	1	0.860	0.999
	中部地区	－0.215	0.082	6.796	1	0.009	0.807
	西部地区	－0.467	0.091	26.584	1	0.000	0.627
	股权集中度	－0.564	0.319	3.121	1	0.077	0.569
	每股收益	－0.089	0.089	1.011	1	0.315	0.915
	国有股比例	0.301	0.305	0.971	1	0.324	1.351
	技术人员比率	－0.167	0.296	0.317	1	0.573	0.846
	资产负债率	0.229	0.219	1.095	1	0.295	1.257
	营业收入	0.246	0.035	50.254	1	0.000	1.279
	监事会规模	0.007	0.016	0.190	1	0.663	1.007
	股权制衡	－0.098	0.083	1.407	1	0.235	0.907
	独立董事比率	－0.285	0.375	0.576	1	0.448	0.752
	CEO 自主权指数	－0.400	0.163	6.043	1	0.014	0.671
	常量	－4.759	0.708	45.177	1	0.000	0.009
	模型卡方	124.399	Df	13	Cox & Snell R^2		0.032
	Nagelkerke R^2	0.043	－2 对数似然值	5 143.453	N		3 822

注：a. 在步骤 1 中强制进入所有协变量。

再次，以 logit（RDE_ID3V）为因变量，以 CDI 为主要协变量，同时考虑上述设计的 12 个控制（协）变量构建逻辑回归模型（7－7）。

$$\begin{aligned} \text{logit}(\text{RDE\_ID3V}_{it}) = {} & \alpha + \beta_1 \text{FIRMAGE}_{it} + \beta_2 \text{MIDDLE}_{it} + \beta_3 \text{WEST}_{it} + \beta_4 \text{ECD}_{it} \\ & + \beta_5 \text{EPS}_{it} + \beta_6 \text{RSS}_{it} + \beta_7 \text{RTP}_{it} + \beta_8 \text{RDEBT}_{it} + \beta_9 \text{LNBS}_{it} \\ & + \beta_{10} \text{SSB}_{it} + \beta_{11} \text{OBD}_{it} + \beta_{12} \text{RID}_{it} + \beta_{13} \text{CDI}_{it} + \varepsilon_{it} \quad (7-7) \end{aligned}$$

以模型（7－7）拟合样本数据，结果见表 7－9。表 7－9 示，模型（7－7）回归结果的卡方为 433.706，Nagelkerke R^2 为 0.146，模型显著度可接受。CEO 自主权的回归系数显著为正（B＝0.652，Sig.＝0.014）。该结果再次验证假设 H7－2 中关于 CEO 自主权与基于最高投入特征的 R&D 投入的模仿行为的关系成立。

表 7－9　　　　模型（7－7）逻辑回归结果概要

		B	S. E.	Wals	df	Sig.	Exp（B）
步骤 1[a]	成立时间	－0.043	0.008	27.634	1	0.000	0.958
	中部地区	－0.021	0.087	0.059	1	0.808	0.979
	西部地区	－0.419	0.098	18.198	1	0.000	0.658
	股权集中度	－0.767	0.349	4.821	1	0.028	0.464
	每股收益	0.195	0.097	4.015	1	0.045	1.215
	国有股比例	0.329	0.323	1.039	1	0.308	1.390
	技术人员比率	2.710	0.316	73.668	1	0.000	15.025
	资产负债率	－0.789	0.230	11.791	1	0.001	0.454
	营业收入	－0.328	0.038	72.836	1	0.000	0.721
	监事会规模	－0.007	0.017	0.182	1	0.670	0.993
	股权制衡	0.088	0.088	0.997	1	0.318	1.092
	独立董事比率	0.186	0.399	0.216	1	0.642	1.204
	CEO 自主权指数	0.652	0.171	14.548	1	0.000	1.918
	常量	7.252	0.792	83.916	1	0.000	1 411.103
	模型卡方	433.706	Df	13	Cox & Snell R^2		0.108
	Nagelkerke R^2	0.146	－2 对数似然值	4 701.527	N		3 822

注：a. 在步骤 1 中强制进入所有协变量。

最后，以 logit（RDE_ID4V）为因变量，以 CDI 为主要协变量，同时考虑上述设计的 12 个控制（协）变量构建逻辑回归模型（7-8）。

$$\begin{aligned}\text{logit}(RDE\_ID4V_{it}) = \alpha &+ \beta_1 FIRMAGE_{it} + \beta_2 MIDDLE_{it} + \beta_3 WEST_{it} + \beta_4 ECD_{it} \\ &+ \beta_5 EPS_{it} + \beta_6 RSS_{it} + \beta_7 RTP_{it} + \beta_8 RDEBT_{it} + \beta_9 LNBS_{it} \\ &+ \beta_{10} SSB_{it} + \beta_{11} OBD_{it} + \beta_{12} RID_{it} + \beta_{13} CDI_{it} + \varepsilon_{it} \quad (7-8)\end{aligned}$$

以模型（7-8）拟合样本数据，结果见表 7-10。模型（7-8）拟合结果表明，模型卡方为 73.689，Nagelkerke R^2 为 0.026，模型显著度可接受。CEO 自主权的回归系数显著为正（B = 0.448，Sig. = 0.006）。该结果再次验证假设 H7-3 成立，即 CEO 自主权越高，企业越倾向于模仿行业内绩效最高企业的 R&D 投入策略。

表 7-10　　模型（7-8）逻辑回归结果概要

		B	S. E.	Wals	df	Sig.	Exp（B）
步骤 1[a]	成立时间	0.001	0.007	0.041	1	0.840	1.001
	中部地区	-0.006	0.083	0.004	1	0.947	0.994
	西部地区	-0.517	0.089	33.406	1	0.000	0.596
	股权集中度	0.234	0.319	0.537	1	0.463	1.264
	每股收益	0.201	0.090	4.975	1	0.026	1.222
	国有股比例	-0.638	0.304	4.396	1	0.036	0.528
	技术人员比率	-0.626	0.296	4.476	1	0.034	0.535
	资产负债率	0.187	0.219	0.724	1	0.395	1.205
	营业收入	0.016	0.034	0.230	1	0.632	1.017
	监事会规模	0.030	0.016	3.529	1	0.060	1.030
	股权制衡	0.137	0.083	2.709	1	0.100	1.147
	独立董事比率	-0.246	0.376	0.429	1	0.512	0.782
	CEO 自主权指数	0.448	0.164	7.492	1	0.006	1.564
	常量	-0.440	0.702	0.392	1	0.531	0.644
	模型卡方	73.689	Df	13	Cox & Snell R^2		0.019
	Nagelkerke R^2	0.026	-2 对数似然值	5 118.373	N		3 822

注：a. 在步骤 1 中强制进入所有协变量。

7.5 结果讨论与进一步研究

7.5.1 实证结果讨论

理论分析与实证数据表明，CEO 自主权确实对不同的 R&D 投入模仿行为有显著的影响，体现出 CEO 对各种不同的 R&D 投入模仿策略具有差异化的偏好。具体结果如下：CEO 自主权与基于行业平均投入水平的 R&D 投入模仿行为正相关，与基于行业内最大规模企业投入水平的 R&D 投入模仿行为负相关，与基于行业内最高投入水平的 R&D 投入模仿行为正相关，与基于行业内高业绩企业投入水平的 R&D 投入模仿行为正相关。其中，CEO 自主权对基于行业平均投入水平的 R&D 投入模仿行为的正向促进效应最强，对基于行业内高业绩企业投入水平的 R&D 投入模仿行为和基于行业内最高投入水平的 R&D 投入模仿行为的正向促进效应基本相当，而对基于行业内最大规模企业投入水平的 R&D 投入模仿行为的负向抑制效应最弱。

之所以 CEO 在 R&D 投入决策上，倾向于更多模仿行业内平均水平，源于新制度理论的核心观点，即企业希望通过基于频率的模仿行为，获得行为的合法性。基于行业内平均水平的模仿行为，做出相关决策，更安全、风险更低，理论上的合理性更高。CEO 自主权越大，越有能力和动机更大程度上模仿行业中主流的 R&D 投入行为，而这种从众行为导致整个行业 R&D 投入水平的集中化、趋同化。在 CEO 完全自主地设计 R&D 投入策略，或者采用其他类型模仿行为的情况下，如果 CEO 的 R&D 投入决策，未能为企业带来预期的竞争优势，势必降低企业股东或者董事会对 CEO 的能力评价，继而影响其职位安全；反之，如果 CEO 采用基于频率的 R&D 投入模仿行为，一方面，有较大概率为企业创造更高价值；另一方面，即使 R&D 投入回报不佳，亦可以归结为行业原因，并不会影响 CEO 的职业安全。

CEO 自主权与基于行业内最大规模企业投入水平的 R&D 投入模仿行为负相关，该结果与理论预期不同。推敲起来，之所以 CEO 不愿意选择行业内最大规模企业，作为 R&D 投入的模仿标杆，潜在的原因可能有两种：一是，国内大规模企业的 R&D 投入强度因为其地位的稳固性和长期的创新惰性普遍较低，而其他企业如果按照其 R&D 投入强度进行创新投入，则可能在规模上甚至达不到有效创新投入的最低门槛值，永远不可能实现弯道超车，甚至可能会失去生存的资格；二是，大规模企业的 R&D 投入决策，普遍建立在企业内部冗余资源较丰富的前提下，对 R&D 投入决策具有相对较大的资源自由度，因此其他企业对此决策受到自身资源的限制，很难有条件进行模仿。

CEO 自主权与基于行业内高业绩企业投入水平的 R&D 投入模仿行为呈现微弱正相关性，表明 CEO 对通过模仿业绩领先企业的 R&D 投入决策，以谋求更好的公司绩效是抱有一定的期望的，但是该期望值并不高。该结论与资源基础观的预期在性质上吻合，但是在数量级上有较大偏差。可能的原因在于两个方面：一方面，业内绩效领先企业的 CEO 也无从判别自身的 R&D 投入决策对企业绩效的贡献，两者之间的因果不确定性较高。因此，其他企业模仿其 R&D 投入决策的动机可能受到削弱；另一方面，由于 R&D 投入回报的高风险性，CEO 在进行 R&D 投入决策时，除了看到实施某种特定 R&D 投入策略的企业获得优秀业绩之外，更可能看到更多的实施同样 R&D 投入策略的企业遭受挫折与失败，而且越是自主权较高的 CEO 对此类信息的掌握更加全面。此时，对比权衡之后，高自主权 CEO 对模仿业绩领先企业的 R&D 投入策略持有微弱但正向的态度是可以理解的。

CEO 自主权与基于行业内最高投入水平的 R&D 投入模仿行为呈现微弱正相关性，表明 CEO 对通过模仿业内投入水平领先的企业进行 R&D 投入决策是持有一定的正面预期的。该结论与组织学习理论的预期在性质上吻合，但是在数量级上有较大偏差。可能的原因在于，一方面，高 R&D 投入水平的企业在行业内的业绩表现未必让其他企业信服；另一方面，高 R&D 投入水平的企业所拥有的资源，在很大程度上是其他企业所不能企及的。此外，客观上 R&D 投入的高风险性与主观上“木秀于林，风必摧之”的传统处事理念，相互作用，共同影响了 CEO 以业内最高 R&D 投入水平企业为模仿对象的积极性。

可见，虽然前面的研究从多个角度证实了 CEO 对企业 R&D 投入在整体上的正向态度，深入论证了 CEO 自主权与企业 R&D 投入强度正相关的合理性，但是本研究的发现表明，CEO 对企业 R&D 投入的态度，从根本上而言仍处于“保守为主、适度调增”的阶段。其基本表现是，在不偏离行业平均R&D 投入水平过高的前提下，倾向于选择业内先进企业对 R&D 投入进行适度调增，而且 CEO 自主权越高，该倾向越明显。

7.5.2 进一步研究：独立董事对 CEO 自主权与企业 R&D 投入行业模仿行为的关系的调节效应

既然前文研究探讨并证实了独立董事对 CEO 自主权与企业 R&D 投入关系的调节效应，本研究也顺理成章地尝试检验独立董事对 CEO 自主权与企业 R&D 投入行业模仿行为的关系是否具有调节效应。

首先，在模型（7－1）的基础上，加入 CEO 自主权与独立董事比例的交互项（RID×CDI)，构建模型（$7-1^{+}$）。以模型（$7-1^{+}$）拟合样本数据，结果见表 7－11。

$$\begin{aligned} RDE\_ID1_{it} = {} & \alpha + \beta_1 FIRMAGE_{it} + \beta_2 MIDDLE_{it} + \beta_3 WEST_{it} + \beta_4 ECD_{it} + \beta_5 EPS_{it} \\ & + \beta_6 RSS_{it} + \beta_7 RTP_{it} + \beta_8 RDEBT_{it} + \beta_9 LNBS_{it} + \beta_{10} SSB_{it} \\ & + \beta_{11} OBD_{it} + \beta_{12} RID_{it} + \beta_{13} CDI_{it} + \beta_{14} RID_{it} \times CDI_{it} + \varepsilon_{it} \end{aligned} \quad (7-1^{+})$$

表 7－11　　模型（$7-1^{+}$）回归结果系数[a]

模型		非标准化系数		标准系数	t	Sig.
		B	标准误差	β		
模型（7－1）+	（常量）	0.102	0.116		0.880	0.379
	成立时间	－0.006	0.001	－0.086	－5.264	0.000
	中部地区	0.013	0.013	0.017	1.022	0.307
	西部地区	－0.147	0.014	－0.175	－10.380	0.000
	股权集中度	－0.079	0.050	－0.034	－1.581	0.114
	每股收益	－0.008	0.014	－0.010	－0.565	0.572
	国有股比例	0.087	0.048	0.028	1.807	0.071
	技术人员比率	0.063	0.047	0.021	1.349	0.178
	资产负债率	－0.082	0.034	－0.045	－2.379	0.017
	营业收入	0.013	0.005	0.046	2.328	0.020
	监事会规模	－0.001	0.002	－0.009	－0.523	0.601
	股权制衡	0.020	0.013	0.031	1.528	0.127

续表

模型		非标准化系数		标准系数	t	Sig.
		B	标准误差	β		
模型（7-1⁺）	独立董事比率	0.321	0.125	0.087	2.573	0.010
	CEO 自主权指数	0.537	0.094	0.371	5.739	0.000
	CEO 自主权指数×独立董事比率	-1.005	0.252	-0.298	-3.995	0.000
	R	0.282	R^2	0.079	Adjusted R^2	0.076
	F	23.321	Model Sig.	0.000	N	3 822

注：a. 因变量：基于行业平均水平的 R&D 投入模仿程度（基于频率的模仿）。

表 7-11 结果显示，RID × CDI 的回归系数为 -1.005（T = -3.995，P = 0.000）。该结果意味着，独立董事比率能够正向促进 CEO 自主权与基于行业平均水平的 R&D 投入模仿程度的正相关性。换句话说，在独立董事比率较高的公司中，CEO 选择以行业平均 R&D 投入水平为模仿标杆的概率更高。独立董事比率越高，CEO 越倾向于将自己的 R&D 投入决策显得更加主流化和中庸化，让自己的决策更加具有表面的合法性，避免与独立董事在该事宜上产生过大的矛盾。

其次，在模型（7-2）的基础上，加入 CEO 自主权与独立董事比例的交互项（RID × CDI），构建模型（7-2⁺）。以模型（7-2⁺）拟合样本数据，结果见表 7-12。

$$
\begin{aligned}
RDE\_ID2_{it} = {} & \alpha + \beta_1 FIRMAGE_{it} + \beta_2 MIDDLE_{it} + \beta_3 WEST_{it} + \beta_4 ECD_{it} + \beta_5 EPS_{it} \\
& + \beta_6 RSS_{it} + \beta_7 RTP_{it} + \beta_8 RDEBT_{it} + \beta_9 LNBS_{it} + \beta_{10} SSB_{it} \\
& + \beta_{11} OBD_{it} + \beta_{12} RID_{it} + \beta_{13} CDI_{it} + \beta_{14} RID_{it} \times CDI_{it} + \varepsilon_{it} \quad (7-2^{+})
\end{aligned}
$$

表 7-12　模型（7-2⁺）回归结果系数[a]

模型		非标准化系数		标准系数	t	Sig.
		B	标准误差	β		
模型（7-2⁺）	（常量）	-0.573	0.118		-4.854	0.000
	成立时间	0.002	0.001	0.028	1.708	0.088
	中部地区	-0.027	0.013	-0.034	-2.013	0.044

续表

模型		非标准化系数		标准系数	t	Sig.
		B	标准误差	β		
模型（7－2⁺）	西部地区	-0.038	0.014	-0.045	-2.644	0.008
	股权集中度	-0.073	0.051	-0.031	-1.435	0.151
	每股收益	-0.024	0.014	-0.031	-1.706	0.088
	国有股比例	0.078	0.049	0.025	1.594	0.111
	技术人员比率	-0.058	0.048	-0.020	-1.230	0.219
	资产负债率	0.050	0.035	0.027	1.421	0.156
	营业收入	0.053	0.005	0.195	9.739	0.000
	监事会规模	-0.002	0.003	-0.014	-0.813	0.416
	股权制衡	-0.034	0.013	-0.052	-2.538	0.011
	独立董事比率	-0.129	0.127	-0.035	-1.019	0.308
	CEO 自主权指数	-0.041	0.095	-0.028	-0.428	0.669
	CEO 自主权指数×独立董事比率	-0.027	0.256	-0.008	-0.105	0.916
	R	0.229	R^2	0.052	Adjusted R^2	0.049
	F	14.927	Model Sig.	0.000	N	3 822

注：a. 因变量：基于行业最大规模企业的 R&D 投入模仿程度（基于特征的模仿）。

表 7－12 结果显示 RID×CDI 的回归系数为－0.017（T＝－0.105，P＝0.916）。该结果意味着独立董事比率并不能对 CEO 自主权与基于行业平均水平的 R&D 投入模仿程度的关系产生任何调节效应。换句话说，独立董事本身对基于规模特征的 R&D 投入模仿策略并没有明显偏好，也没有动机通过各种直接或间接的方式，影响 CEO 对基于规模特征的 R&D 投入模仿策略的态度。

再次，在模型（7－3）的基础上，加入 CEO 自主权与独立董事比例的交互项（RID×CDI），构建模型（7－3⁺）。以模型（7－3⁺）拟合样本数据，结果见表 7－13。

$$
\begin{aligned}
RDE\_ID3_{it} = \alpha &+ \beta_1 FIRMAGE_{it} + \beta_2 MIDDLE_{it} + \beta_3 WEST_{it} + \beta_4 ECD_{it} + \beta_5 EPS_{it} \\
&+ \beta_6 RSS_{it} + \beta_7 RTP_{it} + \beta_8 RDEBT_{it} + \beta_9 LNBS_{it} + \beta_{10} SSB_{it} \\
&+ \beta_{11} OBD_{it} + \beta_{12} RID_{it} + \beta_{13} CDI_{it} + \beta_{14} RID_{it} \times CDI_{it} + \varepsilon_{it} \quad (7-3^{+})
\end{aligned}
$$

表 7-13　　模型（$7-3^+$）回归结果系数[a]

模型		非标准化系数		标准系数	t	Sig.
		B	标准误差	β		
模型（$7-3^+$）	（常量）	1.510	0.087		17.261	0.000
	成立时间	-0.004	0.001	-0.086	-5.429	0.000
	中部地区	0.011	0.010	0.019	1.154	0.249
	西部地区	-0.010	0.011	-0.016	-0.962	0.336
	股权集中度	0.051	0.038	0.028	1.351	0.177
	每股收益	-0.001	0.011	-0.002	-0.129	0.898
	国有股比例	0.051	0.036	0.021	1.410	0.159
	技术人员比率	0.396	0.035	0.172	11.263	0.000
	资产负债率	-0.094	0.026	-0.065	-3.607	0.000
	营业收入	-0.053	0.004	-0.250	-13.144	0.000
	监事会规模	0.001	0.002	0.012	0.783	0.434
	股权制衡	0.021	0.010	0.042	2.192	0.028
	独立董事比率	-0.318	0.094	-0.111	-3.388	0.001
	CEO 自主权指数	-0.203	0.071	-0.180	-2.882	0.004
	CEO 自主权指数×独立董事比率	0.746	0.190	0.283	3.934	0.000
	R	0.379	R^2	0.144	Adjusted R^2	0.141
	F	45.485	Model Sig.	0.000	N	3 822

注：a. 因变量：基于行业最高投入企业的 R&D 投入模仿程度（基于特征的模仿）。

表 7-13 结果显示 RID×CDI 的回归系数为 0.746（T=3.934，P=0.000）。该结果意味着独立董事比率能对 CEO 自主权与基于行业最高投入企业的 R&D 投入模仿程度的关系产生显著正向调节效应。换句话说，独立董事比率越高，越倾向于通过正式沟通、参与决策、决策评价、非正式交流等各种意见表达机制，诱导 CEO 更多以行业内 R&D 投入的标杆企业作为模仿对象。从这个意义上，独立董事对提升整个行业的 R&D 投入水平具有显著作用。

最后，在模型（7-4）的基础上，加入 CEO 自主权与独立董事比例的交互项（RID×CDI），构建模型（$7-4^+$）。以模型（$7-4^+$）拟合样本数据，结果见表 7-14。

$$
\begin{aligned}
RDE\_ID4_{it} = {} & \alpha + \beta_1 FIRMAGE_{it} + \beta_2 MIDDLE_{it} + \beta_3 WEST_{it} + \beta_4 ECD_{it} + \beta_5 EPS_{it} \\
& + \beta_6 RSS_{it} + \beta_7 RTP_{it} + \beta_8 RDEBT_{it} + \beta_9 LNBS_{it} + \beta_{10} SSB_{it} \\
& + \beta_{11} OBD_{it} + \beta_{12} RID_{it} + \beta_{13} CDI_{it} + \beta_{14} RID_{it} \times CDI_{it} + \varepsilon_{it} \quad (7-4^+)
\end{aligned}
$$

表 7-14　　　　模型（7-4⁺）回归结果系数[a]

模型		非标准化系数		标准系数	t	Sig.
		B	标准误差	β		
模型（7-4⁺）	（常量）	-0.050	0.079		-0.630	0.529
	成立时间	0.001	0.001	0.015	0.890	0.374
	中部地区	0.009	0.009	0.018	1.066	0.287
	西部地区	-0.060	0.010	-0.107	-6.256	0.000
	股权集中度	-0.033	0.034	-0.021	-0.979	0.328
	每股收益	0.010	0.009	0.019	1.037	0.300
	国有股比例	-0.109	0.033	-0.053	-3.352	0.001
	技术人员比率	-0.086	0.032	-0.044	-2.710	0.007
	资产负债率	0.006	0.023	0.005	0.239	0.811
	营业收入	0.030	0.004	0.165	8.265	0.000
	监事会规模	0.001	0.002	0.011	0.674	0.500
	股权制衡	0.003	0.009	0.008	0.397	0.692
	独立董事比率	0.241	0.085	0.098	2.855	0.004
	CEO 自主权指数	0.266	0.063	0.274	4.186	0.000
	CEO 自主权指数×独立董事比率	-0.585	0.170	-0.259	-3.430	0.001
	R	0.232	R^2	0.054	Adjusted R^2	0.050
	F	15.418	Model Sig.	0.000	N	3 822

注：a. 因变量：基于行业最高业绩企业的 R&D 投入模仿程度（基于结果的模仿）。

表 7-14 结果显示 RID×CDI 的回归系数为 -0.585（T = -3.430，P = 0.001）。该结果意味着独立董事比率能对 CEO 自主权与基于行业最高业绩企业的 R&D 投入模仿程度的关系产生显著负向调节效应。这表明独立董事并不鼓励 CEO 选择行业内业绩最好的企业作为 R&D 投入的模仿对象。可能的原因在于，独立董事多具有专业自信，有其在 R&D 投入决策方面的专业判断，认为行业内高绩效企业的优势来源未必是其 R&D 投入决策，更有可能是在其

他方面有更高质量的决策。

进一步研究的结果表明，独立董事对 CEO 自主权与不同类型的 R&D 投入行业模仿行为之间的关系有不同程度和不同性质的影响。具体而言，独立董事比率正向调节 CEO 自主权与基于行业平均水平的 R&D 投入模仿行为的关系，正向促进 CEO 自主权与基于最高投入企业的 R&D 投入模仿行为的关系，负向调节 CEO 自主权与基于行业最高业绩企业的 R&D 投入模仿程度关系，但对 CEO 自主权与基于行业最大规模企业的 R&D 投入模仿程度的关系无显著影响。

7.6 结论与展望

本研究以 2010～2015 年深、沪两市中国制造业 3822 条 A 股上市公司为样本，探讨了 CEO 自主权与企业 R&D 投入的行业模仿行为的关系，并进一步考察了独立董事比率对二者关系的调节效应。理论分析与实证数据表明，CEO 自主权与基于行业平均水平的 R&D 投入模仿行为显著正相关，而且独立董事比率能够正向促进这一关系；CEO 自主权与基于行业最大规模企业的 R&D 投入模仿行为显著负相关，而且独立董事比率对该关系并无显著影响；CEO 自主权与基于行业最高投入企业的 R&D 投入模仿行为显著正相关，而且独立董事比率能够负向调节这一关系；CEO 自主权与基于行业最高业绩企业的 R&D 投入模仿行为显著正相关，而且独立董事比率能够正向强化该关系。

以上结果表明，CEO 在其自主决策空间内，在 R&D 投入决策上有模仿其他企业的动机和行为。其中，基于行业平均投入水平的模仿是 CEO 的主导模仿意愿，表明 CEO 群体在 R&D 投入决策事宜上以稳妥、合法为主要决策标准的谨慎心理占据主导地位；CEO 也表现出对行业最高投入水平和行业业绩最高企业进行 R&D 投入模仿的倾向，表现出 CEO 群体在一定程度上有追求更高创新水平与更高公司业绩的积极性，在 R&D 投入的认知上开始呈现出微弱但是显著的积极变化；CEO 主观上不愿意对行业规模最大企业进行 R&D 投入模仿。可见，资源基础观、新制度理论和组织学习理论，对于预测 CEO 的 R&D 投入决策心理，解释中国上市公司 R&D 投入决策中的行业模仿现象均具有不同程度的适用性，其中新制度理论的解释力最强，其次是资源基础观，而组织学习理论的适用性相对最弱。本章将已有的 CEO 自主权与企业 R&D 投入关系研究，借用组织学习理论、资源基础观和新制度理论的视角，向 CEO 自主权与企业 R&D 投入行业模仿行为的关系研究进行拓展，丰富了理论界对 R&D 投入决策过程中 CEO 认知过程、制度化和资源优势积累过程的认识，同时也通过剖析 R&D 投入的行业模仿行为，从更加微观的层面，为行业创新投入的制度化过程中的趋同现象提供了新的证据。

未来研究在以下几个方面需要进一步拓展：①企业 R&D 模仿行为的绩效后果，需要进一步厘清；②CEO 自主权与独立董事之外的其他公司治理机制之间的交互作用需要进一步得到关注；③企业 R&D 投入模仿行为的度量指标设计需要更加多元化和深化，其度量的有效性有待进一步提升；④实证模型中对于变量间可能存在的内生性问题，以及因变量与自变量之间作用的时滞性问题应在未来研究中给予充分关注。

本章参考文献

[1] 王怀业，毕茜．管理层特征与环境信息披露行业模仿行为研究 [J]. 重庆科技学院学报（社会学版），2016（2）：50－55.

[2] Salomon R. and Wu Z. Y. Institutional distance and local isomorphism strategy [J]. Journal of International Business Studies，2012，43（4）：343－367.

[3] 王疆，陈俊甫．国际投资决策中的组织间模仿行为研究述评 [J]. 外国经济与管理，2013（3）：37－46.

[4] 吴晓云，李辉．跨国公司国际化模仿行为的影响因素研究 [J]. 软科学，2013，27（2）：86－89.

[5] 张群祥，潘奇．企业社会责任模仿行为研究——基于上市公司捐赠的面板证据 [J]. 宏观质量研究，2016，4（3）：43－54.

[6] Haunschild P. R. , Miner A. S. Modes of Interorganizational Imitation: The Effects of Outcome Salience and Uncertainty [J]. Administrative Science Quarterly, 1997, 42 (3): 472 - 500.

[7] Miller, N. E. , Dollard, J. Social Learning and Imitation [M]. New Haven, Conn. : Yale University Press, 1941.

[8] 支晓强，孙健，王永妍，王柏平．高管权力、行业竞争对股权激励方案模仿行为的影响 [J]．中国软科学，2014 (4)：111 - 125.

[9] Haveman H. A. Follow the Leader: Mimetic Isomorphism and Entry into New Markets [J]. Administrative Science Quarterly, 1993, 38 (4): 593 - 627.

[10] Lu J W. Intra-and Inter-organizational Imitative Behavior: Institutional Influences on Japanese Firm's Entry Mode Choice [J]. Journal of International Business Studies, 2002, 33 (1): 19 - 37.

[11] Feinberg S. E. , Gupta A. K. Knowledge Spillovers and the Assessment of R&D Responsibilities to Foreign Subsidiaries [J]. Strategy Management Journal, 2004, 25 (8/9): 823 - 845.

[12] Aerts, W. , Cormier, D. , and Magnan, M. Intra-industry Imitation in Corporate Environmental Reporting: An International Perspective [J]. Journal of Accounting & Public Policy, 2006, 25 (3): 299 - 331.

[13] 沈洪涛，苏亮德．企业信息披露中的模仿行为研究——基于制度理论的分析 [J]．南开管理评论，2012，15 (3)：82 - 90.

[14] Han, Shin - Kap. Mimetic Isomorphism and Its Effect on the Audit Services Market. Social Forces, 1994, 73 (2): 637 - 63.

[15] Henisz W. J. , Delios A. Uncertainty, Imitation and Plant Location: Japanese Multinational Corporations 1990 - 1996 [J]. Administrative Science Quarterly, 2001, 46 (3): 443 - 475.

[16] King A W, Zeithaml C. Competencies and Firm Performance: Examining the Causal Ambiguity Paradox [J]. Strategic Management Journal, 2001, 22: 75 - 99.

[17] Baden - Fuller C. To Conform or to Perform? Mimetic Behavior, Legitimacy-based Groups and Performance Consequences [J]. Journal of Management

Studies, 2006, 43 (7): 1559 - 1581.

[18] Carroll A. B. and A. K. Buchholtz. Business and society: Ethics and stakeholder management [M]. Cincinnati: South-western College Publishing, 2003.

[19] Campbell L. et al. Social consciousness [J]. Journal of Business Ethics, 1999, 19 (4): 375 - 383.

[20] Dimaggio P. J., Powell W. W. The Iron Cage Revisited-Institutional Isomorphism and Collective Rationality in Organizational Fields [J]. American Sociological Review, 1983, 48 (2): 147 - 160.

[21] Moore, W., J. Newman and J. Cunningham. The effect of the extent of unionism on union and nonunion wages [J]. Journal of Labor Research, 1985, 6 (1): 21 - 44.

[22] Farber, S. Nonunion wage rates and the threat of unionization [J]. Industrial and Labor Relations Review, 2005, 58 (3): 335 - 352.

[23] 谢露露, 张军, 刘晓峰. 中国工业行业的工资集聚与互动: 观察和解释 [J]. 世界经济, 2011 (7): 3 - 26.

[24] 谢露露. 中国制造业的工资模仿行为——基于领导者—追随者模型的理论和实证研究 [J]. 世界经济文汇, 2015, 5: 46 - 57.

[25] Mary Douglas. How Institutions Think? [M]. Syracuse University Press, 1987.

[26] Amos H. Hawley. Human Ecology: A Theoretical Essay [M]. University of Chicago Press, 1986.

[27] Cyert, Richard M., James G. March. A Behavioral Theory of the Firm [M]. Englewood Cliffs, NJ: Prentice - Hall, 1963.

[28] Barney J. B. Firms Resources and Sustained Competitive Advantage [J]. Journal of Management, 1991, 17: 99 - 120.

[29] Magnusson P. David J. B. International Experience and CEO Selection: An Empirical Study [J]. Journal of International Management, 2006, 12 (1): 107 - 126.

[30] Frynas J. G., Mellahi K., Pigman A. First-mover Advantages in Inter-

national Business and Firm-specific Political Resources [J]. Strategic Management Journal, 2006, 27: 321 - 345.

[31] Bandura A. Social Learning Theory [M]. Englewood Cliffs, NJ: Prentice - Hall, 1997.

[32] Rogers E M. Diffusion of Innovations (4th ed.) [M]. New York: Free Press, 1995.

[33] Hagedoorn J. Understanding the Cross-level Embeddedness of Inter-firm Partnership Formation [J]. Academy of Management Review, 2006, 31: 670 - 680.

[34] Lieberman M. B., Asaba S. Why do Firms Imitate Each Other? [J]. Academy of Management Review, 2006, 31 (2): 366 - 395.

[35] Fernhaber S. A. And Li D. The impact of inter-organizational imitation on new venture international entry and performance [J]. Entrepreneurship Theory and Practice, 2010, 34 (1): 1 - 30.

[36] Zhang Changzheng. Manipulation Effect of Managerial Discretion on Managerial Compensation: Evidence from Listed Firms in China [M]. New York: Nova Science Publishers, 2011.

[37] Zhang Changzheng. Manipulation Effects of Managerial Discretion on Executive Compensation: A Comparative Study between Fresh CEOs and Senior CEOs [M]. New York: Nova Science Publishers, 2016.

[38] 李有根. 公司治理中的经理自主权研究 [D]. 西安交通大学博士学位论文, 2002.

[39] 张长征, 李怀祖, 赵西萍. 企业规模、经理自主权与 R&D 投入关系研究——来自中国上市公司的经验证据 [J]. 科学学研究, 2006 (6): 432 - 438.

[40] 张长征, 吕悦凡. 经理自主权对高管薪酬差距的操纵效应——基于知识合作需求的调节效应视角 [J]. 福建江夏学院学报, 2016 (4): 1 - 13.

[41] 成力为, 戴小勇. 研发投入分布特征与研发投资强度影响因素的分析——基于中国30万个工业企业面板数据 [J]. 中国软科学, 2012 (8):

152 – 265.

[42] 刘笑霞，李明辉．企业研发投入的影响因素——基于中国制造企业调查数据的研究［J］. 科学学与科学技术管理，2009 (3)：17 – 23.

[43] 罗正英，李益娟，常昀．民营企业的股权结构对 R&D 投资行为的传导效应研究［J］. 2014 (3)：167 – 176.

第8章 研发支出处理的新会计准则是否改变了CEO自主权与企业R&D投入强度的关系

8.1 引　　言

近年来，世界经济发展进入新阶段，全球贸易保护主义明显抬头，经济增长后继乏力。对处于经济发展方式转型关键时期的中国经济而言，下行压力加大，面临严峻挑战。但与此同时，经济新常态也给即将迎来后工业时代的中国带来了新的发展机遇。2016 年底，中央经济工作会议强调，要着力振兴实体经济，经济运行方式要实现由粗放型向集约型转变，由“中国制造”向“中国智造”进行升级，致力于建设创新型国家。实施创新驱动发展战略，既要推动战略性新兴产业蓬勃发展，也要注重用新技术新业态全面改造提升传统产业。这一指导政策，清晰指明了中国企业基于技术创新的内涵式发展方向。企业层面的技术创新是国家创新的基本单元，也是最核心的力量，而加强企业 R&D 投入，是推动企业技术创新至关重要的一环。

一直以来，中国企业 R&D 投入水平与国际化的技术创新需求极其不相适应，不仅企业 R&D 经费使用效率相对偏低，而且 R&D 投入强度更是远低于国际平均水平（张铭慎、王保林，2013）[1]。据我国科技部创新体系建设办公室统计，2014 年我国规模以上工业企业 R&D 经费支出合计接近 8 500 亿元，仅占主营业务收入的 0.98%，而主要发达国家这一比例同期为 2.6% ~ 4.4%。虽然中国已涌现出一批颇具国际竞争力的创新型企业，但总体上看，企业创新能力依然薄弱。多个领域缺乏具有自主知识产权的核心技术，在国际产业价值链分工上处于低端环节，企业尚未真正承担起引领技术创新的角色，投入意愿缺乏仍然是中国企业创新之痛。

研发支出的会计处理方式，对 CEO 的 R&D 投入意愿具有至关重要的影响。鉴于我国原有的会计准则对 R&D 支出的会计处理规定，违反研发活动的基本规律而且过于简单粗暴，以至于在实质上抑制了 CEO 的 R&D 投入意愿，我国于 2006 年新颁布的《企业会计准则第 6 号——无形资产》，对研发费用的会计处理做出了新的规定，其本意就在于解决 CEO 研发投入倾向较低的问题。新会计准则将企业的研发费用分为研究阶段的支出和开发阶段的支出，并规定企业内部研发项目在研究阶段的支出，应于发生时计入当期损益，而企业内部研发项目在开发阶段的支出，满足一定条件的，可以确认为无形资产，然后分期摊销。以往 CEO 对待 R&D 投入大多持有消极态度，而新会计准则试图通过改变研发投入的会计处理方式，来改变 CEO 对待 R&D 投入的态度，从而推动企业创新能力的提升。可见，新会计准则的目的是扭转目前我国研发投入普遍偏低的现象。但是新会计准则实施效果到底如何，目前几乎没有相关文献对其进行直接研究，这无疑不利于对新会计准则的修正与再提升。本章尝试通过新旧会计准则下，CEO 自主权与 R&D 投入强度关系的比较，实证探讨新会计准则的有效性。

具体而言，本章通过比较分析上市公司数据在两个不同会计准则下 R&D 投入强度的变化，刻画会计准则的变化对 CEO 自主权和 R&D 投入关系的影响，从而验证我国会计准则对 R&D 投入会计处理方式的改革是否合理有效，进而为完善我国的会计准则提供基于实证数据的参考。从会计准则角度，思考如何加强 CEO 的 R&D 投入偏好，为企业提高 R&D 投入提供建议，证实新会计准则的有效性。具体而言，本章将假设，新旧会计准则是影响 CEO 自主权与 R&D 投入关系的关键环境因素，下文各部分内容拟安排如下：第二部分在前人研究的基础上探讨新旧会计准则如何影响 CEO 对 R&D 投入的态度，并提出相应的假说；第三部分将分别以 2004 ~ 2006 年（会计准则改变前）、2010 ~ 2012 年（会计准则改变后）中国制造业上市公司的数据为样本，实证检验和讨论会计准则改革影响 R&D 投入的程度与方向；最后是本章结论与启示。

8.2 新旧会计准则下 CEO 自主权与企业 R&D 投入关系的理论分析与研究假设

企业 R&D 投入不仅是企业形成、维持和发展长期竞争优势的首要来源，在资本市场上也是决定企业盈利能力与股票价格的关键要素，对现代企业具有战略性意义（苏文兵、李心合，2010）[2]。有鉴于此，近年关于企业 R&D 投入的内生性影响因素的研究快速增加。比如，弗朗西斯和史密斯（Francis & Smith，1995）[3]较早研究了公司治理模式对 R&D 投入的影响，证实股权集中度对引导管理者关注企业长远利益的积极影响；刘运国和刘雯（2007）[4]利用我国上市公司面板数据研究了企业高管任期与 R&D 支出的关系，发现 R&D 支出与高管任期有显著的正向关系；杨勇和达庆利（2007）[5]研究发现股权集中度和高管激励，对企业 R&D 投资具有显著正向影响；刘伟和刘星（2007）[6]则证实国有控股、两职兼任等治理机制对 R&D 投资有显著负面影响；米勒（2012）[7]、周杰和薛有志（2008）[8]的研究都表明，拥有股权的 CEO 与股东在对待风险的态度上更趋于一致，有利于企业加强企业 R&D 投入。上述提及的 R&D 投入的影响因素，其具体测量指标在理论上都与 CEO 自主权有密切联系。因此，有理由推测，CEO 自主权与企业研发投入具有不可忽视的内在联系。

有鉴于此，有学者直接探讨了 CEO 自主权与 R&D 投入的关系，剖析 CEO 的 R&D 投入倾向。除极个别学者持有二者无显著相关性的观点之外，现有文献中主要有三种竞争性结论，即负相关（张长征、赵西萍、李怀祖，2006；张长征、李怀祖、赵西萍，2006）[9,10]，正相关（苏文兵等，2010；苏文兵、徐东辉、梁迎弟，2011）[2,11]和曲线相关（方芳、翟华云，2013；Jolien Huybrechts et al.，2013）[12,13]。基于系统的文献梳理发现，CEO 自主权与 R&D 投入之间的关系，随着时间和外部条件的变化呈现明确的动态发展的态势：在早期文献研究中，发现 CEO 自主权与研发投入呈负相关的较多，而在近期文献中，“U”型和正相关逐渐占据主导地位。本研究推测，这种差异在一定程度上，很有可能是由会计准则的改变所导致的。新旧会计准则下，CEO 对于研发投入的态度发生显著转变。

8.2.1 旧会计准则下 CEO 自主权与 R&D 投入关系分析

由于 CEO 所处的特殊地位，相较于其他人而言，掌握着更充分的信息并有权力对 R&D 投入做出决策。考虑到技术创新风险与收益的对比，CEO 为了实现自身利益最大化，企业 R&D 投入与 CEO 自主权之间的关系，其实是取决于 R&D 投入决策如何影响 CEO 效用的满足。CEO 只有在 R&D 投入能给自己带来的收益大于其付出的成本时，才会进行 R&D 投入活动（李有根，2002）[14]。

2006 年以前的旧会计准则规定，企业自行开发的、依法申请取得的无形资产的入账价值，应按依法取得时发生的费用确定，而此前发生的 R&D 投入，应于发生时确认为当期管理费用（段玲卉，2014）[15]。具体而言，基于以下三个方面的原因，旧会计准则下 CEO 加大 R&D 投入时，给自己带来的预期收益将低于 CEO 感知到的风险和成本，从而 CEO 自主权与 R&D 投入一般将呈现负相关性。

（1）在旧会计准则下，从 CEO 收益而言，一方面，较高的 R&D 投入，占用企业大量资金和现金流，影响 CEO 所能自由掌控的资源（姜涛、王怀明，2012）[16]，从而降低 CEO 的掌控权收益；另一方面，R&D 投入的费用化处理会降低当期利润，减少 CEO 基于公司会计业绩的短期薪酬。此时，代理理论指出，作为经营者，面临与股东目标不一致时，CEO 可能为了自己的利益而损害股东利益。比如，考虑到 R&D 投入的滞后性，CEO 不愿看到继任者坐享自己的成果，其更为合理的选择是削减 R&D 投入而改善短期业绩，以求获得更高的薪酬收益。因此，在旧会计准则下，提升 R&D 投入将降低 CEO 掌控权收益和薪酬激励程度，不利于调动 CEO 投资研发活动的积极性。

（2）在旧会计准则下，从 CEO 风险而言，研发活动具有较大的不确定性，投资风险大（Hoskisson，2002）[17]。R&D 投入决策一旦失败，有较大概率使公司财务面临危机，亦将损害 CEO 短期利益。因此，CEO 在公司治理中为了追求确定的短期利润目标以规避风险，倾向于忽略研发支出可能给公司带来的长期或有性利益。张长征、赵西萍和李怀祖（2006）[9]在 Gonzalez 模型的基础上，就曾引入 CEO 自主权变量，在假定 CEO 风险规避特性和 R&D 活动高风险特性的前提下，研究 CEO 自主权对 R&D 投入决策过程中的 CEO 行为模式的影响，并通过实证数据分析证实 CEO 自主权越大，企业启动 R&D 活动的概率越低，且 R&D 投入水平越低。

（3）在旧会计准则下，从 CEO 职位安全而言，一方面，虽然主观而言，CEO 加大 R&D 投入往往意味着是放弃公司短期业绩，以谋取未来长期发展，但客观上来说，加大 R&D 投入势必导致当期成本提高和利润降低。业绩下滑将使外界对 CEO 的能力产生怀疑，从而威胁到 CEO 的地位；另一方面，弱有效资本市场低估 R&D 研发活动的价值，以及股票市场低迷现象的频发，都会影响到 CEO 职业声誉，并直接威胁到 CEO 的职位安全（Stein，1988；

Shleifer & Vishny 1989）[18、19]。根据“管理短视理论”（Myopia Theory）的观点，出于 CEO“眼界问题”（Horizon Problem），CEO 在面临职位风险时，会投入更少的资金和人力资本进行 R&D 活动。因此，考虑到职位安全，并努力拥有更好的发展平台，CEO 往往会把更多精力，投入到提高或者维持公司短期利益方面。

整体而言，与同期美国会计准则相比，薛（Xue，2007）[20] 曾指出，由于美国会计准则对企业开发的新技术同时允许资本化和费用化会计确认，从而使得 CEO 进行研发投入决策时，会依据其薪酬激励机制的差异产生不同的会计处理偏好。鉴于资本化不会损害当期会计业绩，如果 CEO 薪酬激励机制更多依赖于会计业绩指标，那么 CEO 偏好选择资本化处理方式；相反，费用化对公司当期业绩有较大影响，如果 CEO 薪酬激励机制主要依赖于市场业绩指标，那么 CEO 将更加偏好费用化会计处理方式。根据我国国情，CEO 薪酬激励主要依赖于会计业绩指标，但在 2006 年以前旧会计准则对 R&D 投入会计处理方式却是全部费用化处理。显然，CEO 薪酬激励机制与 R&D 投入会计处理政策并不匹配，这一事实导致在旧会计准则的背景下，CEO 对 R&D 投入的积极性不高。既然研发支出费用化会降低当期会计利润，且 CEO 的报酬又更多基于当期会计利润，并没有得到其他形式的充分补偿时，此时作为理性经济人的 CEO 个体，其利益最大化的最优选择，当然是利用其自主权适当削减研发投资（吴锦霞，2006）[21]。

假设 8－1：在旧会计准则下，CEO 自主权和 R&D 投入呈负相关关系。

8.2.2 新会计准则下 CEO 自主权与 R&D 投入关系分析

文献回顾表明，在新会计准则推出后，CEO 自主权与研发投入的关系发生了变化，由负相关逐渐转为曲线型相关和正相关。比如，董和苟延南（Dong & Yan-nan Gou，2010）[22] 研究发现，以 CEO 持股数量衡量的 CEO 自主权与 R&D 投入呈“U”型关系，而方芳和翟华云（2013）[12] 则证实，以营运资金比率衡量的 CEO 自主权与 R&D 投入正相关。本研究推测，基于以下几个方面的原因，新会计准则下，CEO 对 R&D 投入的态度已经发生了重大转变，并在未来将持续发生更为根本的转变。

（1）新会计准则下，R&D 投入可满足 CEO 盈余管理的需要。一方面，由于允许开发阶段的支出资本化，大为降低了开发费用对当期盈余的冲击，打消了 CEO 因 R&D 投入提高当期成本而放弃研发投入的顾虑，有利于调动其技术创新的积极性；另一方面，与旧会计准则相比，新会计准允许 CEO 将研发支出有条件资本化的会计处理方式，扩展了 CEO 主动的盈余管理空间（Rihab & Younes，2014）[23]。研究发现，CEO 有很强的会计盈余管理动机（Healy & Wahlen，1999；Fields et al.，2001；Kothari，2001）[24-26]。既然新会计准则下研发支出资本化可以达到盈余平滑的目的（Markarian et al.，2008；李叶乔、陈彬，2010；Triki & Halioui，2013）[27-29]，CEO 倾向于提升 R&D 投入，从而扩展 R&D 投入资本化的空间，以满足其盈余管理的需求。

（2）新会计准则下，R&D 投入本质上由原来的费用成本变成了资本投资，从而有助于提升企业未来价值，最终彰显并实现 CEO 个体价值。在风险偏好方面，资本化降低了 R&D 投入的风险，将一部分风险转化成企业的无形资产，给企业带来了长远利益，提升企业价值。陈海声和卢丹（2011）[30]发现，在非国有控股上市公司中 R&D 投入与托宾 Q 值显著正相关，R&D 投入对企业价值的提升有显著的正向影响。同时，王燕妮和刘艳妮（2015）[31]、希尔施（Mark Hirschey，1982）[32]、特索利格卡斯和特萨拉沃塔斯（Tsoligkas & Tsalavoutas）[33]从市场价值角度研究发现，R&D 投入资本化与市场价值正相关，R&D 投入资本化能帮助投资者了解 R&D 投资项目是否成功。成功的 R&D 投资项目向市场投资者传递积极的信号，为企业未来创造收益，增加市场价值。同时，阿赫迈德和法克（Ahmed & Falk）[34]的研究，明确揭示了资本化 R&D 投入对股价增量的解释能力。因此，为了获得市场投资者的青睐和支持，急于构建自身人力资本品牌自信的上市公司 CEO 有增加 R&D 投入的倾向（苏文兵、李心合，2010）[2]。

（3）新会计准则下，R&D 投入与 CEO 自主权之间存在潜在的内生互动性，R&D 投入有利于拓展 CEO 自主权空间，实现其人力资本价值。新会计准则允许 CEO 在两种策略之间相对自主的选择，即将 R&D 投入资本化处理，还是进行费用化处理。相比旧会计准则，此举提升了 CEO 在公司资源运作中的整体自主权水平。与此同时，随着经理人市场的日渐成熟，R&D 投入成为衡量 CEO 作为职业经理人经营能力、职业道德乃至管理自信的基本标志；而随着资本市场的日益完善，R&D 投入日渐成为确定企业价值的基本判断指标。在此背景下，投资者和股东倾向于根据 CEO 的 R&D 投入决策来确定给予 CEO 的自主权空间。此外，CEO 的人力资本积累及其价值实现在很大程度上取决于自主权高低（周其仁，1996）[35]，因此为了实现自身人力资本价值最大化，CEO 对自主权激励有极大的渴望。CEO 发现，其自身 R&D 投入倾向正向影响股东与董事会授予的自主权。因此，较高的 CEO 自主权水平，有助于激励 CEO 进行更高的研发投入（李国勇、蒋文定、牛冬梅，2012）[36]。

以上分析说明，2006 年新会计准则的颁布使 CEO 改变了对 R&D 投入的意愿。从下文的数据样本可知，旧会计准则下，2004 ~ 2006 年上市公司中完全披露 R&D 投入的企业为 337 家，而新会计准则下，2010 ~ 2012 年上市公司中完全披露 R&D 投入的企业为 1 005 家。该事实表明中国企业的确越来越重视研发活动，披露研发支出的企业显著增多。因此，不论是理论分析，抑或是直观判断，新会计准则对企业 R&D 投入增加起到了重要作用，改变了 CEO 自主权与 R&D 投入的关系，由原来的负相关变为了正相关。

假设 8 - 2：在新会计准则下，CEO 自主权和 R&D 投入呈正相关关系。

如果假设 8 - 1 和假设 8 - 2 均成立，则说明在新会计准则下 CEO 对研发投入的倾向发生了明显的变化，新会计政策是有效的。

8.3 研究设计

8.3.1 主要研究变量及操作定义

变量分为主要研究变量和控制变量，其中主要研究变量包括 R&D 投入强度和 CEO 自主权，控制变量包括：企业规模（CSIZE，总资产对数）、企业盈利能力（CROA，资产收益率）、教育专业背景（CEP，理工类专业记为 1，非理工类记为 0）、公司上市时间（CTIME）、行业类型（CTYPE，高技术企业为 1，其他企业为 0）和 CEO 年龄[9][37-41]。鉴于 CEO 自主权的复杂性和多维性，本研究将在借鉴现有文献基础上，将详细阐述该变量的操作定义：

CEO自主权（MD）①：CEO自主权的复杂性决定了基于多指标的度量方法优于任何单指标度量方法，因而，本章从专家声望权（MD1）、结构职位权（MD2）和股份所有权（MD3）三个方面度量CEO自主权。

（1）专家声望权（MD1）[42-44]拟通过以下三个指标经标准化处理后取平均值共同测量：①CEO学历（CEB），CEO学历为中专及中专以下记为1，大专记为2，本科记为3，硕士研究生记为4，博士研究生记为5；②CEO相对报酬（PWAGE），即CEO薪酬与高管平均薪酬的比值；③CEO任期（PTIME），CEO在公司担任该职位的实际年限，以年为单位，不满一年按一年计算。

（2）结构职位权（MD2）[45-48]通过以下三个指标经标准化处理后取平均值共同测量：①两职兼任（DUALITY），CEO兼任董事长、党委书记等职位的赋值1，否则赋值0；②股权制衡度（CEPS），第二至第九大股东持股比例之和与第一大股东持股比例差值；③权力集中度（JEMP），员工人数与高管人数的比值并标准化。

（3）股份所有权（MD3）[49]通过以下三个指标经标准化处理后取平均值共同测量：①CEO的持股数量（HNUMBER1），即CEO持股额度，CEO持股数量与股价的乘积；②CEO是否持股（HYN），CEO持股记为1，否则记为0；③管理层持股数（HNUMBER2），管理层持股的实际数值。

被假释变量：R&D投入强度（RDI）。参照张长征、李怀祖和赵西萍（2006）[10]、任海云和师萍（2010）[50]等学者的做法，以上市公司年报中披露的企业研究开发支出与营业收入总额的比值（RDI）作为R&D投入强度的度量指标。

8.3.2 研究样本及来源

本章的研究目的是，比较分析2006年新会计准则实施前后CEO自主权和R&D投入关系的变化，样本的选择要易于进行新会计准则实施前后的比较

① 本章还应用第1章中设计的CEO自主权度量指标体系，依托本章选择的样本数据，按照本章的实证模型与分析步骤，同样验证了本章研究假设，表明本章的CEO自主权度量方法与第1章的度量方法具有等效性。

分析。本章选取 2004～2006 年、2010～2012 年沪深两市制造业 A 股上市公司为样本。为了保证数据的有效性，样本选择遵循以下基本条件：①非 ST、PT 上市公司；②非奇异性上市公司，比如，当年大幅亏损的公司；③研究所需全部数据都被披露完全的上市公司；④2004 年以前在沪深两市上市的制造业公司；⑤样本年份 CEO 没有发生变动的上市公司。经过上述处理。最终得到得出 2004～2006 年的样本量总计 337 个，以下称为旧会计准则样本，2010～2012 年的样本量总计 1 005 个，以下称为新会计准则样本。数据处理适用 SPSS19.0 软件。

8.3.3 模型构建

为验证假设 8－1、假设 8－2，拟设计实证分析模型（8－1）。在考虑控制变量的条件下，以 R&D 投入强度（RDI）为因变量，以 CEO 自主权（MD）为自变量，将新旧会计准则样本数据分别代入模型（8－1）。模型（8－1）中 CEO 自主权的回归系数 β_0 代表 CEO 自主权对 R&D 投入强度的影响效应，如果 $\beta_0<0$ 且在 10% 的条件下显著，假设 8－1 得到验证；如果 $\beta_0>0$ 且在 10% 的条件下显著，则假设 8－2 得到支持。

$$RDI_{it}=\alpha+\beta_0 MD_{it}+\beta_1 ROA_{it}+\beta_2 CSIZE_{it}+\beta_3 CEP_{it}+\beta_4 CTIME_{it}+\beta_5 CTYPE_{it}+\beta_6 CAGE_{it}+\varepsilon_{it} \quad (8-1)$$

其次，CEO 自主权分别由专家声望权、股份所有权、结构职位权三个维度测量，观察三个维度分别对 R&D 投入强度的影响效应。在不同的会计准则下，为了进一步检验每一个维度对研发投入强度的影响，以 R&D 投入强度（RDI）为因变量，将自变量 CEO 自主权（MD）替换为专家声望权（MD1）、股份所有权（MD2）和结构职位权（MD3），构建模型（8－2）、模型（8－3）、模型（8－4），并进行回归分析，确认专家声望权、股份所有权、结构职位权对 R&D 投入强度的影响效应。

$$RDI_{it}=\alpha+\beta_1 MD1_{it}+\beta_2 ROA_{it}+\beta_3 CSIZE_{it}+\beta_4 CEP_{it}+\beta_5 CTIME_{it}+\beta_6 CTYPE_{it}+\beta_7 CAGE_{it}+\varepsilon_{it} \quad (8-2)$$

$$RDI_{it}=\alpha+\beta_1 MD2_{it}+\beta_2 ROA_{it}+\beta_3 CSIZE_{it}+\beta_4 CEP_{it}+\beta_5 CTIME_{it}+\beta_6 CTYPE_{it}+\beta_7 CAGE_{it}+\varepsilon_{it} \quad (8-3)$$

$$RDI_{it} = \alpha + \beta_1 MD3_{it} + \beta_2 ROA_{it} + \beta_3 CSIZE_{it} + \beta_4 CEP_{it} + \beta_5 CTIME_{it} + \beta_6 CTYPE_{it} + \beta_7 CAGE_{it} + \varepsilon_{it} \quad (8-4)$$

8.3.4 样本描述统计与相关性分析

新旧会计准则样本的描述性统计与相关性分析结果见表 8-1、表 8-2。从表 8-1、表 8-2 中看出，两个样本的 R&D 投入强度结果比较发现，新会计准则样本的 R&D 投入强度为 1.94%，相比较旧会计准则样本的 R&D 投入强度的 1.24%，高出 0.7 个百分点，有明显的提升。这说明，在新的会计准则下，企业对研发活动的投入力度有所加强，从侧面验证了在新会计准则下，CEO 对企业的 R&D 投入意愿有所提高。主要研究变量之间相关性较好，大多数控制变量与主要研究变量相关，说明选择这些控制变量的合理性；整体来看，相关系数不超过 0.5，说明变量之间的共线性比较弱，有利于后面回归模型的构建与分析。

表 8-1　　研究变量描述性统计及相关性分析（旧会计准则样本）

	均值	标准差	1	2	3	4	5	6	7	8
1. RDI	0.01242	0.02938	1.000							
2. MD	0.3324	0.2672	-0.051	1.000		0.				
3. CROA	0.04560	0.04538	0.047	0.062	1.000					
4. CSIZE	21.22449	0.91156	-0.227 **	0.172 **	-0.092	1.000				
5. CEP	0.63000	0.48400	-0.031	0.037	0.034	0.136 *	1.000			
6. CTIME	6.27000	3.33200	-0.212 **	0.081	-0.251 **	0.398 **	0.049	1.000		
7. CTYPE	0.69000	0.46100	0.159 **	-0.045	0.085	-0.240 **	0.091	-0.044	1.000	
8. CAGE	44.62000	6.63800	-0.027	0.021	0.028	0.033	0.030	0.001	-0.062	1.000
N	337	337	337	337	337	337	337	337	337	337

注：*、** 分别表示统计显著水平 0.05、0.01。

表 8-2　　研究变量描述性统计及相关性分析（新会计准则样本）

	均值	标准差	1	2	3	4	5	6	7	8
1. RDI	0.01939	0.01987	1.000							
2. MD	0.3923	0.3211	0.141 **	1.000						

续表

	均值	标准差	1	2	3	4	5	6	7	8
3. CROA	0.04580	0.05129	0.111 **	0.100 **	1.000					
4. CSIZE	22.16820	1.07664	-0.139 **	0.252 **	-0.01	1.000				
5. CEP	0.54000	0.49900	0.048	-0.029	0.077 *	0.031	1.000			
6. CTIME	12.81000	3.59000	-0.175 **	-0.074 *	-0.092 **	0.156 **	-0.004	1.000		
7. CTYPE	0.66000	0.47500	0.257 **	-0.016	0.068 *	-0.150 **	0.064 *	0.032	1.000	
8. CAGE	48.58000	5.94800	-0.009	0.196 **	0.004	0.053	0.086 **	0.132 **	0.033	1.000
N	1 005	1 005	1 005	1 005	1 005	1 005	1 005	1 005	1 005	1 005

注：*、** 分别表示统计显著水平 0.05、0.01。

8.4 新旧会计准则下 CEO 自主权与企业 R&D 投入关系的实证分析

首先，分别对旧会计准则样本和新会计准则样本进行模型（8-1）的多元回归，结果见表 8-3 第一列和第二列。拟合结果显示，旧会计准则样本中，CEO 自主权回归系数为 -0.009（T = -0.164，P = 0.870），没有通过显著性检验。这说明，旧会计准则样本下，CEO 自主权和 R&D 投入强度之间呈现统计上不显著的微弱负相关关系。假设 8-1 未得到完全验证；新会计准则样本中，CEO 自主权的回归系数为 0.008（T = 5.246，P = 0.000），表明新会计准则下，CEO 自主权对 R&D 投入强度有显著正向影响，假设 8-2 成立。

表 8-3　回归分析结果

	模型（8-1）		模型（8-2）		模型（8-3）		模型（8-4）	
	旧会计准则样本	新会计准则样本	旧会计准则样本	新会计准则样本	旧会计准则样本	新会计准则样本	旧会计准则样本	新会计准则样本
CROA	-0.013	0.061 **	-0.022	0.055 *	-0.015	0.063 **	-0.024	0.078 ***
CSIZE	-0.113 **	-0.112 ***	-0.154 *	-0.119 ***	-0.135 **	-0.093 ***	-0.116 *	-0.080 **
CTIME	-0.156 ***	-0.142 ***	-0.164 *	-0.161 ***	-0.153 **	-0.132 ***	-0.111 *	-0.165 ***
CTYPE	0.112 **	0.240 ***	0.114 *	0.241 ***	0.122 **	0.230 ***	0.094 *	0.245 ***
CAGE	-0.013	-0.027	-0.018	-0.023	-0.012	-0.008	0.002	0.005

续表

	模型（8-1）		模型（8-2）		模型（8-3）		模型（8-4）	
	旧会计准则样本	新会计准则样本	旧会计准则样本	新会计准则样本	旧会计准则样本	新会计准则样本	旧会计准则样本	新会计准则样本
CEP	0.016	0.038	-0.022	0.022	0.016	0.041	-0.035	0.028
MD	-0.009	0.165***	—	—	—	—	—	—
MD1	—	—	0.094*	0.166***	—	—	—	—
MD2	—	—	—	—	0.013	0.130***	—	—
MD3	—	—	—	—	—	—	-0.163***	0.011
F	4.272***	22.406***	4.724***	22.531***	4.276***	20.762***	5.490***	17.996***
R^2	0.083	0.136	0.091	0.137	0.083	0.127	0.105	0.112
调整 R^2	0.064	0.130	0.072	0.131	0.064	0.121	0.086	0.106
N	337	1 005	337	1 005	337	1 005	337	1 005

注：*、**、*** 分别表示统计显著水平 0.10、0.05、0.01。

此外，旧会计准则样本的调整后 R^2 为 0.064，新会计准则样本的调整后 R^2 为 0.13，这说明新会计准则样本的回归分析的拟合度，比旧会计准则样本更好。两个样本的回归分析中，新会计准则数据样本中，CEO 自主权回归系数大于旧会计准则样本中的 CEO 自主权回归系数。该结果进一步表明，会计准则的变化使得 CEO 自主权和研发投入的关系发生了变化。

其次，考虑控制变量的情况下，从 CEO 自主权的三个维度，分别观察对 R&D 投入强度的影响，进一步验证 CEO 自主权的各维度和 R&D 投入强度的关系。

（1）考察并比较旧会计准则情境下和新会计准则情境下，专家声望权对 R&D 投入强度的影响效应差异。运用模型（8-2）进行数据拟合，结果见表 8-3 第三列、第四列。通过新旧会计准则样本回归结果的比较发现，新会计准则样本中，MD1 的回归系数为 0.116（T = 5.319，P = 0.000），而旧会计准则样本中，该回归系数为 0.094（T = 0.711，P = 0.088）。旧会计准则样本下，回归模型拟合优度为 F = 4.724，而新会计准则样本下，回归模型拟合优度为 F = 22.531，后者拟合优度度明显提高。两个样本下 MD1 与 RDI 均呈显著的正相关关系，但新会计准则样本中，MD1 的回归系数大于旧会计准则样本中的回归系数，说明新会计准则下，专家声望权对 R&D 投入强度的正向影响更大。

（2）针对两个样本，分别运用 OLS 估计模型（8－3），比较新旧会计准则下，CEO 股份所有权对 R&D 投入强度的影响差异。回归结果见表 8－3 第五列、第六列。旧会计准则样本中，CEO 股份所有权和 R&D 投入强度无显著相关性（$\beta_1=0.013$，$P=0.816$）；新会计准则样本中，CEO 股份所有权和 R&D 投入强度正向关系显著（$\beta_1=0.130$，$P=0.000$）。该结果表明，新会计准则下，CEO 股份所有权与 R&D 投入的正相关性加强。

（3）针对两个样本，分别运用 OLS 估计模型（8－4），观察新旧会计准则下，CEO 结构职位权对 R&D 投入强度的影响差异。旧会计准则样本中，结构职位权的回归系数显著为负（$\beta_3=-0.163$，$P=0.005$）；新会计准则样本中，结构职位权的回归系数，在统计上不显著（$\beta_3=0.011$，$P=0.739$）。该结果表明，结构职位权对 R&D 投入强度的关系在新会计准则下，由显著负相关变为统计上不显著的微弱正相关。

综上所述，新会计准则下，CEO 自主权指数、CEO 自主权各维度与研发投入强度的正相关性均高于旧会计准则。由此得出，在新会计准则颁布前后，CEO 自主权和 R&D 投入关系发生明显的变化。

6 个控制变量中，有 3 个控制变量与 R&D 投入强度的关系，呈现显著且稳定的相关性。其中，行业类型（CTYPE）对 R&D 投入强度有显著正向影响，而企业规模（CSIZE）和公司上市时间（CTIME）则对 R&D 投入强度呈现显著负向影响，且在新会计准则样本下，相关性更加显著。这可能由于在新会计准则下，成立时间短、规模小的企业为了在激烈的竞争中生存，不得不努力加大研发投入，以求获取可持续的核心竞争力。规模较大的企业则一般已经获得了独特的核心竞争力，相对竞争压力小，同时缺少应用外部环境的敏感性，它们更倾向于兼并收购，而不是内部研发投入进行创新。这一结果与已有主流研究的发现多有吻合之处。

同时，新会计准则下，企业盈利能力（CROA）和 R&D 投入强度的关系，由微弱的负相关变为统计上显著的正相关关系。在新会计准则样本中，CEO 年龄和教育专业背景的回归系数均大于旧会计准则样本。结果表明，新会计准则下，各控制变量对 R&D 投入强度的影响均比旧会计准则大，并在一定程度上验证了本章研究数据的真实可靠性。

值得一提的是，新旧会计准则下，企业盈利能力与 R&D 投入强度关系的变化。旧会计准则下，企业盈利能力与 R&D 投入呈微弱的负相关关系，新会计准则下，企业盈利能力转变为显著的正相关关系。这说明，新会计准则的改变，确实缓解了 R&D 投入导致当期成本提高和利润降低的压力，有助于激励 CEO 进行更多的 R&D 投入，以求给企业带来更大的潜在利润空间。

8.5 结果讨论

通过对新旧会计准则样本回归结果进行对比分析，整体上可以合理地认为新会计准则颁布前后 CEO 自主权和 R&D 投入强度的关系，由统计上不显著的微弱负相关变为显著的正相关，发生了根本性的变化。理论分析与实证结果表明，旧会计准则下，研发投入的费用化处理方式确实抑制了 CEO 的研发投入意愿，而新会计准则下，对研发投入实施部分资本化的处理方式，则刺激了 CEO 的研发投入意愿，基本验证了本章提出的假设。可见，新会计准则基本适应了我国现阶段企业发展的要求，对我国企业进一步加强创新活动、提升企业竞争力具有积极意义。但是，从我国制造业整体的 R&D 投入比例偏低的情况看，新会计准则并未达到政策设计之初的预期效果。

首先，新会计准则资本化条件的可操作性有明显欠缺，将在较大程度上影响 CEO 对研发项目的选择、投入和实施意愿。新会计准则规定，对企业内部的研究开发项目，研究阶段的支出应于发生当期归集后计入损益，开发阶段的支出，在符合以下特定条件时则可以确认为无形资产，即资本化：①完成该无形资产，以使其能够使用或出售在技术上具有可行性；②具有完成该无形资产并使用或出售的意图，企业应该能够说明其开发无形资产的目的；③无形资产产生经济利益的方式，包括能够证明，运用该无形资产生产的产品存在市场或无形资产自身存在市场；无形资产将在内部使用的，应当证明其有用性；④有足够的技术、财务资源和其他资源支持，以完成该无形资产的开发，并有能力使用或出售该无形资产；⑤归属于该无形资产开发阶段的支出能可靠地计量。

具体而言，资本化条件的第三条，要求 CEO 在进行研发投入之前，应当能够科学评估未来无形资产的前景，这对 CEO 的市场评估能力要求极高。为了避免对市场预测出现偏差，同时达到可资本化的条件，可能造成 CEO 倾向于选择难度较小的开发项目，而放弃创新价值更高但难度较大的研发项目。这使企业的研发决策出现短期化的畏难倾向，不利于企业的自主技术创新能力的提高，违背了新会计准则的设计初衷；再比如，新会计准则的相关规定中，对可以记入研究阶段的活动，以列举的形式说明，没有给出明确的条件限定。因此，划分研究阶段与开发阶段费用支出的界限，存在一定的主观性。尽管新会计准则给出了“研究”和“开发”的定义，但实际操作中研发活动存在反复性，以及无形资产研发业务的复杂性和风险性，无法将企业在研发过程中的研究阶段与开发阶段进行清楚的划分，这给企业研发费用的会计处理方式提出了重大挑战。新会计准则要求实施有条件的资本化，但是缺少具体的会计处理引导，在实际操作中，企业可能选择有利于自己的划分方式。

其次，新会计准则的资本化规定缺乏必要的差异性。从企业知识密集度角度考虑，我国制造业中知识密集型企业的数量，远低于劳动密集型和资本密集型企业。由于行业竞争特性的要求，知识密集型企业 R&D 投入不论是绝对数量还是相对比例都较高。因此，研发费用部分资本化有助于显著减轻知识密集型企业 CEO 在研发项目开发阶段利润指标的压力，对其创新意愿和创新业绩有显著促进作用。与此相对应，传统的劳动密集型和资本密集型企业原本在 R&D 投入上相对较少。由于研发费用资本化政策无论是对于研发投入强度较大的知识密集型企业，还是对研发投入强度较小的传统型企业均一视同仁，因此从激励效果来看，新会计准则仅促进了知识密集型企业的研发投入意愿。但对于传统的劳动密集型和资本密集型企业来说，R&D 费用资本化和费用化对其影响并不大。所以造成了本章描述的结果：虽然新会计准则的确促进了 CEO 的研发投入意愿，但并未达到政策设计之初的预期效果。

最后，新会计准则的有效实施，缺乏与之相匹配的公司治理结构。一方面，从股权结构来看，我国上市公司“一股独大”的现象普遍存在。控股股东参与公司治理后，倾向于抑制 CEO 的盈余操纵行为。由于 R&D 资本化容易被视作 CEO 实行盈余管理的手段，因此为消除控股股东的疑虑，CEO 将倾向选择稳健的费用化政策。这显然限制了 R&D 投入资本化的实际力度，削弱了 CEO 加大 R&D 投入的意愿；另一方面，从高管薪酬来看，对目前我国大多数上市公司而言，基于短期业绩的货币薪酬仍然是最主要的方式，而股票期权等长期激励方式并不普遍。由于 R&D 投入活动难度远超出一般实物投资，并且研发周期长，市场不确定程度高，对 CEO 的能力要求更加严格，因此需要 CEO 承担更大的短期业绩风险。为了确保达到薪酬契约的业绩目标，在企业经营业绩相对稳定的情况下，CEO 更愿意维持现状，而不是进行更高的 R&D 投入。因此，新会计准则对 CEO 的 R&D 投入意愿的促进作用较为有限。

8.6 结论及对策

本章通过对新会计准则实施前后，两个样本 R&D 投入强度的比较分析，可以发现，我国制造行业的 R&D 投入有较大程度的提高，尤其是新的会计准则颁布实施后，R&D 投入的数额显著增长。本章的实证分析结果表明，新会计准则将研发费用部分资本化的会计处理方式，使企业研发活动产生的费用对企业当期利润的影响降低，刺激了 CEO 对企业研发投入的欲望。新会计准则在改变 CEO 自主权和企业 R&D 投入强度的关系上，发挥了作用，增加了企业 CEO 对 R&D 投入的意愿。这验证了新会计准则对 R&D 投入的会计处理方式的改进是合理的。基于理论研究，鉴于新会计准则对 CEO 自主权与 R&D 投入关系的改变力度尚未达到预期目标，针对如何进一步促进 CEO 的 R&D 投入倾向，本章提出以下建议：

（1）新会计准则应严格规定 R&D 投入的资本化条件，使资本化真正用于企业 R&D 投入的研究阶段，而绝非通过其他手段进行操纵。完善市场监督体制，在财务报表中加强研发支出的信息披露。加强研发支出的信息披露，有利于管理层向市场传递企业内部信息，使投资者了解企业研发信息，有利于投资者判断公司的投资价值，同时在一定程度上降低了信息不对称的现象，展现企业的真实情况。

（2）严格制定研发过程中，研究阶段与开发阶段的划分标准。规范企业对 R&D 投入的会计处理方式，并制定详细的、可操作性的 R&D 资本化会计处理政策和程序。对于新会计准则制定的研发项目在开发阶段有条件的资本化，可制定更为具体的细则，将各项条件进一步细化，提高可操作性。其最终目的，就是更好地推动企业的研发投入和技术创新。

（3）新会计准则实施不能一视同仁。由于企业性质不同，研发投入比例不同，新会计准则为刺激研发投入应制定相应的优惠政策，比如对于研发投入大的企业实行研发投入费用资本化，而对于研发投入小的企业仍实行研发投入费用化政策。通过不同性质企业实行不同标准，来刺激企业 R&D 投入较低的企业加强研发投入，鼓励高新技术企业。同时，对高新技术企业研发费用会计处理方式从多方面入手，对于研发费用投入数额较大的企业可以通过研发支出全部资本化的会计处理方式，对企业价值进行提升，鼓励自主创新。

（4）加强并丰富高管薪酬激励措施。薪酬激励和股票期权激励并用，股票期权与长期的市场业绩挂钩。通过股权激励把公司价值引入经营者的效用函数，当 CEO 持有一定公司股票，自身利益与股东利益相一致时，CEO 关注的不仅仅是眼前利益，同时关注企业未来长期发展状况。CEO 为实现未来较高的股票价值，必须致力于提高企业未来的业绩，极大激发 CEO 对 R&D 投入的意愿。

本章不足之处在于，选用 2004 ~ 2006 年、2010 ~ 2012 年两组数据进行对比分析时，由于旧会计准则没有强制企业披露研发费用，所以 2006 年以前的研发费用的数据主要来源于企业在报表附注中的“支付的其他与经营活动有关的现金”“管理费用”“预提费用”中披露的“研究与开发费用”“研发费”“研究发展费”“技术开发费”“试验费”等。而新会计准则要求资本化的研发费用在资产负债表的“开发支出”中披露，费用化的研发费用在报表附注中的管理费用中披露，新会计准则下 R&D 投入的数据来源于“开发支出”和“管理费用”中披露的研发费用的合计数，因此，两者数据的口径不一致，这可能会影响数据的准确性，影响研究结果。在今后的研究中应当扩大样本量，收集更多的数据，冲破行业的限制，进一步证明新会计准则对 CEO 自主权和 R&D 投入关系的影响，证实结论的普遍性。同时，尝试不同的数据处理方法，使实证分析更加严谨和科学化。

本章参考文献

[1] 张铭慎，王保林. 基于Super-SBM三阶段DEA的政府R&D扶持效率测度——兼析企业R&D支出水平对其影响 [J]. 科学学研究，2013，31(1)：58-66.

[2] 苏文兵，李心合，徐东辉，许佳. 经理自主权与R&D投入的相关性检验——来自中国证券市场的经验证据 [J]. 研究与发展管理，2010，22(4)：30-38.

[3] Francis, J. and Smith, A. Agency costs and innovation: Some empirical evidence [J]. Journal of Accounting and Economics, 1995, 19 (2-3): 383-409.

[4] 刘运国，刘雯. 我国上市公司的高管任期与R&D支出 [J]. 管理世界，2007 (1)：128-136.

[5] 杨勇，达庆利，周勤. 公司治理对企业技术创新投资影响的实证研究 [J]. 科学学与科学技术管理，2007 (11)：61-65.

[6] 刘伟，刘星. 公司治理机制对信息技术投入的影响研究 [J]. 科技进步与对策，2007，24 (2)：93-96.

[7] Miller J. S., R. M. Wiseman and L. R. Gomeg-Mejia. The Fit between CEO Compensation Design and Firm Risk [J]. Academy of Management Journal, 2002, 45 (4): 745-756.

[8] 周杰，薛有志. 公司内部治理机制对R&D投入的影响 [J]. 研究与发展管理，2008，20 (3)：1-9.

[9] 张长征，赵西萍，李怀祖. 基于经理自主权的企业R&D投入决策模型及实证研究 [J]. 管理科学，2006 (5)：48-77.

[10] 张长征，李怀祖，赵西萍. 企业规模，经理自主权与R&D投入——来自中国上市公司的经验数据 [J]. 科学学研究，2006，24 (3)：432-438.

[11] 苏文兵，徐东辉，梁迎弟. 经理自主权、政治成本与R&D投入 [J]. 财贸研究，2011，3：136-146.

[12] 方芳，翟华云．企业生命周期、经理自主权与 R&D 投入的关系研究 [J]．证券市场导报，2013 (7)：87 - 109.

[13] Jolien Huybrechts, Wim Voeckers and Nadine Lybaert. Entrepreneurial risk taking of private family firms: the influence of a non-family CEO and the moderating effect of CEO tenure [J]. Family Business Review, 2013, 26 (2): 161 - 179.

[14] 李有根，赵锡斌．国外经理自主权研究及测量 [J]．外国经济与管理，2003 (12)：2 - 6.

[15] 段玲卉．研发支出会计处理方法的国际比较分析——从基本准则角度 [J]．经营管理者，2014 (32)：33 - 45.

[16] 姜涛，王怀明．高管激励对高新技术企业 R&D 投入的影响——基于实际控制人类型视角 [J]．研究与发展管理，2012，24 (4)：53 - 60.

[17] Hoskisson R. E., Hitt M. A. and Johnson R. A. Conflicting voices: The effects of institutional ownership heterogeneity and internal governance on corporate innovation strategies [J]. The Academy of Management Journal, 2002 (4): 697 - 716.

[18] Stein, J. Takeover threats and managerial myopia [J]. Journal of Political Economy, 1988, 96: 61 - 80.

[19] Andrei Shleifer and Robert W. Vishny. Management entrenchment: The case of manager-specific investments [J]. Journal of Financial Economics, 1989, 25 (1): 123 - 139.

[20] Xue, Y. Make or buy new technology: The role of CEO compensation contract in a firm's route to innovation [J] Review of Accounting Studies, 2007, 12: 553 - 557.

[21] 吴锦霞．从利润操纵角度谈研发支出的会计处理 [J]．财务视点，2006，5：218 - 219.

[22] Jing Dong, Yan-nan Gou. Corporate governance structure, managerial discretion, and the R&D investment in China [J]. International Review of Economics and Finance, 2010, 19: 180 - 188.

[23] Rihab Guidara and Younes Bouhelbene. R&D - based earning management and accounting performance motivation [J]. International Journal of Academic

Research in Accounting, Finance and Management Sciences, 2014, 4 (2): 81 -93.

[24] Healy, P. M. et Wahlen, J. M. A review of the earnings management literature and its implications for standard setting [J]. Accounting Horizons, 1999, 13: 365 -383.

[25] Fields, T. , Lys, T. and Vincent, L. . Empirical research on accounting choice [J]. Journal of Accounting and Economy 2001, 103 (1): 75 -93.

[26] Kothari, S. P. Capital Market Research in Accounting [J]. Journal of Accounting and Economics, 2001, 31: 105 -231.

[27] Markarian, G. , Pozza, L. and Prencipe, A. . Capitalization of R&D costs and earnings management: Evidence from Italian listed companies [J]. The International Journal of Accounting, 2008, 43: 246 -267.

[28] 李叶乔，陈彬．研发支出资本化与盈余管理：来自中国上市公司的证据 [J]. 财会通讯，2010 (27): 52 -55.

[29] Triki - Damak, S. and Halioui, K. Accounting treatment of R&D expenditures and earnings: an empirical study on French listed companies [J]. Global Business and Economics Research Journal, 2013, 2 (1): 50 -71.

[30] 陈海声，卢丹．研发投入与企业价值的相关性研究 [J]. 软科学，2011, 25 (2): 20 -23.

[31] 王燕妮，刘艳妮. R&D 会计政策的选择对企业价值的影响 [J]. 科学学研究，2015, 33 (3): 398 -406.

[32] Hirschey M. Intangible capital aspects of advertising and R&D expenditures [J]. Journal of Finance, 2001 56 (6): 2431 -2457.

[33] Tsoligkas F. , and TsalavoutasI. Valuerelevance of R&D in the UK after IFRS mandatory implementation [J]. Applied Financial Economics, 2011, 21 (13): 957 -967.

[34] Ahmed K. and Falk H. The value relevance of management's policy choice of research and development expenditure reporting: Evidence form Australia [J]. Journal of Accounting and Public Policy, 2006, 25 (4): 231 -264.

[35] 周其仁．市场里的企业，一个人力资本与非人力资本的特别合约 [J]. 经济研究，1996 (6): 71 -79.

[36] 李国勇，蒋文定，牛冬梅. CEO 特征与企业研发投入关系的实证研究 [J]. 统计与信息论坛，2012，27（1）：77－83.

[37] 翟华云. 高科技上市公司投资机会对 R&D 投入强度的影响 [J]. 科技进步与对策，2011（3）：28－39.

[38] 陈海声，曹梁斌. R&D 投入与企业业绩关系研究 [J]. 财会通讯，2012（15）：73－94.

[39] 张杰，刘志彪，郑江淮. 中国制造业企业创新活动的关键影响因素研究——基于江苏省制造业企业问卷的分析 [J]. 管理世界，2007（6）：64－74.

[40] Matthew A. Serfling. CEO age and the riskiness of corporate policies [J]. Journal of Corporate Finance，2014，25：251－273.

[41] 饶育蕾，游子榕，梅立兴，曾涛. CEO 年龄、公司风险与风险决策行为 [J]. 财经理论与实践，2015（6）：50－57.

[42] 何霞，苏晓华. 高管团队背景特征、高管激励与企业 R&D 投入——来自 A 股上市高新技术企业的数据分析 [J]. 科技管理研究，2012（6）：39－55.

[43] 汤颖梅，王怀明，白云峰. CEO 特征、风险偏好与企业研发支出——以技术密集型产业为例 [J]. 中国科技论坛，2011（10）：98－112.

[44] 曾烨. 高管任期、企业战略变革与经理自主权关系 [J]. 现代商业，2014（23）：108－119.

[45] 赵琳，谢永珍，张雅萌. 董事会与 R&D 投入的权变模型：控股股东类型的调节效应 [J]. 系统工程，2013（10）：66－90.

[46] 王磅. 股权集中度与企业 R&D 投入关系文献探讨 [J]. 中外企业家，2013（1）：18－33.

[47] 孙维峰. 高管激励与研发支出：内生考察 [J]. 经济与管理，2013（6）：56－81.

[48] 罗正英，李益娟，常昀. 民营企业的股权结构对 R&D 投资行为的传导效应研究 [J]. 中国软科学，2014（3）：167－176.

[49] 任海云. 公司治理对 R&D 投入与企业绩效关系调节效应研究 [J]. 管理科学，2011（5）：49－65.

[50] 任海云，师萍. 企业 R&D 投入与绩效关系研究综述——从直接关系到调节变量的引入 [J]. 科学学与科学技术管理，2010（2）：143－151.